Fußballweltmeisterschaft 1962

Chile

Matthias Voigt

Fußballweltmeisterschaft 1962

Chile

Matthias Voigt

Satz: Agon Sportverlag, Martina Backes
Lektorat: Lorenz Knierim, Göttingen
Fotos: Archiv Agon Sportverlag, Kassel
Archiv Hardy Grüne, Göttingen
Einband: Werkstatt für creative Computeranwendungen Bringmann, Lohfelden
Druck: Westermann Druck, Zwickau

© 2002 by Agon Sportverlag
Frankfurter Straße 92a
D - 34121 Kassel

ISBN 3-89784-200-9

Die vergessene Weltmeisterschaft

Chile, das Gastgeberland der Weltmeisterschaftsendrunde von 1962, war zwei Jahre zuvor durch ein Erdbeben schwer erschüttert worden. Dennoch sollte die WM vom 31. Mai bis 17. Juni ausgetragen werden. Die Auslosung der Gruppen fand am 19. Januar in Santiago de Chile statt. Dabei war Fußball nicht das beherrschende Thema zu Beginn des Jahres 1962. Insbesondere nicht in Deutschland, wo im Februar die große Sturmflut in Hamburg über 100.000 Menschen einschloss und 337 Todesopfer forderte.

Noch waren die großen Veränderungen der 60er Jahre nicht abzusehen, obwohl es seit 1961 die Anti-Baby-Pille, zumindest in der Bundesrepublik, frei im Handel gab. Die zu diesem Zeitpunkt weithin unbekannten Beatles spielten noch im Hamburger Starclub. Ihr neuer Stil wurde von vielen empörten Bürgern als "Negermusik" bezeichnet. Auch die Auseinandersetzungen um den Bikini legten Zeugnis der konservativen Haltung vieler Menschen ab; denn nicht nur in der Bundesrepublik, auch in Italien und Spanien war diese Badebekleidung an den meisten Orten verboten.

Vielen Menschen ging es materiell besser als zuvor. Private Fahrzeuge, Urlaubsreisen, Transatlantikflüge und nicht zuletzt Fernsehgeräte wurden erschwinglich. Das Fernsehen veränderte das kulturelle Leben maßgeblich. Auch bei großen Sportereignissen konnte immer häufiger live zugesehen werden. Die Fußball-WM in Chile bildete allerdings eine Ausnahme, da der Stand der Technik noch keine interkontinentalen Live-Übertragungen ermöglichte. Einer der Gründe, weshalb die WM 1962 in Europa kaum in Erinnerung geblieben ist. Doch auch ohne den Fußball gab es im Januar in Deutschland erstmals das Phänomen des Straßenfegers. Vom 3. Januar bis zum 17. Januar lief der sechsteilige Durbridge-Krimi „Das Halstuch" mit Einschaltquoten von bis zu 89 Prozent. Der Kabarettist und Schauspieler Wolfgang Neuss ("Der Mann mit der Pauke") sorgte für bundesweite Empörung, als er frühzeitig durch eine Zeitungsannonce den Mörder verriet.

Weltweite Verwirrung löste Andy Warhol mit seinem Siebdruck-Abbild von 100 Campbell-Suppendosen aus. Die Menschen hatten ihre Probleme mit dieser Pop-Art genannten neuen Kunstform. Im Theater wurde Dürrenmatts „Die Physiker" uraufgeführt. Vor dem Hintergrund des atomaren Rüstungswettlaufes, stellte das Stück eine Warnung an die Forschung dar, sich nicht aus der Verantwortung zu stehlen. An der Spitze der Single-Charts der Bundesrepublik standen: „Zwei kleine Italiener" von Conny, „Heißer Sand" von Mina und „Ich schau den weißen Wolken nach" von Nana Mouskouri. In England und den USA waren die Top-Hits: „The Young Ones" von Cliff Richard, „Let's Twist Again" von Chubby Checker, „Good Luck Cham" von Elvis Presley, „Don't Break The Heart That Loves You" von Connie Francis und „I Can't Stop Loving You" von Ray Charles. Der Oscar für den besten Film ging in diesem Frühjahr an „Lawrence von Arabien". Die Krisenherde dieser Tage hießen Kuba, Laos und Algerien. Dennoch schien die WM politisch unter einem guten Stern zu stehen. Die Wahl John F. Kennedys zum US-Präsidenten im Jahre 1960 prägte einen moderneren Zeitgeist - nicht nur in den USA. Dort erklärte der Oberste Gerichtshof am 26. Februar 1962 Rassentrennung in öffentlichen Verkehrsmitteln für verfassungswidrig. Auch der technische Fortschritt hatte vielerorts die Menschen erreicht. Die zunehmende Motorisierung und der damit verbundene Wirtschaftsaufschwung in weiten Teilen der Erde versprachen eine goldene Zukunft. Die Euphorie erstreckte sich auch auf Osteuropa. Die UdSSR hatte 1961 mit Juri Gagarin den ersten Menschen in den Weltraum geschickt. Ministerpräsident und Parteichef Nikita Chruschtschow hatte mit dem Stalinismus gebrochen und suchte den Dialog mit dem Westen.

In Deutschland führten allerdings noch die „Alten" Regie. Im Westen war Heinrich Lübke Bundespräsident und Konrad Adenauer Bundeskanzler. Im Osten erhielt SED-Chef Walter Ulbricht 1960 zusätzlich zum Amt des Partei- noch das des Staatsratsvorsitzenden. Ulbricht hatte maßgeblich zum Bau der Berliner Mauer im Vorjahr der WM beigetragen und damit *das* Symbol des kalten Krieges errichten lassen. Am 5. Mai gab es im Westen großes Aufsehen, als 12 DDR-Bürger durch einen Tunnel von Ost- nach Westberlin flüchteten. Ansonsten sorgte seit dem 25. April 1962 der Doppelmordprozess gegen Vera Brühne für bundesweite Schlagzeilen. Die von den Medien zum männerverschlingenden Vamp stilisierte Hauptangeklagte sah sich vorverurteilt und erhielt schließlich eine lebenslange Freiheitsstrafe. Erst in jüngerer Zeit wurde bekannt, dass die Affäre zwielichtige politische Hintergründe hatte. Während sich viele Deutsche bei der Auseinandersetzung mit diesem Prozess in überholten Moralvorstellungen weideten, fand in Jerusalem eine noch bedeutendere Verhandlung statt: Die gegen den SS-Obersturmbannführer Adolf Eichmann, der die Hauptverantwortung für die Organisation des Holocausts trug. Die deutsche Öffentlichkeit wurde somit gleich in zweierlei Hinsicht zur Auseinandersetzung mit ethischen und politischen Fragen gezwungen. Ein erster

Im Kino lief seit Monaten „Frühstück bei Tiffany"

Am Strand von Florida ging sie spazieren
und was sie trug, hätte keinen gestört
nur eine einsame, piekfeine Lady
fiel bald in Ohnmacht und war sehr empört.
Acht, neun, zehn, ja was gab's denn da zu seh'n?
Es war ihr Itsy Bitsy Teenie Weenie Honolulu
Strand-Bikini...

Schlager von 1960,
gesungen von Caterina Valente/Club Honolulu

Das offizielle Logo der WM 1962.

Schatten fiel auf die Wirtschaftswunderstimmung. Erst nach der WM hielt die Kuba-Krise, das eigentliche Hauptereignis des Jahres 1962, die Menschen in Atem. Die Machtspielchen um die atomare Bewaffnung hatten schon in der ersten Jahreshälfte in zahlreichen Atomwaffenversuchen – besonders seitens der USA – ihren Ausdruck gefunden. Hinzu kam der Wettlauf der Supermächte ins All, der 1962 bereits in vollem Gang war. Nur knapp schlitterte die Welt im Herbst 1962 an einer Katastrophe vorbei, als die USA sowjetische Raketenstellungen auf Kuba ausspionierten und der UdSSR ein Ultimatum zum Abzug der dort stationierten Abschussrampen stellten, um andernfalls mit einem Atomschlag zu reagieren. Die Welt stand vom 16. bis 28. Oktober am Rande eines Atomkrieges. Auf der Grundlage von Berichten über Atomwaffentransporte nach Kuba, beschloss Kennedy eine bis heute bestehende totale Blokkade der Insel. Nach Vermittlung der UNO und des Vatikans führten Abstimmungsgespräche zwischen Kennedy und Chruschtschow zum Kompromiss: Die UdSSR demontierte die Raketenstellungen, die USA verpflichteten sich, Kuba nicht anzugreifen.

Als am 30. Mai in Santiago die 7. Fußball-Weltmeisterschaft von Chiles Präsident Jorge Alessandri eröffnet wurde, ahnte noch niemand etwas von diesen Ereignissen. Chile, durch das Erdbeben vom 21. Mai 1960 schwer getroffen - zeitweise war sogar eine Verlegung nach Europa erwogen worden - war allen Unkenrufen zum Trotz fest entschlossen geblieben, das Turnier wie geplant auszurichten. Nichts drückt dies besser aus, als der vielzitierte Satz von Organisationschef Carlos Dittborn: "Wir hatten nichts, darum mussten wir die Weltmeisterschaft haben." Dittborn starb wenige Wochen vor Beginn der Endrunde. Die chilenische Mannschaft spielte das ganze Turnier über mit Trauerflor. Sportlich gesehen war die WM, zumindest was den Favoriten betraf, eine klare Angelegenheit. Der Weltmeister von 1958, Brasilien, mit seinem Star Pelé galt als Hauptanwärter auf den Titel. Darüber hinaus wurden der Sowjetunion, die zwei Jahre zuvor den ersten Europameistertitel errungen hatte, gute Chancen eingeräumt. Als weitere Titelaspiranten galten: der amtierende Olympiasieger Jugoslawien; Deutschland, das bei den vorausgegangenen zwei Weltmeisterschaften überzeugte; Italien, mit seinem neuen, defensiv ausgerichteten Spielsystem; Spanien, aufgrund der Vereinserfolge im Europapokal; Gastgeber Chile, ob des Heimvorteils; sowie das Mutterland des Fußballs, England. Die Brasilianer konnten sich letztlich wie erwartet durchsetzen, was vor allem daran lag, dass sie als einzige Mannschaft technisch überzeugenden Fußball spielten. Abgesehen davon war es die bis dato schlechteste Weltmeisterschaft, zumindest in spielerischer Hinsicht: Destruktiver Fußball, mit einer Härte, die in dieser Form neu war, Prügeleien, versteckte Attacken, Provokationen und Schauspielereien in einer bis dahin nicht zu beobachtenden Häufung. Dafür steht insbesondere die Vorrundenbegegnung zwischen Chile und Italien. Nach dieser Partie stellte FIFA-Präsident Rous die weitere Austragung von Fußballweltmeisterschaften gar grundsätzlich in Frage. Der Hintergrund dieser Entwicklung lag im Profitum, das die Spieler auf den unbedingten Erfolg ausrichtete. Die Ballkontrolle war vorrangig, Sieg um jeden Preis oder zumindest die Vermeidung einer Niederlage oberstes Gebot. In diesem Zusammenhang ist auch die Geburt des Catenaccio zu sehen. Diese defensiv ausgerichtete Spielweise mit einer kompakten Abwehrkette wurde in Italien entwickelt und von Inter Mailands Trainer Helenio Herrera gepflegt. Der ging bei der WM mit dem spanischen Team ins Rennen. Chile markierte den Beginn einer neuen Ära: Der des Defensivfußballs oder auch des Dekadenzfußballs, wie oft polemisierend behauptet wurde. Eine Überraschung stellte die starke Repräsentanz der Staaten aus Osteuropa dar, von denen es ausgerechnet der weitgehend unterschätzten CSSR gelang, ins Endspiel vorzudringen.

Aus bundesdeutscher Sicht wurde es zwischen den zwei Weltmeisterschaftstriumphen von 1954 und 1974 die unspektakulärste WM, da bereits im Viertelfinale das Aus kam. Dabei waren die Erwartungen in der Heimat keinesfalls geringer als sonst. In der Bundesrepublik stand allerdings die für 1963 vorgesehene Einführung der Bundesliga im Mittelpunkt des fußballerischen Interesses. Die zunehmende Kommerzialisierung des Fußballs erforderte auch hierzulande seine Professionalisierung.

Sepp Herberger hatte vor seiner letzten WM umfangreiche Umbesetzungen vorzunehmen. Die Diskussionen über den Kader zogen sich über Monate. Auch die bundesdeutsche Elf glänzte in Chile nicht durch attraktives Spiel. Nur zwei echte Stürmer waren mit Brülls und Seeler auf dem Platz. Der Star der Mannschaft war mit Schnellinger ein Verteidiger. Acht Jahre nach dem „Wunder von Bern“ hatte Herberger mit Herbert Erhardt und Hans Schäfer nur noch zwei Spieler aus dem 54er-Kader im Team. Sogar die in die Jahre gekommenen Fritz Walter und Helmut Rahn wurden vor Chile ins Gespräch gebracht.

Die DDR konnte sich trotz dramatischer Spiele gegen Ungarn und die Niederlande zum zweiten Mal nach 1958 nicht für die Endrunde qualifizieren. Dabei verfügte sie in diesen Jahren über eine starke Mannschaft. Die Bemühungen des ungarischen Trainers Karel Soos und seines Vorgängers Heinz Krügel um den internationalen Durchbruch des DDR-Fußballs blieben allerdings zunächst erfolglos.

Gastgeberland Chile

Am 9. Juni 1956 hatte sich Chile beim FIFA-Kongress im Lissabonner Palacio de Bellas Artes im Kampf um die Austragungsrechte für die 7. Fußballweltmeisterschaft 1962 deutlich gegen Argentinien durchgesetzt. Zum dritten Mal sollte eine Fußball-WM in Lateinamerika ausgetragen werden. Nach zwei aufeinanderfolgenden Weltmeisterschaften in Europa (Schweiz 1954 und Schweden 1958) waren die Südamerikaner nicht gut auf die FIFA zu sprechen gewesen. Ein früherer Beschluss des Weltverbandes hatte nämlich einen regelmäßigen Wechsel der Austragung zwischen Lateinamerika und Europa vorgesehen. Dennoch wurde Chile als Veranstalter immer wieder in Frage gestellt. Nicht zuletzt das schwerste Erdbeben seiner Geschichte, das am 21. Mai 1960 fast den gesamten Süden des Landes zerstörte, bestärkte in Europa die Zweifel, dass Chile in der Lage sei, die WM durchzuführen.

Trotz aller Widrigkeiten wollte das Organisationskomitee ein glanzvolles Fußballfest inszenieren. Arica und Viña del Mar wurden nur deshalb Austragungsorte, weil die ursprünglich vorgesehenen Stadien in Concepción und Talca stark beschädigt waren. Alles wurde getan, um der Welt zu zeigen, wozu das im Schatten von Brasilien und Mitbewerber Argentinien stehende Land in der Lage sein konnte. Obwohl mit 756.626 Quadratkilometern doppelt so groß wie Deutschland und erheblich größer als Spanien, war Chile aus europäischer Sicht unbedeutend und klein. Politisch musste es sich, wie viele andere lateinamerikanische Staaten, erst vom „Mutterland" emanzipieren. Der Nationalfeiertag ist folgerichtig der 18. September, der Tag der Unabhängigkeit von Spanien im Jahre 1818.

Geschichte

Um das Jahr 1500 gab es noch keine europäischen Eroberer in Südamerika. Das Inkareich umfasste damals beinahe das gesamte Gebiet der heutigen Andenstaaten: Peru, Bolivien, Ecuador, Kolumbien, Argentinien und Chile. 1520 entdeckte der portugiesische Seefahrer Fernao de Magalhães das heutige Chile. Sein Seeweg führte ihn durch die Meeresstraße, die inzwischen seinen Namen trägt, die Magellanstraße.

Binnen kürzester Zeit eroberten die Spanier das Inkareich und ermordeten oder versklavten die Araukaner, die indianischen Ureinwohner. Anschließend begannen sie mit der Kolonialisierung des südlichen Andenraumes. 1541 gründete Pedro de Valdivia die erste europäische Stadt auf dem Boden des späteren Chile: Santiago de Chile, die heutige Hauptstadt. 1554 konnten die Indianer zurückschlagen. Sie töteten de Valdivia, der zuvor viele ihrer Landsleute hatte verstümmeln lassen. Heute gibt es sowohl eine Stadt namens Valdivia als auch zahlreiche Denkmäler für Lautaro, den Häuptling der Araukaner.

Nach ersten Unabhängigkeitskämpfen zu Beginn des 19. Jahrhunderts wurde 1818 die Republica de Chile ausgerufen. Deren erster Staatschef wurde der Rebellenarmeeführer Bernando O'Higgins.

Die inneren Auseinandersetzungen um politische Rechte dauerten jedoch an, denn vom Fortschritt profitierten nur die Grundbesitzer und bürgerlichen Bevölkerungsgruppen.

In diesen Jahren gab es zahlreiche militärische Auseinandersetzungen um Staatsgebiete sowohl mit den spanischen Eroberern als auch unter den lateinamerikanischen Nachbarn. Heute steht in den Anden eine riesige Christusstatue, die als Symbol des Friedens zwischen Argentinien und Chile an diese Zeit erinnert.

1880 eroberte Chile im Krieg gegen Peru und Bolivien Gebiete, die die Fläche des Landes verdreifachten. In dieser kargen nördlichen Region befand sich Salpeter, ein Rohstoff, dessen Wert als Düngemittel gerade erst entdeckt worden war. In der Folge erlebte Chile eine Hochkonjunktur. 1891 wurde nach einer Revolution ein parlamentarisches System eingeführt. 1920 wurden Reformen im Sinne eines sozialen Wohlfahrtsstaates durchgesetzt. Gleichzeitig kam es zu einer Krise, da Salpeter auf dem Weltmarkt an Bedeutung verlor. Technische Fortschritte hatten es inzwischen möglich gemacht, Stickstoff aus der Luft zu gewinnen. Der wirtschaftliche Niedergang und die aus ihm resultierende hohe Arbeitslosigkeit führten zu Generalstreiks und Aufständen, die blutig niedergeschlagen wurden.

Einem zwischenzeitlichen wirtschaftlichen Hoch während des 2. Weltkrieges folgte ein er-

Chile - Der längste Staat der Erde.

neuter Absturz, als der Bedarf an kriegswichtigen Rohstoffen wieder abnahm, was neue soziale Unruhen mit sich brachte. 1948 wurde die Kommunistische Partei Chiles verboten. 1956 führte ein Lohnstoppgesetz zum Generalstreik und löste starke Proteste aus. 1957 gewann Jorge Alessandri die Parlamentswahlen und sorgte für eine weitere Industrialisierung. Nach einer zwischenzeitlichen Krise, die vorwiegend durch das Erdbeben von 1960 ausgelöst wurde, verbesserte sich der Lebensstandard der Bevölkerung zunächst wieder.

Der politisch rechts stehende Alessandri vertrat vor allem die Interessen der großbürgerlichen Bevölkerungsgruppen, wie schon sein Vorgänger, der langjährige Präsident Carlos Ibañez, ein Vertreter des Caudillismus (Führerstaat lateinamerikanischer Prägung). Beide hatten sich mit Unruhen in der Bevölkerung auseinander zu setzen. Die waren vor allem gegen die führende Schicht des Landes gerichtet und prangerten den enormen wirtschaftlichen Einfluss des Auslandes an. Als Allesandri versuchte, die Inflation mit Hilfe von Lohnkürzungen zu bekämpfen, erntete er heftigen Widerstand, der jedoch nur ein Vorgeschmack auf die Konflikte war, die das Land in den Folgejahren erschütterten.

1970 erlebte Chile eine „Revolution an der Wahlurne", die den Sozialisten Salvador Allende und sein Regierungsbündnis Unidad Popular an die Regierung brachte. Als von den nun durchgeführten Bodenreformen und Enteignungen auch nordamerikanische Konzerne betroffen waren, fand am 11. September 1973 ein von der CIA vorbereiteter, blutiger Militärputsch statt, der das mörderische Regime des von den USA unterstützten rechten Diktators Augusto Pinochet inthronisierte. Durch diese Ereignisse ist Chile bis heute, Jahre nach dem Ende der fast zwei Jahrzehnte andauernden Diktatur, ein zerrissenes Land.

Erdbeben

Das verheerende Erdbeben vom 21. Mai 1960 war, seit dem Beginn von seismologischen Aufzeichnungen, das stärkste weltweit. Das Epizentrum lag in Concepción, das als Austragungsort für die Weltmeisterschaft vorgesehen war. Im Süden des Landes kam es zu einem unvorstellbaren Szenario: Vulkane brachen aus, Lavaströme flossen in die Täler, Asche verdunkelte den Himmel, in der Erdoberfläche taten sich Spalten auf, Springfluten rissen ganze Orte mit sich, Inseln verschwanden und andere entstanden neu, fließende Gewässer änderten ihren Lauf. Insgesamt waren von der Katastrophe rund zwei Millionen Menschen betroffen. Die Zahl der Opfer belief sich auf einige Tausend, genaueres konnte nie herausgefunden worden. Die Zerstörungen waren beträchtlich; aus Europa kamen Hilfslieferungen und Spenden. Die Zweifel, dass Chile diese Krise überwinden und 1962 wie vorgesehen die WM austragen könnte, mehrten sich. In FIFA-Kreisen wurde sogar daran gedacht, nach Europa auszuweichen. Doch mit derartigen Überlegungen lösten die Funktionäre und Journalisten, die sich daran beteiligten, nur eine Haltung verletzten Stolzes bei den Chilenen aus. Sie wollten die Weltmeisterschaft jetzt erst recht. Ein neuer Organisationsplan wurde unter der Leitung von Carlos Dittborn entworfen. Noch waren zwei Jahre Zeit. Die Chilenen mobilisierten sämtliche Kräfte. Finanzmittel, die für die WM vorgesehen waren, z.B. für den Bau eines „olympischen" Dorfes für die Teilnehmer, mussten jetzt in den Wiederaufbau gesteckt werden. Opposition und Regierung einigten sich auf eine Art parlamentarischen Waffenstillstand. Selbst streikende Minenarbeiter ließen sich in diesen Bann nationaler Solidarität ziehen und nahmen die Arbeit wieder auf.

Geografisches

Chile ist außergewöhnlich: 4.300 Kilometer lang, zwischen 90 und 400 Kilometer breit, mit fast allen denkbaren geografischen Erscheinungsformen, ist es voller Gegensätze. Vom 13.000 Kilometer entfernten Europa dauerte eine Schiffsreise anno 1962 mindestens drei Wochen. Ohne den Panama-Kanal hatten die Schiffe sogar um das Kap Hoorn, den südlichsten Punkt Amerikas, fahren müssen. Vom Osten des Kontinents aus stellte eine Reise durch die argentinische Pampa und die Andenkette eine beschwerliche Alternative auf dem Landweg dar. Da es aber 1962 schon Düsenflugzeuge gab, die eine Atlantiküberquerung an einem Tag bewältigten, mussten die europäischen Fußballer und die Scharen erwarteter Touristen, Berichterstatter und Funktionäre nicht mit dem Schiff anreisen.

Dem aus der Luft Ankommenden bietet Chile gleich erste bleibende Eindrücke. Die Bergkette der Anden (spanisch Cordillera), mit ihren oft über 6.000 Meter hohen schneebedeckten Gipfeln und erloschenen Vulkanen, vermittelt Vorstellungen von der enormen Weite, der Kargheit und Wildnis des Landes. Chile wird in der gesamten Länge des Festlandes im Osten von den Anden flankiert und im Westen vom rauen Pazifik. Das flachere, bewohnbare Land ist meist nur rund 100 Kilometer breit. Die meisten Menschen leben entweder in Santiago oder den Küstenorten.

Der Norden besteht vornehmlich aus der Atmaca-Wüste, die sich über 1.500 km fast bis nach Santiago erstreckt. In dieser Einöde wurden am Ende des 19. Jahrhunderts die ersten Salpeter-Vorkommen entdeckt. Im „nahen Norden", in dessen Mittelpunkt die größten Städte Coquimbo und La Serena (50.000 Einwohner) liegen, ist es sehr heiß. Der „ferne Norden" ist vollkommen trocken, es fällt so gut wie nie Regen. In der Kargheit der Salzwüsten leben sogar noch einige Indianer. Im Zentrum befindet sich Antofagasta (60.000 Einwohner), weiter nördlich der Hauptsalpeterhafen Iquique. Sämtliche in dieser Gegend befindlichen Salpeterminen sind im Besitz nordamerikanischer Firmen. Die milder werdende Gegend bis Arica, der Grenzstadt zu Peru und zugleich nördlichster Austragungsort der WM, wird für Obstanbau genutzt.

Das Valle Central, ein Längstal in der Gegend um Santiago, bildet in vielfacher Hinsicht das Zentrum des Landes. Das Klima ist dem des Mittelmeeres ähnlich. Allerdings ist das Wasser des Pazifiks auch im Sommer sehr kühl. Dort lebte anno 1962 die Hälfte der Gesamtbevölkerung von ca. 7 Millionen Einwohnern Chiles (heute: 15 Mio.). Allein in Santiago lebten knapp 2 Millionen (heute weit über 5 Mio.), in Valparaíso 300.000 und in Concepción 130.000 Menschen. Santiago wird auch als „das Paris von Chile“ bezeichnet. Die Landschaft ist unmittelbar um die Metropole herum vergleichsweise unfruchtbar und wurde im Laufe der Zeit nur mit Hilfe künstlicher Bewässerung begrünt. Rancagua, mit nur etwa 50.000 Einwohnern die kleinste WM-Stadt, liegt 80 Kilometer südlich von Santiago und ist durch die in der Umgebung befindlichen Kupferminen geprägt. 150 Kilometer nordwestlich der Hauptstadt liegt das durch das Erdbeben zum Austragungsort gewordene Viña del Mar (ca. 140.000 Einwohner), Nachbarstadt von Valparaíso und „Cannes von Chile“ genannt. Im Valle Central gibt es quasi nur Winter und Sommer. Zur Austragungszeit der Fußball-WM (Ende Mai) beginnt gerade der Winter und damit die Regenzeit. Dann ist es tagsüber zwar immer noch warm, kühlt sich aber im Vergleich zum Sommer abends und nachts erheblich ab.

Ab Concepción wird Chile nach Süden hin verstärkt winterlich und Skandinavien immer ähnlicher. Dem Landeszentrum am nächsten ist die sehr fruchtbare Region „la frontera“. Hier leben die einzigen noch reinen Araukaner, die Ureinwohner Chiles. Das Zentrum ist Temuco (100.000 Einwohner). Weiter südlich schließt sich die „chilenische Schweiz“ an, eine Gegend aus Vulkanen, Seen und Flüssen. Dort ist die Cordillera nicht so dicht, so dass man durch die Anden nach Argentinien reisen kann. Auch wächst hier die Nationalblume Copihue, eine efeuartige Schlingpflanze. Zentren des „kleinen Südens“, 900 Kilometer südlich von Santiago, sind die Städte Valdivia, Osorno und Puerto Montt, die durch deutsche Einwanderer (neben französischen und schweizerischen) geprägt sind.

In Richtung Kap Hoorn schließt sich Westpatagonien mit seinen zahlreichen Inseln und einem arktischen Binnenmeer an. Obwohl gemäßigt kühl, ist die Heimat der Kartoffelpflanze nur dünn besiedelt. Weiter südlich folgt schließlich der chilenische Teil Ostpatagoniens, mit der Stadt Punta Arenas, sowie ein größerer Teil des Feuerland-Archipels, das durch die Magellanstraße vom Festland getrennt ist.

Europäer fühlen sich in Chile aufgrund der vorherrschenden Flora und der umgebenden Landschaft oft an den eigenen Kontinent erinnert. Je nach Landstrich gleicht es eher Spanien, Italien, Frankreich, der Schweiz, Österreich, Deutschland oder skandinavischen Staaten. Es gibt keine lebensbedrohenden Tierarten, die den Eindruck eines fremden Kontinentes verstärken. Einem Ausspruch zufolge ist das Land der „Spiegel aller Gesichter der Erde“. Chile bedeutet in der Sprache der Araukaner soviel wie „kaltes Land“. Dabei lebt die Bevölkerung auf etwa drei Dutzend noch aktiven Vulkanen. Die immense Gewalt, die sich unterirdisch bewegt, hatte sich durch zahlreiche Erdbeben den Weg nach oben gebahnt. Die Städte Santiago, Valparaíso, Concepción und Viña del Mar wurden mehrfach zerstört.

Das Erdbeben von 1960 riss ganze Dörfer weg.

Bevölkerung und Landeskultur

Die Bevölkerung Chiles besteht größtenteils aus Mestizen, das heißt Mischlingen aus weißen Einwanderern und Indianern. Einige Chilenen stammen ausschließlich von Ureinwohnern oder von weißen Einwanderern ab. Die Übergänge sind fließend, dennoch gibt es in der Bevölkerung einen gewissen Rassismus, der sich vor allem im wohlhabenden Bürgertum manifestiert, das sich gern als „weiß“ bezeichnet. Vorherrschende Religion ist der Katholizismus. Die Amtssprache ist spanisch.

Die sozialen Gegensätze waren 1962 trotz relativ fortschrittlicher Sozialpolitik groß. Es gab Straßenkinder und arme Landarbeiter auf der einen, Großgrundbesitzer (Latifundistas) und reiches Bürgertum auf der anderen Seite. Nach der Befreiung aus der Umklammerung Spaniens kam Chile, wie viele andere lateinamerikanische Staaten, unter den Einfluss der USA, die in Lateinamerika seit Ende des 19. Jahrhunderts ihre wirtschaftlichen Interessen in kolonialistischer Weise verfolgten. 1962 waren alle wesentlichen Industriezweige Chiles in der Hand nordamerikanischer Konzerne.

Trotz zahlreicher großer Städte war Chile in erster Linie ein auf Großgrundbesitz gestützter Agrarstaat. Anfang der 60er Jahre befand sich das

Santiago anno 1962 - Blick auf die Avenida Alameda.

Viña del Mar – Die „Perle des Pazifiks“.

Land allerdings im Umbruch. Der Großgrundbesitz sollte aufgeteilt werden, weil er strukturell nicht in der Lage war, die Bevölkerung zu ernähren. Mehr als ein Drittel der Bewohner, vornehmlich indianischer Herkunft, lebte von der Landwirtschaft. Inquilino werden diese Landarbeiter und Pächter von Agrarflächen genannt. Ein Viertel der Menschen arbeitete in der Industrie, was für lateinamerikanische Verhältnisse einen vergleichsweise hohen Anteil darstellte. Der Lebensstandard der Arbeiter war trotzdem gering. Die Löhne waren niedrig, Lebensmittel aus einheimischer Produktion allerdings erschwinglich. Trotz immenser Preise für Autos und andere Exportgüter fuhren viele Chilenen PKW. Das trug besonders in Santiago maßgeblich zur Luftverschmutzung bei. Dabei waren die Preise für öffentliche Verkehrsmittel 1962 sehr niedrig.

Die einzige geschlossene nichtspanische Bevölkerungsgruppe sind eingewanderte Deutsche. 500.000 Chilenen waren um 1960 deutschsprachig. Deutschstämmige Immigranten gab es seit der spanischen Eroberung. Die ersten bekleideten oft hohe Posten und gingen später im spanischen Adel auf. 1850 kam es zu einer regelrechten Einwanderungswelle. Am Ufer des Llanquehue-Sees in der chilenischen Schweiz steht ein Denkmal mit der Inschrift „Unsere Ahnen“, das am 28. November 1952 anlässlich des hundertjährigen Bestehens der dortigen deutschen Siedlung eingeweiht wurde. Die Deutschen sind in Chile sehr geachtet, obwohl man auch Witze über die umständlichen Ottos macht. Chile hat Deutschland weder im Ersten noch im Zweiten Weltkrieg den Krieg erklärt. Das Militär ist nach preußischem Vorbild aufgebaut.

Letzteres bedeutet jedoch nicht, dass Chilenen auf „deutsche Tugenden“ versessen sind. Im Gegenteil, denn ein Sprichwort lautet frei übersetzt: „Was du getanzt hast, kann dir keiner mehr nehmen.“ Überdies war die Haltung vieler Chilenen während des 2. Weltkrieges und in den Folgejahren zutiefst antifaschistisch. Die chilenische Kultur ist vielschichtig und vornehmlich darauf ausgerichtet, das Leben zu genießen. Das äußert sich nicht zuletzt in der umwerfenden Gastfreundschaft, die auch viele Besucher während der WM erfahren durften.

Die chilenische Küche gleicht der südeuropäischen und besteht schwerpunktmäßig aus Rind, Hammel, Fisch, Muscheln und Schalentieren. Nationalgetränk ist Pisco Sour, ein Traubenschnaps, der mit Zucker und Zitrone gemixt, oft auch mit Soda getrunken wird. Anerkannt ist zudem der Rotwein, der größtenteils aus importierten und in Chile kultivierten französischen Trauben gekeltert wird. Er wächst vor allem an den Hängen in der Nähe von Santiago und Curicó. Chiles Nationalkultur beruht wesentlich auf spanischen Einflüssen. So treffen sich die Tradionalisten gern auf dem Landgut, der „fundo“, um nach einem Rodeo oder einem Polospiel den Volkstanz „cueca“ zu tanzen. Dabei trägt der „husao“ gern einen schwarzen Sombrero, einen bunten Poncho und spitze schwarze Schuhe mit Sporen und hohen Absätzen. Das Rodeo ist in Chile ein unblutiger Stierkampf, bei dem es darum geht, einen jungen Stier zu Pferde zu jagen. Alljährlich werden in diesem Volkssport mit großem Aufwand Meisterschaften ausgetragen, um den Campeón de los Campeones zu küren.

Der Nationaltanz Cueca.

Fußball in Chile

Chile kann auf eine lange Fußballgeschichte zurückblicken. Mit der FFC (Federación de Fútbol de Chile) wurde 1895 in Valparaíso der nach Argentiniens AFA zweite Verband Südamerikas gegründet.

Chiles Fußballfans litten trotzdem lange unter dem Makel, erst nach den großen Drei des Kontinentes (Brasilien, Argentinien und Uruguay) zu kommen. Dabei ist auch im längsten Staat der Welt Fußball der Sport Nummer 1, allenfalls bedrängt vom erwähnten Rodeo. Der Überschwang, mit dem der Fußball begleitet wird, ist riesig. Allerdings zeigten Vorfälle bei Länderspielen ein teilweise überzogenes Nationalgefühl, das im Fußballfanatismus ein Ventil fand. Die Ereignisse während der WM, insbesondere bei der Auseinandersetzung zwischen Chile und Italien, lösten ernste Überlegungen von Verantwortlichen der FIFA aus: Das aggressive Verhalten der chilenischen Zuschauer wurde zum Anlass genommen, grundsätzlich über die Vergabe von Weltmeisterschaften in Länder mit einem solchen Gefahrenpotential nachzudenken. Schon im Vorfeld hatte man aus Vorsorge in allen WM-Stadien einen zwei Meter hohen Zaun installiert.

Die ersten fußballerischen Bemühungen fanden in der Gegend um Viña del Mar und Valparaíso ihren Ausdruck. Dort waren in der zweiten Hälfte des 19. Jahrhunderts viele Engländer, die als Beteiligte des Seehandels in der bedeutenden Hafenstadt lebten. Der 1889 gegründete FC Valparaíso war der erste Fußballverein des Landes. Sein Beiname Wanderers, den im Übrigen auch der 3 Jahre später gegründete erste Klub Santiagos trug, zeugt vom britischen Einfluss auf die Entwicklung des Fußballsportes in Chile. Die Liste der Spielernamen aus jener Zeit liest sich folglich wie die Aufstellung einer Partie der heutigen Premier League. Um die Jahrhundertwende kam es zu zahlreichen Vereinsgründungen in den beiden erwähnten Pazifikstädten. Lediglich in der Hauptstadt existierte eine annähernd große Fußball-Begeisterung. Weitere Kicker-Hochburgen waren Coquimbo, Iquique, Antofagasta und Concepción.

Bis 1933 die erste nationale Liga gegründet wurde, spielten die Meister verschiedener Regionalverbände eine Finalrunde um die Landesmeisterschaft. 1925 wurde in Santiago von Abtrünnigen des bis dahin dominierenden Hauptstadtklubs Magallanes der heute bei vielen Chilenen beliebteste Klub, Colo Colo, gegründet. Der Verein, der im Wappen den Indianerkopf als Zeichen des Freiheitskampfes gegen die spanischen Eroberer führt, bemühte sich sehr um die Einführung einer nationalen Liga und löste bald die Vorherrschaft von Magallanes ab. Gemeinsam mit den Universitätsklubs aus Santiago und

Sicherheitszaun im Nationalstadion von Santiago.

den Traditionsklubs aus der Region Valparaíso, wie beispielsweise Everton Viña del Mar, dominierte Colo Colo in der Folge den chilenischen Fußball. Außer diesen Teams konnte selten ein anderes die chilenische Meisterschaft, die am Ende eines Jahres abschließt, erringen. Chilenischer Meister des Jahres 1961 und damit amtierender Campeón während der WM, war Universidad Catolica Santiago. Die Zuschauerzahlen in der Nationalliga lagen in den Spielzeiten 1961 und 1962 bei durchschnittlich etwa 8.000 pro Partie. In der Saison 1961 betrug die Gesamtzahl 1,25 Millionen und stieg in den folgenden Jahren auf beinahe 4 Millionen an, was zum Einen daran lag, dass die WM einen Boom auslöste, zum Anderen daran, dass die Zahl der Clubs 1962 von 14 auf 18 erhöht wurde.

Am Beginn der chilenischen Länderspielhistorie seit 1910 standen vor allem Vergleiche mit Argentinien, Uruguay und Brasilien. 1912 trat Chile der FIFA bei, um bereits vier Jahre später auch zu den Gründern des südamerikanischen Verbandes CONMEBOL zu gehören. Erst 1926 konnte Chile in seinem 34. Treffen erstmals ein Länderspiel (7:1 gegen Bolivien) gewinnen. Der erste nicht-südamerikanische Gegner war 1928 bei den olympischen Spielen in Amsterdam Portugal (2:4-Niederlage). Bei der ersten Weltmeisterschaft 1930 in Uruguay war Chile mit beachtlichem Erfolg dabei. Zwei Siege gegen Frankreich und Mexiko ließen Chancen auf die Teilnahme am Halbfinale aufkommen, bevor Erzrivale Argentinien im letzten Gruppenspiel durch ein 3:1 alle Hoffnungen zerstörte. Zu den zwei anschließenden Weltturnieren in Europa wurde nicht gemeldet. 1937 erfolgte mit einem 3:0 über Uruguay der erste Erfolg gegen einen der drei südamerikanischen Hauptkonkurrenten. Siege gegen andere Mitstreiter untermauerten Chiles vierten Platz auf dem Kontinent. Noch war jedoch kein einziger Triumph gegen Brasilien oder Argentinien gelungen.

Eigens für die WM wurde eine Miss Copa do Mundo gewählt.

1950 in Brasilien war Chile ersatzweise für Argentinien zum zweiten Mal bei einer WM dabei. Nach Niederlagen gegen Spanien und England reichte ein Sieg gegen die USA nicht zum Vorrükken ins Halbfinale. Sechs Jahre später feierte die Andenrepublik dann den ersten und damit historischen 4:1-Sieg gegen Brasilien, der zu einem zweiten Rang beim Südamerika-Cup verhalf. Schon 1955 war Chile Zweiter in Südamerika geworden und hatte damit den bis dato größten Erfolg gefeiert. Für die Weltmeisterschaften 1954 und 1958 reichte es aber nicht zur Qualifikation.

1959 konnte endlich auch Argentinien erstmals bezwungen werden. Weitere Siege in den 50ern ließen Chile auf Platz drei in Südamerika rücken. Insgesamt ist die Bilanz der Vergleiche mit Nationen aus Lateinamerika in diesem Zeitraum sehr ausgewogen. In den selteneren Begegnungen mit europäischen Mannschaften setzte es meist Niederlagen. Lediglich gegen die CSSR konnte in Santiago 1956 ein 3:0 eingefahren werden. Der größte Erfolg vor der Weltmeisterschaft war jedoch ein 3:1-Sieg gegen die Bundesrepublik Deutschland am 26. März 1961 in der chilenischen Hauptstadt. Vor 60.000 Zuschauern feierte Chile damit einen historischen Sieg, denn nie hatte bis zu jenem Zeitpunkt eine große europäische Fußballnation bezwungen werden können.

Der nächste Test vor der WM war auch von besonderem Interesse. Chile spielte im Mai zweimal in Santiago gegen Brasilien um den O'Higgins-Cup und verlor beide Male knapp (1:2, 0:1). Offenbar hielt der Gastgeber es für zweckmäßig, in Vorbereitung auf den WM-Spielort nur noch in der Hauptstadt anzutreten. Niederlagen mussten später im Jahr gegen Uruguay (2:3) und die Sowjetunion (0:1) hingenommen werden. Mit Ungarn kam im Dezember 1961 die letzte Nationalauswahl. Chile siegte zunächst 5:1 und trennte sich in einem zweiten Vergleich 0:0 von den Magyaren. Danach begann die eigentliche Vorbereitung auf die WM. Bis zum Eröffnungsspiel wurden nur noch schwächere Clubmannschaften als Sparringspartner gewählt, die das eigene Selbstbewusstsein nicht mehr durch unerwartete Niederlagen ankratzen konnten.

Chilenische Fans nach einem Sieg ihres Teams.

Defensive ist Trumpf

Catenaccio

1960 holte Inter Mailands Präsident, Angelo Moratti, den damals 44-jährigen Helenio Herrera als Trainer in die lombardische Metropole. Herrera, der zuvor beim FC Barcelona gearbeitet hatte, entwickelte in Italien mit dem Catenaccio (catena = italienisch für Kette) eine Spielweise mit dichtem Abwehrriegel, die 1962 bei der WM erstmals ins Blickfeld einer breiten Öffentlichkeit rückte. Auch als „Betonsystem" verunglimpft, beruht sie auf einer Viererkette mit dahinter postiertem Libero, einer defensiv ausgerichteten Dreierkette im Mittelfeld und lediglich zwei zurückgezogenen Spitzen für gelegentliche schnelle Konter. Gegnerische Stürmer werden in Manndeckung genommen. Diese Formation zeichnet sich vor allem dadurch aus, dass sie, vorausgesetzt sie wird flexibel gespielt, vom Gegner schwer zu berechnen ist. Der negative Aspekt ist die mitunter optische Eintönigkeit des reinen Stellungsspiels.

Bis heute ist umstritten, ob Herrera den Catenaccio tatsächlich selbst erfunden hat, oder ob die Urheberschaft eher Nereo Rocco zusteht, der 1963 mit dem AC Mailand erster italienischer Sieger im europäischen Landesmeisterwettbewerb wurde.

Heute ist der Begriff Catenaccio jedenfalls fest verbunden mit dem Namen von Helenio Herrera, einem gebürtigen Argentinier und eingebürgerten Franzosen, der gerne mit dem Beinamen „Sklaventreiber" betitelt wurde. Mit seinem perfekten Sicherheitsfußball führte er Inter Mailand in den 1960er Jahren zu großen Erfolgen, wobei ihn zunächst viele als Scharlatan betrachteten. „Ich werde dafür bezahlt, dass wir die Spiele gewinnen, nicht dafür, dass wir schön spielen", pflegte Herrera seinen Kritikern zu entgegnen, denn „alles Gerede von Schönspielerei und gefälligem Offensivspiel ist nur Geschwätz. Nur das Ergebnis zählt und zwar das positive."

Herreras Erfolge bei Internazionale führten 1962 dazu, dass er gemeinsam mit Giovanni Ferrari und Paolo Mazza die Verantwortung für die Squadra Azurra übernehmen sollte. Als jedoch zwischenzeitlich bei Inter Mailand der sportliche Aufschwung nachließ, erinnerte man sich im italienischen Verband plötzlich wieder seiner argentinischen Herkunft und stellte noch dazu fest, dass er eigentlich französischer Staatsbürger sei. Auf seine Verpflichtung wurde verzichtet, zumal es auch Differenzen mit Omar Sivori gab, dem enfant terrible des italienischen Fußballs. Der wie Herrera aus Argentinien stammende und etwas eigensinnige Sivori, amtierender europäischer Fußballer des Jahres von Juventus Turin, weigerte sich, unter dem Inter-Trainer zu spielen. Bei der WM war Herrera, wie bereits erwähnt, dann aber doch dabei: Erste Gerüchte, wonach er in Chile die spanischen Farben vertreten sollte, waren im März 1962 aufgetaucht und hatten sich wenig später bestätigt.

Der „Totengräber des Fußballs": Helenio Herrera

Herreras Kritiker verstummten, als die Blau-Schwarzen unter dem dickköpfigen Franzosen 1963, 1965 und 1966 italienischer Meister sowie 1964 und 1965 Europapokalsieger und Weltpokalsieger wurden. Selbst gegen Kritik von höchster Stelle war Herrera immun. Alfredo di Stefano - mit Real Madrid einer der großen Inter-Konkurrenten jener Tage - lästerte, dass Inter mit zehn Verteidigern und Torwart spiele, worauf Herrera kühl erwiderte: „Wenn wir kein Tor kassieren, verlieren wir auch nicht." Pikanterie am Rande: Während der Vorbereitung zur WM 1962 fochten der verletzte spanische Nationalspieler di Stefano und Herrera eine Privatfehde aus, und in Chile gehörten dann beide zum spanischen Trainerstab.

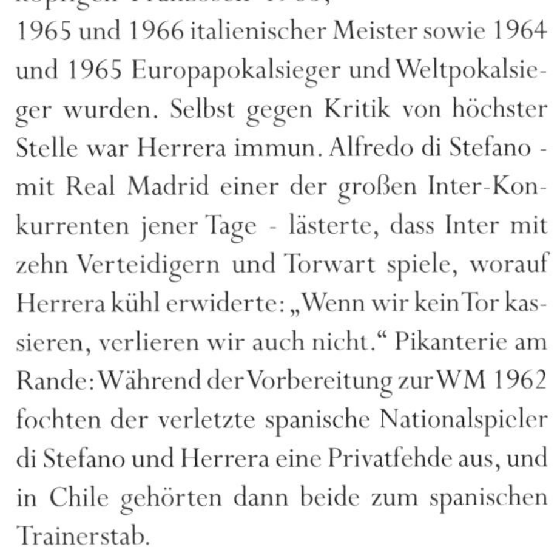

Herrera war der bestbezahlte Trainer seiner Zeit. Neben zahlreichen Vereinsmannschaften (Red Star sowie Stade Français Paris, Atlético Madrid, Real Valladolid, FC Sevilla, Belenenses Lissabon, FC Barcelona, Inter Mailand, AS Rom) betreute der auch als „Totengräber des Fußballs" verunglimpfte Franzose drei Nationalmannschaften: Frankreich im Jahre 1947, Spanien von 1958 bis 1959 sowie 1962 und schließlich, von 1966 bis 1967, doch noch Italien. Einer seiner „Schüler" war übrigens der spätere Erfolgscoach Giovanni Trapattoni, der zwar in Chile im Aufgebot der Italiener stand, jedoch ohne Einsatz blieb.

Herreras unattraktive Art, Fußball zu spielen, die Kreativität im Keime zu ersticken und Pragmatismus über alles zu stellen, hielt sich in dieser reinen Form nicht allzu lange, prägte aber dennoch entscheidend die Entwicklung der Spielgestaltung in Europa. Seinem Ursprungsland Italien verhalf der Catenaccio jedoch erst 20 Jahre später, bei der WM 1982, zum Titel, blieb aber schon zuvor keineswegs auf Italien beschränkt. Während der WM 1962 bedienten sich die meisten Nationen zumindest einiger seiner Elemente - allerdings mit durchweg negativen Auswirkungen auf das Spielgeschehen. Kaum

Fritz Walter nach der WM im Kicker:

Allroundspieler und perfekter Techniker

„...Sowohl in der Schweiz als auch in Schweden hatten die Vorrundenspiele besseren Fußball gebracht, besseren und schöneren.
...Daß es keine Entscheidungsspiele (bei Punktgleichheit) gab, sondern das Torverhältnis die Reihenfolge bestimmte, erwies sich als Bumerang, der auf die FIFA zurückflog. Kein Wunder, dass fast alle Mannschaften ihr Heil in der Defensive suchten.
...Die Halbfinals, das Spiel um den dritten Platz und vor allem das Endspiel verwischten dann den schlechten Eindruck der Vorrunde.
...Die ‚Mode' dieser Weltmeisterschaft hieß 4-2-4, ...
...wichtige Konsequenz des 4-2-4 ist die Forderung nach dem Allround-Spieler, dem Verteidiger, der stürmt, und dem Stürmer, der verteidigt...
...die Zeit, da der Abwehrspieler ‚seinen Mann' ... bis auf die Toilette verfolgt, dürfte vorbei sein.
...Ich will nicht auf diesem billigen Umweg in die Debatte um die Bundesliga eingreifen, zumal nirgends steht, dass wir mit der Bundesliga wieder Weltmeister würden. Wenn wir aber Schritt halten wollen, dann brauchen wir das tägliche Training, die stärkere Förderung einer bestimmten Elite, die sich aber auf die Dauer nur aus einer kleineren Spitze kristallisieren kann. Hier schließt sich der Kreis.
Ich appelliere nicht an die Gefühle, sondern an die kalte Vernunft. Geht mit der Zeit, sonst werden wir überrollt!
Das scheint mir die Lehre von Chile."

ein Land war zu diesem Zeitpunkt wirklich in der Lage, den hohen Ansprüchen des Verteidigungsriegels nachzukommen. Das erforderliche Maß an technischer Perfektion, das schnelle Passspiel zur Überbrückung des Mittelfeldes, die nötige Flexibilität aller Akteure und die Kaltschnäuzigkeit bei Konterstößen waren wenig entwickelt. Heraus kam vor allem Krampf- und brutaler Kampffußball.

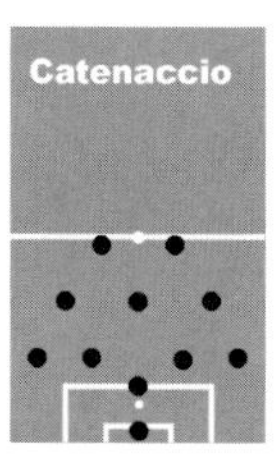

Der Catenaccio sollte der 1962er WM seinen Stempel aufdrücken. Das Turnier ging als das destruktivste und brutalste in die Geschichte ein. Für das Weiterkommen nach den Gruppenspielen zählte bei Punktgleichheit der Torquotient, was das Toreverhindern gegenüber dem Toreschiessen begünstigte, da ein Torverhältnis von 2:1 besser bewertet wurde als beispielsweise ein 7:4. „Die Angst zu verlieren ist wie eine anstekkende Krankheit - sie raubt einer Mannschaft die Kraft und tötet den konstruktiven Geist" urteilte Italiens WM-Coach von 1934 und 1938, Vittorio Pozzo, nach dem Turnier - allerdings hatte Pozzos WM-Elf von 1934 ebenfalls das Etikett des „unattraktiven und brutalen Fußballs" angehaftet.

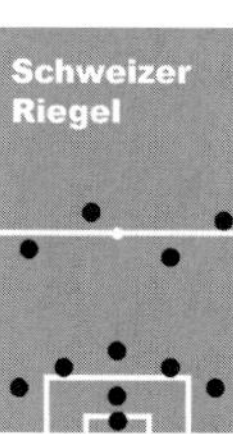

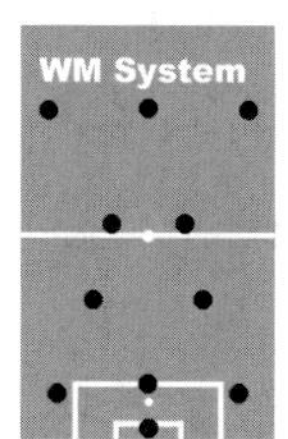

In Chile war alles schlimmer: Schon am ersten Spieltag der Vorrunde gab es in den acht Spielen über 30 Verletzte. Am nächsten Spieltag folgte das Skandalspiel zwischen Chile und Italien mit zwei Platzverweisen für Italien durch den völlig überforderten britischen Schiedsrichter Aston. Zeitgleich wurden in Arica in der Begegnung zwischen Jugoslawien und Uruguay nach tätlicher Auseinandersetzung ebenfalls zwei Spieler vom Platz gestellt. Ohnehin war die Gruppe A die härteste in ihrer Gangart. Beim Erstrundenspiel zwischen der UdSSR und Jugoslawien wurde so reichlich ausgeteilt, dass ein sowjetischer Spieler mit einem Beinbruch vom Platz getragen werden musste. Die Schiedsrichter gerieten in Chile zunehmend ins Blickfeld. Der Erfolgsdruck des kommerzieller werdenden Spiels ließ die Akteure häufig zu unfairen Mitteln greifen. Die meisten Schiedsrichter waren davon überfordert, ihre Gesamtleistung war mäßig.

Neben der Rohheit sorgte die extrem defensive taktische Vorgehensweise für negative Schlagzeilen. Viele Mannschaften bauten Verteidigungsriegel mit sechs oder mehr Spielern auf, was, wenn der Gegner ähnlich agierte, zu einem gepflegten Rasenschach führte. Besonders die europäischen Teams versuchten durch robustes und streng defensiv ausgerichtetes Spiel zum Erfolg zu kommen. Die Abwehr der Sowjets schien undurchdringbar, die Jugoslawen fielen mehr als einmal durch hartes Einsteigen auf, die Tschechoslowaken „mogelten" sich mit drei geschossenen Toren ins Halbfinale. Die Spanier wurden vom „Meister des Catenaccio" persönlich trainiert und brillierten ebenfalls durch konsequentes Zerstören jeglicher Spielkultur. Auch Italien, als bekanntes Beispiel für Defensivfußball, reihte sich in den Kreis der Abwehrbollwerke ein. Selbst Deutschlands Weltmeistertrainer Herberger schwor der vertrauten Spielweise, die die Weltmeisterschaften bis 1958 geprägt hatte, ab und vertraute seiner Verteidigung. Der Tod des WM-Systems hatte allerdings schon begonnen, als die Brasilianer 1958 mit ihrem 4-2-4 (mehr darüber im Kapitel über den Weltmeister) erfolgreich gewesen waren.

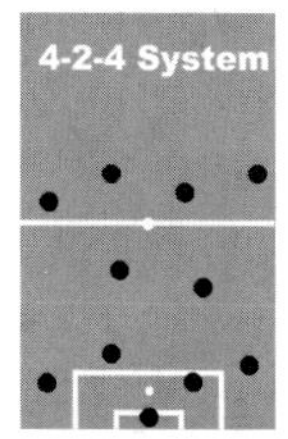

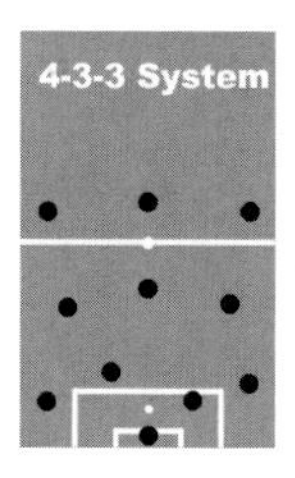

Ein Vorläufer des Catenaccio (Grafik) war der **Schweizer Riegel** (Grafik), den die Trainerlegende aus Wien, Karl Rappan, für das eidgenössische Nationalteam kreiert hatte. Dabei war die Not Vater des Gedankens gewesen, weil die Schweiz zu jener Zeit nicht eben über große Angriffstalente verfügt hatte. Eigentlich handelt es sich, ähnlich dem Spiel mit einem Doppelstopper (in die zentrale Abwehr zurückgezogener Stürmer), der sich teilweise als fünfter in den Angriff einschaltet, um eine defensive Abwandlung des WM-Systems (Grafik). Dem Gegner wird das Mittelfeld überlassen, er kann in Ruhe das Spiel machen, jedoch werden seine Außenstürmer eng markiert. Durch den „Ziehharmonika-Effekt" (zwei innere Defensivspieler greifen plötzlich, wenn der Gegner nicht damit rechnet, als fünfter bzw. sechster Spieler in die Offensive ein) erhält die Spielweise ihre Durchschlagskraft.

Das traditionelle **WM-System** des Engländers Chapman hatte in Chile endgültig ausgedient.
Trotz einer gewissen Starrheit besaß dieses System den Vorteil, dass eine größere Anzahl von Spielern sich dem eigentlichen Ziel des Spiels, nämlich Tore zu schießen, verschrieben hatte. Bis 1962 war noch das brasilianische System von 1958, das 4-2-4 (Grafik) vorherrschend gewesen. In Chile wurde das eigentlich flexible und offensive System von den meisten Teams jedoch defensiver interpretiert und mit Versatzstücken des aufkommenden Catenaccios kombiniert, indem den Angriffsspielern zusätzlich Abwehraufgaben erteilt wurden.
Die brasilianischen Erfinder des 4-2-4 gingen indes bereits zu einer neuen Variante über. Das später so erfolgreiche 4-3-3 (Grafik) nahm durch den Weltmeister erstmals Gestalt an.
Dieses offensiver ausgerichtete moderne System sollte fortan eine wirksame Alternative zum Catenaccio sein.

Kommerzialisierung, Europapokal, Bundesliga

Das große Geld

In Italien hatte es schon in den 1950er Jahren einen enormen finanziellen Schub durch die Einführung des Fußballtotos (totocalcio) im Jahre 1946 gegeben. Die Vereine, die daran beteiligt wurden, konnten es sich leisten, Spieler aus dem Ausland zu verpflichten.

Die Einführung des Europapokals der Landesmeister im Jahre 1955 eröffnete dann völlig neue Möglichkeiten. Real Madrid und Benfica Lissabon beherrschten diesen Wettbewerb; bis 1962 konnte kein anderer Klub den Cup erringen. 1960 wurde der Europapokal der Pokalsieger eingeführt. In den ersten Jahren zeichnete sich besonders der AC Florenz aus, der auch schon im Landesmeisterfinale 1957 gestanden hatte. Es waren in jener Zeit insbesondere die spanischen, portugiesischen und italienischen Klubs, die auf der europäischen Fußballbühne die Hauptrollen spielten. Mithalten konnten allenfalls noch das französische Traumteam von Stade Reims, Partizan Belgrad oder die britischen Spitzenvereine. Seit 1960 wurde zusätzlich noch der internationale Messe-Pokal (später: UEFA-Cup), der ursprünglich ein Wettbewerb für Auswahlteams aus Messestädten gewesen war, von Vereinsmannschaften ausgespielt.

Der Europapokal begeisterte schnell die Massen und wurde bald zur Haupteinnahmequelle der europäischen Spitzenklubs, die fortan in völlig neuen finanziellen Dimensionen denken konnten. Maßgeblich trug dazu das Fernsehen bei, das sich just anschickte, Europa zu erobern. Übertragungen von Fußballspielen unter Flutlicht waren in den Anfangsjahren Publikumsknüller, vergleichsweise unaufwendig zu produzieren und der Zeitpunkt in der Mitte der Woche ideal. Für die Fernsehrechte wurden den Vereinen, gemessen an damaligen Maßstäben, sehr hohe Beträge gezahlt.

Der Held dieser ersten Jahre im Europapokal war die Fußball-Legende Alfredo di Stefano, ein gebürtiger Argentinier und Spaniens erster großer „Import" vom südamerikanischen Kontinent. Mit ihm wurde Real Madrid fünfmal hintereinander Europapokalsieger der Landesmeister. Andere Spieler aus Südamerika, wie beispielsweise Santamaria aus Uruguay folgten. Frankreichs Stürmerstar Raymond Kopa wechselte 1956 von Reims zu Real, später kam noch Puskás zu den Königlichen. Konkurrent FC Barcelona schlief derweil nicht und engagierte Evaristo aus Brasilien sowie Kocsis, der wie Czibor und Kubala aus dem geflohenen ungarischen Top-Team von Honved Budapest stammte. In der großen Mannschaft vom AC Mailand standen 1958 unter anderem der schwedische Stürmer Liedholm sowie Schiaffino aus dem 1950er Weltmeisterteam Uruguays. Später kam Altafini dazu, der 1958 noch unter dem Namen Mazzola mit Brasilien Weltmeister geworden war. Und noch ein neuer Stern ging auf: Der des aus Mozambique stammenden und für Benfica Lissabon spielenden Eusebio. Zunächst markierte er die spielentscheidenden Tore im Europokalendspiel der Landesmeister 1962 gegen di Stefanos Real, ehe er im Weltpokalendspiel mit Benfica gegen den Pelé-Klub FC Santos im Aufeinandertreffen der besten Stürmer der Welt glänzte.

Stolz präsentiert Alfredo di Stefano die mit Real gewonnenen Europapokale.

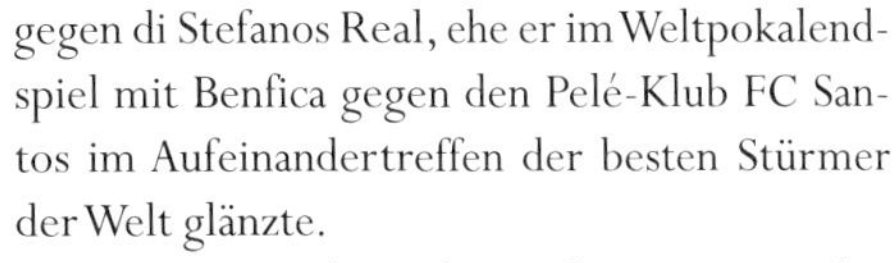

Im Gerangel um die großen Stars wurden inzwischen Millionenbeträge gehandelt. Kurz vor der Weltmeisterschaft beschloss die FIFA mit knapper Mehrheit, dass ein Spieler nur noch für die Nation antreten dürfe, deren Staatsbürgerschaft er von Geburt an besaß. Die auf Antrag Englands beschlossene Maßnahme sollte die Emigration in die Länder mit besseren Verdienstaussichten einschränken.

Auch die Spieler mischten sich zunehmend in die Diskussion ein. 1961 führten Abwanderungen nach Italien (Baker, Greaves, Hitchens und Law) zur Streikdrohung englischer Berufsspieler, die damit eine seit 1901 bestehende Regelung über das Höchstgehalt für Fußballer zu Fall bringen sollten. Diese 60 Jahre alte Vorschrift bescherte den frühen englischen Profis bereits Gehälter in der Höhe eines Facharbeiterlohnes.

Kopa, di Stefano, Puskás – Reals Triumvirat Ende der 1950er.

Selbst davon waren die Spieler der deutschen Oberligen Anfang der 60er Jahre noch weit entfernt. Bis 1962 hatte Eintracht Frankfurt als einziger deutscher Verein ein europäisches Endspiel erreicht (1960 im Pokal der Landesmeister). Auch die deutschen Elitekicker beschäftigten sich zunehmend mit dem Thema Abwanderung. Im Frühjahr 1962 fragte der Kikker besorgt: „Geht Deutschlands Innentrio nach Italien?" Das Fußballblatt meinte Helmut Haller, der für die nächste Saison schon beim FC Bologna unter Vertrag war, Albert Brülls von

Begeisterte Tifosi im Flutlicht des Prinzenparks.

Borussia Mönchengladbach, an dem Florenz Interesse zeigte und Uwe Seeler vom Hamburger SV, der für eine „Unsumme" von mehreren Hunderttausend Mark vom AC Turin umworben wurde. Horst Szymaniak wirkte schon seit 1961 als Legionär bei CC Catania. Diese Faktoren verstärkten die Bemühungen um die Einführung der Bundesliga, eine schmerzlich vermisste eingleisige landesweite Spitzenliga.

Bereits in den 20er und 30er Jahren hatte man in vielen europäischen Ländern den Profifußball in unterschiedlichem Maße zugelassen. Auch der DFB beschloss 1932 - u.a. nach Skandalen um verdeckte Zahlungen und Zuwendungen in Form von Naturalien - sich von seinen hehren Grundsätzen bezüglich des Amateurprinzips zu verabschieden und die Einführung der Reichsliga zu betreiben. Doch die 1933 an die Macht gekommenen Nazis waren gegen diesen aus ihrer verzerrten Sicht „jüdischen Kommerz" und ließen den Beschluss revidieren. Nichtsdestotrotz wurden auch unter den „sauberen" Faschisten illegale Hand- und hohe Spesengelder gezahlt, verdeckt natürlich. Nach dem Zweiten Weltkrieg wurde 1949 von den westdeutschen Landesverbänden (der DFB hatte noch nicht wiedergegründet werden können) ein Vertragsspielerstatut beschlossen, wonach ein Fußballer maximal 320 DM im Monat erhalten durfte und verpflichtet war, einen „zivilen" Beruf auszuüben. Gleichwohl ist davon auszugehen, dass auch diese Höchstgrenze in vielen Fällen umgangen wurde.

Seit 1953 gab es bereits Live-Übertragungen von Oberligaspielen im Fernsehen. Dafür erhielten die Vereine Beträge von anfangs etwas mehr als 1.000 DM pro Paarung. Ein ungeheures finanzielles Potential tat sich auf, zumal die Anzahl der Fernsehapparate stetig zunahm.

Ausschlaggebendes Argument für die Bundesliga war die finanzielle Begrenzung im Vertragsspielerstatut. In fünf Oberligen verteilten sich über 1.000 Halbprofis. Die Abwanderung der Stars ins Ausland war ohne eine attraktive Profiliga auf Dauer nicht aufzuhalten.

Nach jahrelangen Diskussionen wurde der Grundsatzbeschluss zur Einführung einer Bundesliga am 29. Juli 1961 auf dem DFB-Bundestag in Berlin gefasst. 1962 waren die Vorbereitungen in vollem Gange, da im folgenden Jahr die erste Saison beginnen sollte. Zu Beginn des Jahres mischte sich Bundesfinanzminister Dr. Starke (FDP) ein, weil er die Gemeinnützigkeit des Fußballs gefährdet sah. Er plädierte weiter für eine Entschädigung von maximal 400 DM im Monat. Das wiederum hielt man in Fußballkreisen für wirklichkeitsfremd, da es dem Weg der Spitzenkicker ins Ausland die Tore öffnete. Es folgte viel Lärm um nichts, denn inzwischen hatte die Konferenz der Finanzminister der Länder entschieden, dass den zukünftigen Bundesligaklubs auch dann die Gemeinnützigkeit erhalten bliebe, wenn sie ihre Spieler höher bezahlten. Damit stand der Einführung der Bundesliga im Folgejahr nichts mehr entgegen, auch wenn der Beschluss des DFB, der auf dem Bundestag Ende Juli erwartet wurde, noch ausstand. Der DFB war einer der letzten größeren Fußballverbände, der eine Profiliga einführte.

Mit dem Ja zur Bundesliga fiel der Startschuss zur zweiten Runde der Debatte: Wer darf mit hinein, in die 16 oder 18 Mannschaften umfassende Spielklasse für Lizenzspieler? Wer ist überhaupt in der Lage, die Belastungen durch die höheren Reisekosten und Spielergehälter zu tragen? Viele Vereine, die sich interessiert zeigten, versprachen sich einen warmen Geldsegen von der Bundesliga. Zunächst waren die Vermarktungschancen jedoch begrenzt. Die Zuschauer sollten anfangs Haupteinnahmequelle sein, und die Möglichkeit zur Teilnahme war für einige Vereine insofern eingeschränkt. Klar zeichnete sich hingegen ab, dass die Nationalspieler in Zukunft aus der neuen Liga rekrutiert werden würden, was innerhalb Deutschlands zu Wanderungsbewegungen unter den Klubs führte. Wer nicht beim Bundesligastart dabei war, musste damit rechnen, gute Spieler zu verlieren. Das Gezerre um die Plätze konnte beginnen. Es gab Überlegungen, zunächst zweigleisig zu starten, um eine sanfte Reduzierung von 74 (die Gesamtanzahl der erstklassigen Klubs in den fünf Oberligen) über 36 bis zu 18 Erstligisten durchzuführen. Andere wollten eingleisig mit vielen Vereinen (20 oder 22) anfangen und allmählich reduzieren. Im Ergebnis wurde später beschlossen, die Bundesliga aus 16 Vereinen zu bilden und darunter Regionalligen in geografischer Ausdehnung der bestehenden Oberligen zu installieren.

Bereits Anfang Mai 1962 plante der DFB, Handgelder und Ablösesummen nicht zu begrenzen, um international konkurrenzfähig zu bleiben. Zugleich wollte er Einschränkungen bei Vereinswechseln vornehmen, um den Ausverkauf vieler Klubs aufzuhalten.

Obgleich die Kommerzialisierung des Fußballs anfangs umstritten war, und die ersten

Schritte in ihre Richtung noch zaghaften Charakter hatten, kann nicht nur für die Bundesrepublik Deutschland ab Anfang der 1960er Jahre der Beginn einer neuen Epoche verzeichnet werden: Fußball war jetzt nicht mehr nur Sport, Spiel und Bestandteil der Alltagskultur, er wurde endgültig zu einem neuen Wirtschaftszweig, mit großen Expansionsmöglichkeiten…

Deserteure . . .

Es steht außer Zweifel, daß der heutige Fußball, ja der gesamte Sport schlechthin, in einer Zeit, in der der Materialismus allerorten blüht und gedeiht, seinen ursprünglichen Sinn, nichts außer einem schönen Hobby zu sein, immer — sehr bedauerlicherweise — mehr verliert.

Kein vernünftig Denkender kann es daher den Szymaniak, Rahn, Waldner usw. — wenn ich nicht irre, Männer, die trotz unbestrittener, mannigfacher Unterstüzung und Hilfeleistung quasi bürgerlich beruflich hierzulande nie richtig Fuß fassen konnten — verdenken, ihre fußballerischen Qualitäten gegen „harte Dollars" zu verkaufen.

Die „Abwanderer" haben sich unzweifelhaft und auch voll und ganz berechtigt für das Geldverdienen entschieden, und ich kann mich des Eindrucks nicht erwehren, daß sie in unseren Repräsentativ- und Nationalmannschaften nichts mehr, auch nicht das Allergeringste, zu suchen haben.

Es ist doch geradezu absurd und klingt wie Ironie, wenn so charakterfeste, über alles ehrliche und um unseren Fußball höchstverdiente Männer wie Morlock, Kreß, Kraus, um nur einige zu nennen, auf Chile-Freuden und -Ruhm zugunsten der „Deserteure" Szymaniak, Rahn (!!) usw. verzichten müssen . . .

Wechselte nach der WM nach Italien – Helmut Haller im Trikot des FC Bologna.

Erfolg des Kollektivfußballs

Osteuropas stärkste Phase

Eine besondere Rolle kam bei der Weltmeisterschaft in Chile den Mannschaften aus dem (damals vom Westen so genannten) Ostblock zu. Mit Ungarn, der CSSR, Jugoslawien, Bulgarien und der Sowjetunion waren 1962 mehr Vertreter aus sozialistischen Staaten dabei als je zuvor und anteilig auch jemals wieder. Diese Entwicklung hatte sich schon 1954 und 1958 abgezeichnet, als drei bzw. vier der genannten Länder bereits teilnahmen.

Waren die osteuropäischen Staaten auch bei früheren Weltmeisterschaften stets vertreten gewesen, so hatten sie zu Beginn der 1960er Jahre auch besondere Erfolge zu verzeichnen: 1960 war Jugoslawien Olympiasieger und die UdSSR Europameister geworden. Die Ungarn spielten zwar nicht mehr so stark wie noch 1954 (inzwischen trat ihr Star Puskás für Spanien an), doch gehörten auch sie mit zur Weltspitze. In Chile war das Team der Sowjetunion nach Brasilien Hauptfavorit. Überraschenderweise wurden dann ausgerechnet die nicht ganz so hoch eingeschätzten Tschechoslowaken Vizeweltmeister.

Teamgeist zeichnete die osteuropäischen Mannschaften bei der WM in Chile aus. Zwar hatte die CSSR in Masopust, Pluskal, Popluhár und Schrojf auch sehr gute Einzelspieler, doch unwahrscheinlich, dass die Tschechoslowaken bis ins Endspiel vorgedrungen wären, wenn nicht der größte Teil der Mannschaft auch bei Dukla Prag zusammengespielt hätte.

Die **UdSSR** knüpfte große Hoffnungen an die Weltmeisterschaft. Das Team war schon seit Januar 1962 im Trainingslager und fuhr von dort direkt ins WM-Quartier. Veränderungen in der Doktrin des sowjetischen Sportverbandes hatten eine Lobby für den Mannschaftssport geschaf-

UdSSR gegen Frankreich 1955 - Lenin und Stalin wachen über den Anstoß vom frzanzösischen Schauspieler Gerard Philipe.

fen, obwohl dieser bei olympischen Spielen nicht so sehr zur Aufbesserung des Medaillenspiegels (einem definierten Ziel sowjetischer Sportpolitik) beitragen konnte, wie etwa die Einzelsportarten Schwimmen, Turnen und Leichtathletik. Die sowjetische Führung hatte bereits 1949 beschlossen, die Vormachtstellung in den beliebtesten Sportarten zu gewinnen. Dazu gehörte zweifelsohne auch der in der UdSSR höchst populäre Fußball, mitsamt seinen enormen Besucherzahlen.

Bereits vor der Gründung der Sowjetunion war Fußball in Rußland die Sportart Nummer 1 gewesen. Im Jahre 1901 gab es eine erste Fußballliga in St. Petersburg. 1912 wurde der russische Verband gegründet, eine Städteliga gemeinsam mit der Ukraine eingeführt und bei der Olympiade im gleichen Jahr folgte schon der erste internationale Auftritt.

Einen Rückschlag hatte nicht nur der 1. Weltkrieg verursacht, sondern auch die russische Revolution. Zunächst sehr angesehen als Spiel, das den Kollektivgeist fördere, war Fußball in der Sowjetunion spätestens unter Stalin ab Mitte der 20er Jahre verpönt. Die Propagandisten der Neuen ökonomischen Politik standen zunächst aus kulturideologischen Gründen dem Sport ablehnend gegenüber, da sie ihre Ideale der umfassenden Leibeserziehung gefährdet sahen. Das änderte sich allerdings in den 30er Jahren. Besonders die Mannschaftssportarten flossen nun in den Personenkult um Stalin ein, weil das System ihren Nutzen neu definierte. So wurden große Spiele bevorzugt an bedeutenden Feiertagen, wie dem 1. Mai, ausgetragen, um das Gemeinschaftsgefühl der Massen noch zusätzlich zu vertiefen. Mit der Gründung einer Nationalliga im Jahre 1936 begann eine gezielte Förderung durch Sportinternate, Trainingslager und sogar Sponsoren (große Staatsbetriebe, Armee).

1946 schloss sich die Sowjetunion der FIFA an, traf aber in den ersten Jahren fast ausschließlich auf Ostblockstaaten. Es gab überraschende Erfolge von Dynamo Moskau bei Gastspielen im westlichen Ausland. Nicht zuletzt der damit verbundene Renommeegewinn veranlasste das Regime, in einem Leitartikel einer führenden Kulturzeitschrift die erwähnte Maxime von 1949 ausgeben zu lassen. Die UdSSR war 1958 erstmals bei einer WM-Qualifikation vertreten. Ein Entscheidungsspiel gegen Polen in Leipzig sicherte die Teilnahme am Endturnier. Brasilien und Österreich als Gegner in der Vorrunde konnten nicht verhindern, dass die Sowjets sich über ein Entscheidungsspiel gegen den dritten Kontrahenten England für das Viertelfinale qualifizierten. Valentin Iwanow, Igor Netto und Lew Jaschin trugen 1958 bereits zu diesem ersten Höhenflug bei, der erst durch Gastgeber Schweden im Viertelfinale gestoppt wurde.

Zwei Jahre später hatte die sowjetische Auswahl an der Premiere der damals noch **Europapokal der Nationen** genannten EM teilgenommen. Die Organisatoren, vor allem Pierre Delaunay und die französische Sportzeitung L'Équipe, hatten mit starkem Widerstand der großen westeuropäischen Verbände zu kämpfen. Insbesondere England, Italien und die Bundesrepublik waren nicht für das Turnier zu begeistern. Unterstützt wurde die EM von den Staaten des Warschauer Paktes, die in diesem Turnier eine Möglichkeit zur Aufbesserung ihres Ansehens sahen.

Das Fernbleiben einiger bedeutender Länder bedeutete indes keinen Spaziergang zum Titel. Schon in der ersten Runde konnte die Sowjetunion die für den Europatitel favorisierte ungarische Auswahl aus dem Rennen schicken. Im Viertelfinale wäre Spanien der Gegner gewesen, das sich jedoch aus politischen Gründen weigerte, gegen die UdSSR anzutreten. Hintergrund: Diktator Franco wollte sich für die sowjetische Beteiligung am spanischen Bürgerkrieg revanchieren und verweigerte seinem Team die Reise zum Hinspiel. Die Partie wurde kampflos zugunsten der Sowjetunion entschieden.

Im Halbfinale bekamen es die Sowjets dann wieder mit einem Staat des Warschauer Paktes zu tun: den Tschechoslowaken. Der spätere Dritte verlor deutlich mit 3:0, wenngleich die CSSR lange Zeit gut mithalten konnte und Torhüter Jaschin mehrfach einen Rückstand für die Sowjets verhindert hatte.

Jugoslawien musste sich im Halbfinale mit Frankreich auseinandersetzen, dem Dritten der letzten WM und Gastgeber der EM-Endrunde. Dabei kam dem Team zupass, dass der Star der Franzosen und überragende Torschützenkönig der WM 1958, Just Fontaine, verletzt war. So konnten die Kicker aus dem Vielvölkerstaat das Spiel beim Stand von 2:4 innerhalb weniger Minuten kurz vor Schluss noch umdrehen. Der Endstand war 5:4 für Jugoslawien.

Nun musste sich die Sowjetunion gegen den kommenden Olympiasieger im Finale durchsetzen. Das gelang ihr auch, vor allem dank ihres Weltklassetorwarts Lew Jaschin. Dieses umkämpfte Match wurde vor nur 18.000 Zuschauern unter Flutlicht im Pariser Parc des Princes gegen eine spielerisch bessere jugoslawische Elf erst in der Verlängerung zugunsten der körperlich robusteren Sowjets entschieden.

Eine weitere Gelegenheit sich auszuzeichnen, hatten die osteuropäischen Staaten bei den **Olympischen Spielen**. Schon vor dem 2. Weltkrieg gab es seitens der Staaten mit Profibedingungen nur beschränktes Interesse am olympischen Fußballturnier. Viele Nationalspieler der stärkeren Verbände erhielten irgendeine Form von Vergütung von ihrem Klub oder dem Nationalverband und durften aus diesem Grunde nicht an Olympia teilnehmen.

Auch nach 1945 konnten aufgrund des Amateurstatuts viele Leistungsträger großer westlicher Fußballnationen nicht bei den Spielen dabei sein. Die Konkurrenz für die sozialistischen Länder mit ihren „Staatsamateuren" war deshalb geschwächt. 1948 in London konnte Jugoslawien glänzen, als es den Gastgeber ausschaltete und Silber holte. Vier Jahre später, 1952 in Helsinki, standen dann erstmals zwei Staaten aus sozialistischen Ländern im Endspiel: Jugoslawien und Ungarn. Mit dem Olympiasieg begann das „ungarische Jahrzehnt", das erst 1959 mit der Achtelfinal-Niederlage beim Europa-Nationenpokal gegen die UdSSR endete.

In Melbourne 1956 dominierten die osteuropäischen Staaten eindeutig das Turnier. Das Interesse im Westen war endgültig erlahmt, so dass der Titel quasi untereinander ausgespielt wurde. Im Halbfinale trafen sich die Sowjetunion, Jugoslawien, Bulgarien und die chancenlosen Inder. In dieser Reihenfolge wurden auch die ersten vier Plätze vergeben. 1960 in Rom, beim letzten olympischen Turnier vor der WM in Chile, gewannen nach drei aufeinander folgenden Finalniederlagen endlich die Jugoslawen Gold. Dabei hatten sie sich nur knapp qualifizieren können, und auch ins Finale waren sie nur durch Losentscheid gegen die Italiener gekommen. Das zweite Halbfinale bestritten Ungarn und Dänemark, das überraschend ins Endspiel einziehen konnte (Dänemarks Eliteliga war seinerzeit eine Amateurklasse) und als einziges nichtosteuropäisches Land seit 1948 eine olympische Medaille errang. Ungarn holte sich gegen Italien noch Bronze. Die Sowjetunion war im gleichen Jahr, in dem sie als erste Nation europäischer Champion wurde, überraschend in der Qualifikation gescheitert. Die Osteuropäer gehörten von jeher zur Beletage der Fußballnationen. Ihre Stärke in den 1950/60er Jahren war nicht ausschließlich eine Folge der jüngeren ideologisch geprägten Maßnahmen zur Förderung des Mannschaftssports. Insbesondere die Nachfolgestaaten des Habsburger Imperiums hatten bereits in den 1920er Jahren starke Mannschaften.

Ein Blick auf die Statistik bis 1962 belegt die osteuropäischen Erfolge seit der ersten WM:

Igor Netto, Kapitän der UdSSR, empfängt 1960 den EM-Pokal.

Danach gehörten sowohl die Tschechoslowakei (4 Teilnahmen, 1934 Vizeweltmeister), Jugoslawien (4 Teilnahmen, 1x Halbfinalist, 3x Viertelfinalist) und Ungarn (4 Teilnahmen, 1938 und 1954 Vizeweltmeister) zu den zehn erfolgreichsten Ländern. Lediglich Bulgarien hatte noch nichts auf der Haben-Seite.

Navijaci werden die jugoslawischen Fußballfans genannt. Sie können z.B. bei Hajduk Split (gegründet 1911) auf eine lange Tradition zurückblicken. 1919 wurde der jugoslawische Fußballverband gegründet. Bei der ersten WM nahm Jugoslawien ausnahmslos mit Kickern von Belgrader Klubs teil. Schon damals gab es Querelen zwischen Kroaten und Serben. Der Einzug ins Halbfinale 1930 gegen den späteren Weltmeister Uruguay bescherte dem jugoslawischen Verband erstmals große Aufmerksamkeit, auch wenn bei dieser WM noch fast alle europäischen Fußballgrößen fehlten.

Bereits 1948 war **Jugoslawien** aus dem unmittelbaren politischen Einfluss der Sowjetunion herausgetreten. Unter diesem Vorzeichen war auch das brisante Duell bei der Olympiade 1952 zu sehen, das Jugoslawien erst im Wiederholungsspiel (die Sowjets konnten in den letzten fünf Minuten noch einen 2:5 Rückstand in ein 5:5 umwandeln) gewinnen konnte. Für die Weltmeisterschaften 1950, 1954 und 1958 konnten sich die Plavi (Blauen) jeweils qualifizieren, scheiterten jedoch zunächst an Brasilien und dann zweimal hintereinander im Viertelfinale an Westdeutschland. 1946 wurde die jugoslawische Liga gegründet. Die Anzahl der Vereine vervielfachte sich in den Folgejahren. Staatliche Förderung junger Talente trug maßgeblich zu den späteren Erfolgen bei. 1956 wurde zwischen bezahltem und Amateurfußball erstmals getrennt, um der Abwanderung ins Ausland vorzubeugen.

Der **CSSR**-Fußball hat seine Wurzeln in der Zeit um die Jahrhundertwende. Die jeweilig bestehenden politischen Abhängigkeiten der einzelnen Landesteile verzögerten die Gründung des Tschechoslowakischen Fußballverbandes bis 1922. Zuvor hatte schon eine CSR-Auswahl bei den olympischen Spielen 1920 in Antwerpen im Finale gestanden. Den ersten großen Erfolg, neben guten Länderspielergebnissen, gab es 1934 mit der Vizeweltmeisterschaft. Im Finale gegen Gastgeber Italien unterlagen die Osteuropäer, mit dem legendären Torwart Plánicka sowie dem Mittelstürmer Nejedlý, erst in der Verlängerung. Auch 1938 war die Tschechoslowakei dabei und scheiterte nur knapp im Viertelfinale an Brasilien. Slavia und Sparta Prag waren die *Vereine, die dem Fußball im* Lande den Stempel aufdrückten und aus denen sich die Nationalmannschaft rekrutierte. Nach dem politischen Wandel ab 1948 war es Dukla Prag, das die Führungsrolle übernahm, weil der Armeeklub in die Lage versetzt worden war, die Besten des Landes zusammen zu ziehen. Internationale Erfolge für den Klub sowie für die Nationalelf folgten. Bei der WM 1954 scheiterten die Tschechoslowaken zwar in der Vorrunde, doch 1958 verhinderte nur eine knappe Niederlage im Entscheidungsspiel gegen Nordirland die Viertelfinalteilnahme.

Ungarns Team 1953 vor dem legendären 6:3-Triumph im Londoner Wembley-Stadion.

Bereits 1901 war der ungarische Verband ins Leben gerufen worden und hatte in den ersten Jahrzehnten Legenden wie Imre Schlosser, Bela Guttmann und György Orth hervorgebracht. Bei der WM 1934 waren die Magyaren noch gegen Österreich im Viertelfinale ausgeschieden. 1938 trugen Dr. György Lázár und Sárosi in Frankreich maßgeblich dazu bei, dass **Ungarn** ins Finale einzog und mit der Vizeweltmeisterschaft endgültig in die erste Reihe des Weltfußballs rückte. Der 2. Weltkrieg stellte auch für Ungarn zunächst einen Bruch dar. Doch die politische Umstrukturierung hatte eine neue europäische Spitzenmannschaft hervorgebracht: den Armeeklub Honved Budapest. Dort sammelte sich die neue Elite des Landes. Der „Major" Ferenc Puskás war einer von ihnen, genauso wie Sandor Kocsis. 16 Jahre nach dem Finale von Rom stand das Land wieder in einem WM-Endspiel, diesmal als klarer Favorit gegen die westdeutsche Auswahl. Doch wie hinlänglich bekannt, musste sich die in dieser Zeit wohl unbestritten beste Nationalmannschaft der Welt, die es 1953 als erste geschafft hatte, England im eigenen Land zu bezwingen, erneut knapp geschlagen geben. Von 1950-55 verlor die Aranycsapat (Wunderelf) bis auf das Finale von Bern kein Spiel. 1952 errang sie mit Nandor Hidegkuti die Goldmedaille bei den olympischen Spielen in Helsinki. Ihm kam dabei eine Überraschungsrolle zu, nämlich die des Spielgestalters, der als Mittelstürmer aufgestellt wurde. Damit hatte Ungarns Trainer Sebes eine Vorstufe zum 4-2-4 System geschaffen.

Nach dem ungarischen Aufstand 1956 verlor das Land zahlreiche Starkicker, die die politische Gelegenheit nutzten, eine späte Karriere im Ausland zu machen. Die Aranycsapat war auseinandergebrochen. 1958 trat eine umformierte ungarische Elf an (Hidegkuti war im Alter von 36 Jahren noch dabei), die nach der Vorrunde Wales im Entscheidungsspiel um den Einzug ins Viertelfinale den Vortritt lassen musste. Erst 1962 in Chile konnte das weiter verjüngte Team mit dem Gruppensieg in Rancagua und dem neuen Star Florian Albert wieder etwas Glanz versprühen.

Bulgarien nahm 1962 erstmals an einer WM teil, nachdem sich das Land in der Qualifikation im Entscheidungsspiel gegen den WM-Dritten 1958, Frankreich, überraschend hatte durchsetzen können. 1954 waren die Bulgaren in der Qualifikation an der Tschechoslowakei gescheitert. 1958 mussten sie sich den Ungarn geschlagen geben. Das Land kann nicht, wie Ungarn und die Tschechoslowakei, auf eine lange Fußballvergangenheit zurückblicken. Der Verband wurde erst im Jahre 1923 im Rahmen des allgemeinen Sportverbandes gegründet. Politische Instabilität im ersten Viertel des Jahrhunderts war ursächlich für die erst 1924 erfolgte Einführung einer Landesmeisterschaft. Doch das gesellschaftliche Interesse am Fußball blieb gering. Erst als Bulgarien nach dem 2. Weltkrieg unter den Einfluss der UdSSR geriet, wurde gezielt eine Infrastruktur zur Förderung des Fußballs im Sinne der neuen sowjetischen Lesart errichtet. Ein erster internationaler Erfolg stellte sich mit dem Gewinn der olympischen Bronzemedaille 1956 ein.

Um die Tickets für Chile

Nie zuvor hatten so viele Länder dabei sein wollen. Über 60 Verbände meldeten zur Teilnahme an der Weltmeisterschaftsqualifikation. Einige wurden aus formalen Gründen nicht zugelassen, andere zogen wieder zurück. Österreich sagte zum dritten Mal die Teilnahme an einer WM ab, deren Endrunde in Südamerika stattfinden sollte. Der ÖFB rechnete sich keine besonderen Chancen aus, die Anfahrt war ihm zu weit und das Unternehmen zu kostspielig. Im Nachhinein wurde das sogar von den Verantwortlichen bedauert, da die Mannschaft im Vorfeld der WM international eine der stärksten gewesen war. Das hatte sie durch gute Resultate gegen europäische Spitzenteams unter Beweis gestellt. 1960 konnten nacheinander Schottland, Norwegen, die UdSSR und Spanien bezwungen werden. Nach einer Niederlage gegen Ungarn setzten die Österreicher die Serie mit Siegen gegen Italien, England, Ungarn und die UdSSR fort. Mit einem Misserfolg gegen Jugoslawien begann allerdings Ende 1961 eine längere Durststrecke.

Am 28. Februar 1960 wurden in Basel die Gruppen für die 56 nach dem Meldeschluss am 15. Dezember 1959 verbliebenen Verbände ausgelost. Neun Länder debütierten in der Qualifikation: Neben den aufstrebenden afrikanischen Verbänden (Ghana, Marokko, Nigeria, Tunesien, Äthiopien) noch Honduras und Surinam. Dazu Ekuador und Zypern, die bereits zu früheren Weltmeisterschaften gemeldet, sich aber vor Beginn der Qualifikationsspiele wieder zurückgezogen hatten, was auch diesmal bei einigen Ländern der Fall sein sollte. Für Unbehagen sorgte der von der FIFA vorgegebene Modus. Den Underdogs aus Asien und Afrika wurden kaum Chancen eingeräumt, denn der jeweilige Kontinentalsieger musste es anschließend noch mit dem Gewinner einer europäischen Gruppe aufnehmen. Sicher hatte das Einfluss auf die Anzahl der Meldungen von diesen Erdteilen. Aus dem asiatischen Bereich blieben jedenfalls nur Südkorea und Japan übrig.

Obwohl mit Titelverteidiger Brasilien und Gastgeber Chile zwei südamerikanische Länder direkt qualifiziert waren, hatte die FIFA keinen festen Platz für einen Vertreter aus dem Bereich Mittel- und Nordamerikas (CONCACAF) vorgesehen. Das brachte die zugehörigen Verbände gegen den Weltverband auf. Auch das sich aus dem Modus fast zwangsläufig ergebende Verhältnis von 10:6 Teilnehmern zu Gunsten der UEFA gegenüber Lateinamerika, löste Kritik aus. Soweit diese darauf abzielte, dass Europa benachteiligt worden wäre, ging sie ins Leere, denn vier Jahre zuvor hatte auch die UEFA nur deshalb zwei Plätze mehr, weil sie Titelverteidiger und Gastgeber stellte. Unter 49 Verbänden (2 aus Asien, 5 aus Afrika, 7 aus Mittel- und Nordamerika, 7 aus Südamerika, 27 aus Europa sowie Israel) wurden in insgesamt 91 Spielen vom 21.08.1960 bis 26.11.1961 schließlich die 14 restlichen Teilnehmerplätze für die Endrunde ermittelt.

Seit Beginn der WM-Geschichte war es bis 1962 aus **Afrika** nur Ägypten (1934, nach Rückzug der Türkei) und aus **Asien** lediglich Südkorea (1954, nachdem es erstmals eine eigene Qualifikationsgruppe für Asien gegeben hatte) gelungen, an einer Endrunde teilzunehmen. 1958 war eine gemeinsame Qualifikationsrunde für Afrika und Asien eingerichtet worden, deren Sieger sich direkt für die WM qualifiziert hätte. Da die meisten anderen, überwiegend muslimischen Länder gegen Israel (kurz zuvor stand es mit Ägypten im Krieg) nicht antreten wollten, gewann der junge Staat kampflos. Der FIFA war das nicht ganz recht, Israel musste noch in ein künstlich angesetztes Entscheidungsspiel gegen die eigentlich in ihrer Gruppe gescheiterten Waliser, das die Briten für sich entscheiden konnten. In der Qualifikation zur WM 1962 wurde den asiatischen und afrikanischen Verbänden selbst dieser eine gemeinsame Platz nicht zugestanden, was einer sportpolitischen Degradierung gleichkam.

Europa / UEFA

Die Sieger der Gruppen 1 bis 6 und 8 qualifizierten sich direkt für die WM-Endrunde. Bei Punktgleichheit musste ein Entscheidungsspiel über das Weiterkommen entscheiden, nicht wie später im Endturnier das Torverhältnis. Die Sieger der Gruppen 9 und 10 hatten zusätzliche Qualifikationsspiele gegen die Gewinner der Afrika- bzw. Asienqualifikation zu bestreiten. Ein ähnlicher Modus galt in Gruppe 7: Qualifikationsrunden des Nahen Ostens und zweier europäischer Mannschaften mit anschließender Endrunde der jeweiligen Sieger.

UEFA - Gruppe 1

Das Aus für den amtierenden Vizeweltmeister

19.10.60	Stockholm	Schweden - Belgien	2:0 (0:0)	19.500
20.11.60	Brüssel	Belgien - Schweiz	2:4 (1:2)	30.000
20.05.61	Lausanne	Schweiz - Belgien	2:1 (2:0)	38.000
28.05.61	Stockholm	Schweden - Schweiz	4:0 (2:0)	17.500
04.10.61	Brüssel	Belgien - Schweden	0:2 (0:0)	14.500
29.10.61	Bern	Schweiz - Schweden	3:2 (1:1)	59.000

Abschlußtabelle

Mannschaft	Sp.	g	u	v	Tore	Punkte
1. Schweden	4	3	-	1	10:3	6:2
2. Schweiz	4	3	-	1	9:9	6:2
3. Belgien	4	-	-	4	3:10	0:8

Eindeutiger Favorit auf den Gruppensieg war Schweden, Finalist bei der vorigen Weltmeisterschaft im eigenen Land. Im ersten Spiel der Gruppe stellte die Mannschaft das durchaus unter Beweis und siegte begleitet von heftigen Regenschauern, durch Tore von Börjesson und Brodd gegen Belgien. Dabei hatten sich die Belgier, nach einem Sieg im vorbereitenden Vergleich mit Ungarn, auch Chancen auf die WM-Teilnahme ausgerechnet. Aber dazu mussten nun erst einmal die Schweizer geschlagen werden, die sich im Trainingslager in Magglingen unter der Leitung des reaktivierten Schweizer Riegel-Erfinders, Karl Rappan, vorbereitet hatten.

Erst Ende März waren die Schweizer im Centenaire-Stadion zu Brüssel noch mit einer 3:1-Niederlage vom Platz gegangen. Diesmal sollte es anders ausgehen. Mit drei Toren von Antenen holte eine routinierte schweizerische Elf gegen eine von Verletzungen geplagte belgische Equipe einen verdienten 4:2 Sieg heraus. Auch im Rückspiel führte der „Geist von Magglingen" die Schweizer zum Sieg. Zwei Tore durch Distanzschüsse von Ballaman („nomen est omen"), dem Linksaußen der Grashoppers Zürich, entschieden die Begegnung. Nur eine gute Woche später hätte es in Stockholm zu einer ersten Vorentscheidung kommen können. Doch die Schweizer erhielten einen herben

Nyholm rettet vor Pottier – trotzdem unterlag Schweden im Wankdorf-Stadion mit 2:3.

Rückschlag. Dabei gab es allerlei Begleitumstände, die für sie wenig erfreulich waren. Zuerst war das gebuchte Quartier besetzt, dann verletzte sich Hügi früh, so dass die Alpenkicker quasi zu zehnt weiterspielen mussten, und schließlich verwies der portugiesische Referee gegen Ende der ersten Hälfte den Schweizer Schneiter auf Zuschauerproteste hin des Feldes, obwohl dieser bei einem Zweikampf mit dem schwedischen Torhüter Nyholm nichts zu dessen Verletzung beigetragen hatte. Die Schweden siegten letzten Endes mit 4:0 und waren dadurch ihrer Favoritenrolle gerecht geworden.

Das nächste Spiel im Brüsseler Heysel-Stadion gewannen die Schweden durch zwei Tore von Brodd in den letzten 20 Minuten. Jetzt hätte im Berner Wankdorf-Stadion, das erstmals seit dem WM-Finale 1954 wieder ausverkauft war, ein Unentschieden gereicht. Noch nie waren die Skandinavier in der Schweiz siegreich gewesen, jedoch hatten sie von den neun Spielen seit Beginn der WM-Qualifikation acht Spiele gewonnen und nur eines, in der Tschechoslowakei, verloren. Die Schweiz und auch Schweden hatten sich für dieses wichtige Spiel mit Legionären verstärkt. Nach einer Minute erzielte Simonsson per Kopf das 1:0 für den Vizeweltmeister. Rappans Elf glich bereits sieben Minuten später durch Antenen wieder aus. Ein weiteres Tor von Simonsson wurde wegen Behinderung des Schweizer Keepers Elsener nicht anerkannt. Der erlitt bald darauf bei einem Zusammenstoss mit Brodd einen Nasenbeinbruch und konnte nur mit Mühe weiterspielen. Die Schweden spielten auf Halten, rechneten aber nicht mit der Moral der Schweizer, die durch ein Kopfballtor von Wütherich in Führung gingen. Nun wurde das Stadion zum Hexenkessel! Doch der verletzte Elsener hatte Probleme den Ball festzuhalten, was prompt von Brodd zum 2:2 ausgenutzt wurde. Noch knapp 20 Minuten waren zu spielen, als die Schweizer, angefeuert vom enthusiastischen Publikum, nach einer Ecke durch Kopfstoss von Eschmann abermals in Vorteil gelangten. Zuschauer erstürmten den Platz, behinderten die Schweden, warfen mit Gegenständen. So etwas hatte die Schweiz noch nicht gesehen, doch ihre Mannschaft blieb besonnen. Trotz Pfosten- und Lattentreffer der Schweden brachte sie den Vorsprung auch über die Nachspielzeit, die Schiedsrichter Aston (der später bei der Endrunde mehrfach in die Schlagzeilen geriet) aufgrund der Zwischenfälle verhängt hatte.

Den Schweizern kam jetzt das Reglement zugute, nach dem bei Punktgleichheit nicht das Torverhältnis, das eindeutig die Schweden nach Chile gebracht hätte, sondern ein Entscheidungsspiel den WM-Teilnehmer bestimmte. Die UEFA hatte sich aus fragwürdigen weltpolitischen Gründen (Mauerbau) für das Olympiastadion in Berlin als Austragungsort entschieden. Als die Schweizer nach der ersten Halbzeit zurücklagen, brachten sie im zweiten Abschnitt das deutsche Publikum hinter sich. Das hatte schon von Beginn an die „Heja, Heja“-Rufe der schwedischen Zuschauer überstimmt, die im Halbfinale 1958 in Göteborg, als die BRD gegen Schweden aus dem Rennen geflogen war, Ausdruck antideutscher Ressentiments gewesen waren. Die wenigen „Schlachtenbummler“ der beiden Kontrahenten spielten keine Rolle mehr. Brodd hatte die stärkeren Schweden durch einen 30-Meter-Schuss mit 1:0 in Front gebracht. Doch nach Wiederanpfiff waren die Schweizer die dominierende Mannschaft und erzielten, kurz aufeinander folgend (66. und 71. Minute), zwei Kopfballtore durch Schneiter und Antenen. Mit hartem Einsatz und Mannschaftsgeist brachten sie die Führung über die Zeit. Nach dem Spiel, das vom deutschen Schiedsrichter Albert Dusch geleitet worden war, gratulierten die Spieler ihrem Trainer Rappan, der die Glückwünsche unter Tränen entgegennahm. Die erste Sensation war perfekt. Statt der von allen erwarteten Schweden lösten die Schweizer das Ticket nach Chile. Schwedische Zeitungen quittierten dies anschließend mit heftigen Vorwürfen, die auf eine Einflussnahme der Schweiz auf die dort beheimatete FIFA und UEFA anspielten.

UEFA - Gruppe 2
Favoritensturz durch Bulgarien

25.09.60	Helsinki	Finnland - Frankreich	1:2 (1:0)	15.500
11.12.60	Paris	Frankreich - Bulgarien	3:0 (0:0)	40.500
16.06.61	Helsinki	Finnland - Bulgarien	0:2 (0:1)	12.000
28.09.61	Paris	Frankreich - Finnland	5:1 (3:1)	17.000
29.10.61	Sofia	Bulgarien - Finnland	3:1 (2:1)	45.000
12.11.61	Sofia	Bulgarien - Frankreich	1:0 (0:0)	50.000

Abschlußtabelle

	Mannschaft	Sp.	g	u	v	Tore	Punkte
1.	Frankreich	4	3	-	1	10:3	6:2
2.	Bulgarien	4	3	-	1	6:4	6:2
3.	Finnland	4	-	-	4	3:12	0:8

Entscheidungsspiel

16.12.61	Mailand	Bulgarien - Frankreich	1:0 (0:0)	34.500

Der Drittplatzierte der WM in Schweden 1958 war Frankreich. Und welche Duplizität der Ereignisse in Gruppe 1: Auch der haushohe Favorit dieser Gruppe verlor das abschließende Spiel beim Außenseiter und musste in die Relegation.

Beim Auftaktspiel im Olympiastadion von Helsinki durften die Franzosen ohne ihre verletzten Stars von 1958, Fontaine und Kopa, gegen Finnland frühzeitig einem Rückstand hinterherlaufen. In der zweiten Hälfte der ruppigen Partie konnten die Franzosen mit Glück das Blatt noch wenden und siegten kurz vor Schluss durch ein Eigentor nach einem Pfostenabpraller.

Das Stade de Colombe in Paris sah dann im zweiten Spiel der Grande Nation eine verbesserte französische Elf, bei der der Torschützenkönig von 1958, Just Fontaine, wieder dabei war. Trotz des nassen Rasens hatte die équipe tricolore das Spiel gegen Bulgarien im Griff und kam in der zweiten Hälfte nach Abprallern zum 1:0 und 3:0. Sollte das zur Spezialität der Franzosen werden? Das 2:0 fiel allerdings ganz „normal“ durch ein Kopfballtor.

Unspektakulär blieb die Begegnung der Verfolger Frankreichs. Die Finnen zeigten deutliche spielerische Mängel, die die Bulgaren auszunutzen wussten, und in Helsinki auch höher als mit 2:0 hätten gewinnen können. Ohne Perspektive traten die Skandinavier darauf im Pariser Prinzenpark an, wo sie sich mit 1:5 die nächste Klatsche abholten. Danach gewannen auch die Bulgaren mit 3:1 ihr Rückspiel gegen die Finnen und blieben Frankreich somit auf den Fersen. Trotzdem war für die meisten Franzosen klar, dass es ihre Helden sein würden, die sich auf den Weg zur Endrunde machen dürften. Dafür hätte ein Remis in Sofia gereicht. Doch je näher das Spiel kam, desto größer wurde die Sorge, doch noch zu straucheln. Bis kurz vor Schluss konnten die nervösen Favoriten das 0:0 halten, dann war es der bulgarische Stürmer Iliev, der per Freistoß mit der letzten Spielaktion für den verdienten Siegtreffer seines überlegenen Teams sorgte. Zum Entscheidungsspiel am 16. Dezember 1961 in Mailand hatten die Franzosen 20.000 Schlachtenbummler mitgebracht, die voller Inbrunst ihre Hymne intonierten. In der ersten Hälfte sah es auch so aus, als würden die Osteuropäer eindeutig beherrscht werden. Doch gleich nach der Pause konnten die Bulgaren durch einen 18-Meter-Schuss von Jakimov in Führung gehen. Unmittelbar danach hatte die équipe tricolore einige 100prozentige Chancen zum Ausgleich, ließ sie aber ungenutzt verstreichen. Jetzt mussten die Franzosen sich zusammenreißen, ohne ihren vergeudeten Möglichkeiten hinterher zu trauern. Die kämpferisch starken Bulgaren riegelten ab, schunden Zeit und kamen dennoch ihrerseits noch zu Möglichkeiten. Die Nervosität bei den Franzosen wuchs zunehmend, bis sie sich schließlich durch das einzige Tor des Tages geschlagen geben mussten. Damit war der zweite große Favoritensturz perfekt, und die Bulgaren durften als letzter aller Qualifikanten die Koffer für Chile packen.

UEFA - Gruppe 3
Losglück für Herbergers Team

26.10.60	Belfast	Nordirland - BRD	3:4 (1:1)	40.000
20.11.60	Athen	Griechenland - BRD	0:3 (0:3)	27.000
03.05.61	Athen	Griechenland - Nordirland	2:1 (1:0)	16.000
10.05.61	Berlin	BRD - Nordirland	2:1 (1:0)	94.500
17.10.61	Belfast	Nordirland - Griechenland	2:0 (1:0)	25.000
22.10.61	Augsburg	BRD - Griechenland	2:1 (2:0)	50.000

Abschlußtabelle

Mannschaft	Sp.	g	u	v	Tore	Punkte
1. BRD	4	4	-	-	11:5	8:0
2. Nordirland	4	1	-	3	7:8	2:6
3. Griechenland	4	1	-	3	3:8	2:6

Ein wenig Glück hatten die Deutschen schon gehabt, als im Frühjahr 1960 die zehn europäischen Gruppen für die WM-Qualifikation ausgelost worden waren. Dabei war insbesondere der erste Gegner nicht namenlos: Nordirland hatte 1958 den Weg bis ins WM-Viertelfinale geschafft und in der Vorrunde gegen die Deutschen 2:2 gespielt. Die Nordiren hatten noch nie zuhause gegen eine Mannschaft vom Kontinent verloren, und gleich zum Auftakt musste das Team mit dem Adler zum vermeintlich schwersten Spiel der WM-Qualifikation in Belfast antreten.

Nachdem Tilkowski schon kurz nach dem Anpfiff eine Möglichkeit der Nordiren hatte abwehren müssen, kam die deutsche Angriffsmaschinerie in Gang. Ein Schuss von Brülls aus knapp 20 Metern versank schon nach acht Minuten in den Maschen von McClelland, der den Stammkeeper Gregg vertrat. Weitere deutsche Treffer lagen in der Luft, aber buchstäblich aus heiterem Himmel fiel der Ausgleich durch einen Lupfer von McAdams über Tilkowski hinweg. Jetzt waren die Nordiren am Drücker, dennoch blieb es bis zur Pause beim 1:1. Aus den Kabinen, aber geistig noch nicht ganz auf dem Platz, war es Schnellinger, der die Kreise von Bingham nur durch ein Foul einzugrenzen wusste. Den Freistoß hob der nordirische Mittelfeldstar Blanchflower so vor das Tor, dass McAdams mühelos zur Führung einköpfen konnte, aber nur kurz darauf folgte bereits der deutsche Ausgleich durch Seeler. Der starke Szymaniak leitete den nächsten Angriff ein, der zu einem Tor von Dörfel führte. Dieser markierte auch zehn Minuten vor dem Abpfiff die 2-Tore-Führung für die deutsche Mannschaft, bevor die Nordiren kurz vor Schluss durch das dritte Tor von McAdams noch auf 4:3 verkürzen konnten. Das ganze Geschehen erinnerte an das WM-Finale von Bern, an dem einer nur als Zuschauer teilgenommen hatte: der nunmehrige Mannschaftskapitän Erhardt. Die schwierigste Hürde auf dem Weg nach Chile hatten die Deutschen jedenfalls genommen.

Nordirland gegen BRD - McAdams köpft zum 2:1 ein, Giesemann und Wilden sind machtlos.

Beim nächsten Spiel, gegen die Griechen in Athen fiel bereits die Vorentscheidung, denn auch diese Auswärtsaufgabe meisterten die Westdeutschen trotz eines gehemmten Uwe Seeler, der sich bereits nach 28 Minuten eine Verletzung zugezogen hatte. Für kurze Zeit sah es so aus, als würden die Griechen mithalten können, dann aber waren es Brülls und Haller, die nach Dörfels frühem Führungstreffer, den verdienten Sieg schon vor der Pause sicherten. Zum Matchwinner avancierte Torhüter Tilkowski, der in der entscheidenden Phase des Spiels, als die Griechen zwischen dem 1:0 und dem 2:0 starken Druck ausübten, einen Elfmeter parierte und mehrfach glänzend hielt.

Anschließend war es an den Nordiren, in Athen die Punkte abzuholen. Dachten sie! Denn obwohl sie den angeblich besten Stürmer Großbritanniens, McIlroy, nachnominiert hatten, mussten sie mit einer 2:1-Niederlage die Segel streichen. Gleich darauf reisten die Briten nach Berlin weiter, doch ihre Chancen aufs Weiterkommen waren gegen Null gesunken. Über ein halbes Jahr war seit dem Hinspiel in Belfast vergangen. Jetzt sollte der erste Länderspielsieg im Olympiastadion seit 1939 dem Team von Herberger die Fahrkarten nach Chile sichern. Allerdings machten es die Nordiren der deutschen Auswahl nicht leicht, wollten sie doch ihre theoretische Chance wahren. Zwei Treffer von Kress und Brülls, vor der imposanten Kulisse der ausverkauften Berliner Arena, sicherten trotz Anschlusstreffer der Nordiren die WM-Qualifikation. Der letzte theoretische Zweifel wurde durch die 2:0-Niederlage der Griechen in Belfast ausgeräumt. Das letzte Spiel der Gruppe gegen Griechenland in Augsburg hatte für die Westdeutschen nur noch statistischen Wert. Ein glanzloser 2:1-Sieg gelang gegen die motivierten Hellenen nur mit etwas Glück und zwei Toren von Seeler.

UEFA - Gruppe 4
DDR scheitert in ungarischer Gruppe

16.04.61	Budapest	Ungarn - DDR	2:0 (1:0)	40.000
30.04.61	Rotterdam	Niederlande - Ungarn	0:3 (0:3)	65.000
14.05.61	Leipzig	DDR - Niederlande	1:1 (0:0)	70.000
10.09.61	Berlin	DDR - Ungarn	2:3 (1:1)	25.000
22.10.61	Budapest	Ungarn - Niederlande	3:3 (2:2)	30.000

Das für den 1. Oktober 1961 angesetzte Spiel Niederlande - DDR fiel wegen Visumsverweigerung aus. Die Punkte wurden der DDR zugesprochen.

Abschlußtabelle

Mannschaft	Sp.	g	u	v	Tore	Punkte
1. Ungarn	4	3	1	-	11:5	7:1
2. DDR	3	-	1	2	3:6	3:5
3. Niederlande	3	-	2	1	4:7	2:6

Alle drei Trainer der Mannschaften, die in dieser Gruppe um das WM-Ticket stritten, waren Ungarn. Lajos Baroti bei den Magyaren selbst, Karel Soos bei der DDR und Elek Schwartz bei den Niederländern. In den ungarischen Reihen standen mit Grosics und Bozsik nur noch zwei aus der 54er Wunderelf. Viele hatten nach der misslungenen Revolte von 1956 das Land verlassen, wie Puskás, der inzwischen für Spanien spielte.

Auch Hollands Groot kann Grosics nicht überwinden – Ungarn holt sich mit dem 3:0 in Rotterdam den größten Teil des WM-Tickets.

Die DDR-Auswahl fuhr gemeinsam mit der Rekordzahl von 600 Schlachtenbummlern zum ersten Spiel nach Budapest. Viel hatte sie dort nicht zu bestellen, und es war Torwart Spickenagel zu verdanken, dass der ungarische Sieg nicht höher als 2:0 ausfiel. Beim Gastgeber glänzten neben Stürmer Göröcs vor allem Albert und Tichy, die auch die Treffer erzielten. Das nächste Spiel der Ungarn stand bald darauf in Rotterdam auf dem Plan. Die niederländische Elf war stark verletzungsgeschwächt, was den ungefährdeten 3:0-Sieg der Magyaren relativierte, die allerdings ihrerseits auch auf Albert zu verzichten hatten. Zwei Wochen darauf fand die Heimpremiere der DDR gegen die Oranjes statt. In der ersten Hälfte des von Nervosität geprägten Spiels in Leipzig gab es keine Höhepunkte. Nach dem Wechsel setzte Peter Ducke mit einem Lattentreffer das erste Glanzlicht auf deutscher Seite. Doch die Niederländer reagierten mit gefährlichen Gegenangriffen, von denen einer in der 63. Minute durch Groot zum 0:1 führte. Als die Oranjes sich zunehmend des Spiels bemächtigten, war es wiederum ein Pfostentreffer von Ducke, der die Aufholjagd der letzten Minuten einläutete. Einem weiteren Pfostenschuss von Ducke verdankte Erler die Chance, die er schließlich zum 1:1 verwandelte. Der dänische Referee verweigerte der DDR-Auswahl nach einem klaren Foul an Ducke am Ende gar noch den fälligen Strafstoss, so dass es beim Remis blieb.

Noch war die Entscheidung in dieser Qualifikationsgruppe nicht gefallen. Ein Sieg der DDR im Heimspiel gegen Ungarn hätte einiges offengelassen. Torhüter Grosics, mittlerweile 35 Jahre alt, bewahrte die Ungarn mit Glanzparaden lange vor einem Gegentreffer der zunächst überlegenen, umformierten DDR-Elf. Solymosi erzielte kurz vor der Halbzeitpause das 0:1, Erler konnte zunächst ausgleichen, aber Sandor sorgte in der 76. Minute für den erneuten Rückstand, nachdem zwischenzeitlich fast ausnahmslos das ostdeutsche Kollektiv gestürmt hatte. Als ein weiterer Treffer der Ungarn trotz Abseitsstellung gegeben wurde, lief der DDR in der Schlussphase die Zeit davon, es sprang nur noch der Anschluss durch Ducke heraus und aus der ersten WM-Teilnahme der Deutschen Demokratischen Republik wurde somit nichts. Der Unmut des Publikums artikulierte sich anschließend in Form von lautstarken Pfiffen gegen den sowjetischen Schiedsrichter, da bei zwei ungarischen Treffern erhebliche Zweifel an ihrer Rechtmäßigkeit bestanden.

Das eigentlich noch ausstehende Rückspiel gegen die Niederlande fiel letzten Endes aus, weil die Regierung in Amsterdam den Deutschen kein Visum zur Einreise ausstellte. Auch das Oranje-Team hätte im Fall eines Sieges gegen die DDR keine Chance mehr gehabt, nach Chile zu fahren. Ob die niederländische Regierung andernfalls auch zu dieser Demonstration politischer Stärke gegriffen hätte? Jedenfalls war Ungarn schon vor dem letzten Spiel qualifiziert. Noch einmal durften die Niederländer ihr Können gegen die ungarische Vertretung vorführen, die nach dem 3:3-Endstand ungeschlagen als Sieger aus der Vorausscheidung gingen.

UEFA - Gruppe 5
Zwei Mal 100.000 im Leninstadion

01.06.61	Oslo	Norwegen - Türkei	0:1 (0:1)	23.000
18.06.61	Moskau	UdSSR - Türkei	1:0 (1:0)	102.000
01.07.61	Moskau	UdSSR - Norwegen	5:2 (3:0)	100.000
23.08.61	Oslo	Norwegen - UdSSR	0:3 (0:0)	23.000
29.10.61	Istanbul	Türkei - Norwegen	2:1 (0:0)	22.000
12.11.61	Istanbul	Türkei - UdSSR	1:2 (1:2)	34.000

Abschlußtabelle

Mannschaft	Sp.	g	u	v	Tore	Punkte
1. UdSSR	4	4	-	-	11:3	8:0
2. Türkei	4	2	-	2	4:4	4:4
3. Norwegen	4	-	-	4	3:11	0:8

Es gab keinerlei Zweifel über den Gruppensieger. Schließlich war die UdSSR, als amtierender, frischgebackener erster Europameister einer der Topfavoriten für die Endrunde in Chile.

Das erste Spiel, das Norwegen 0:1 gegen die Türkei verlor, war als Test anzusehen, ob einer der beiden Konkurrenten den Sowjets das Wasser würde reichen können, was offensichtlich nicht der Fall zu sein schien. Im ersten eigenen Spiel gegen die

Türken mussten die Sowjets auf Torhüter Lew Jaschin und Kapitän Igor Netto verletzungsbedingt verzichten. Sie brauchten 20 Minuten, um aus ihrer Überlegenheit Kapital zu schlagen. Ein Treffer von Woronin erleichterte das Publikum im ausverkauften Leninstadion, dem folgte allerdings bis zum Schluss kein weiterer, da die Angriffsbemühungen letztlich auf beiden Seiten harmlos blieben. Gegen die Norweger mussten die Sowjets zwei Wochen später am eigenen Image arbeiten. Unterstützt wurden sie dabei vom in das Team zurückgekehrten Iwanow. Durch gute Anspiele wusste er seine Kollegen in Szene zu setzen, was nach einer Viertelstunde zum 1:0 durch Metreweli führte. Am Ende durften die Norweger bei der 5:2 Schlappe vor 100.000 Zuschauern sogar noch ein wenig mitspielen. Einige Wochen später ging es ihnen beim Rückspiel in Oslo kaum besser, obwohl sie in der ersten Hälfte die spielmachende Mannschaft waren. Nur dem wieder im Tor stehenden Jaschin hatten es die Sowjets zu verdanken, dass sie nicht in Rückstand gerieten. In der zweiten Hälfte dienten ihnen dann die größeren Kraftreserven zum 3:0-Erfolg.

Ein wenig Hoffnung machte sich nach dem 2:1-Heimsieg gegen Norwegen noch die Türkei. Ein Erfolg im letzten Gruppenspiel in Istanbul hätte den Sowjets ein Entscheidungsspiel abgetrotzt. Natürlich war das Mihatpascha-Stadion ausverkauft. Wohl auch weit mehr als das! Die Türken begannen furios und hätten nach 12 Minuten, als das 0:1 durch Gussarow fiel, längst mit mehreren Treffern vorn liegen können. Doch dagegen hatten die Sowjets den souveränen Jaschin, der einmal mehr das Unheil abwenden konnte. Als bereits in der 18. Minute das zweite Tor für die UdSSR fiel, waren die Seifenblasen der Türken zerplatzt. Der Anschlusstreffer kurz vor der Pause ließ sie zwar weiterhin hoffnungsvoll angreifen, doch der Europameister konnte das Ergebnis über die Zeit bringen.

UEFA - Gruppe 6
Außenseiter Luxemburg schreibt Fußball-Geschichte

19.10.60	Luxemburg	Luxemburg - England	0:9 (0:4)	5.500
19.03.61	Lissabon	Portugal - Luxemburg	6:0 (1:0)	17.000
21.05.61	Lissabon	Portugal - England	1:1 (0:0)	65.000
28.09.61	London	England - Luxemburg	4:1 (4:2)	33.500
08.10.61	Luxemburg	Luxemburg - Portugal	4:2 (1:0)	6.000
25.10.61	London	England - Portugal	2:0 (2:0)	100.000

Abschlußtabelle

	Mannschaft	Sp.	g	u	v	Tore	Punkte
1.	England	4	3	1	-	16:2	7:1
2.	Portugal	4	1	1	2	9:7	3:5
3.	Luxemburg	4	1	-	3	5:21	2:6

Zu Beginn der Qualifikation zeigte sich England in Topform. So wurde in der Auftaktbegegnung nicht nur Luxemburg mit 9:0 bezwungen, sondern auch klare Siege in Freundschaftsspielen gegen Nordirland, Spanien, Mexiko (8:0) und Schottland (9:3) untermauerten Englands Qualität in diesen ersten Monaten der WM-Qualifikation. Wer konnte da mithalten?

Auch die Portugiesen siegten mit 6:0 hoch gegen Luxemburg. Vor dem nächsten Spiel gegen England waren sie beinahe in die Favoritenrolle geraten, denn die Mannschaft bestand überwiegend aus Spielern von Benfica Lissabon, das durch die Siege im Europapokal mit dem überragenden neuen Weltstar Eusebio für Aufsehen gesorgt hatte. In der portugiesischen Hauptstadt trafen sie auf ein englisches Team, das mit der Hitze nicht zurechtkam und nach einer Stunde die Führung der Portugiesen durch Aguas hinnehmen musste. Flowers konnte einige Minuten vor dem Ende noch zum 1:1-Endstand ausgleichen. Es schien, als wäre die Leichtigkeit, mit der die Briten bis zu diesem Zeitpunkt gesiegt hatten, verflogen. Dafür wussten sie mit Kampfgeist zu überzeugen. Es folgte ein wenig glanzvolles 4:1 gegen Luxemburg, wobei es dem Außenseiter in London zeitweise sogar gelang, ins Spiel zu kommen. Das bewirkte bei den Luxemburgern offenbar einen Schub für das bald darauf folgende Heimspiel gegen Portugal. Linksaußen Schmidt glückte ein Hattrick gegen den haushohen Favoriten. Der 4:2-Erfolg der Luxemburger war der bis dahin sensationellste Außenseitersieg bei einem Länderspiel, in dem es um Punkte oder Pokale ging. Die Portugiesen hatten sich für ihr ausstehendes Rückspiel in London Chancen ausrechnen dürfen. Geistig bereits auf dem Weg dahin, hatten sie die Amateur-Kicker aus dem Kleinstaat einfach nicht ernst genommen.

Portugals Superstar Eusebio (links) kann am 2:0-Sieg der Engländer nichts ändern.

Jetzt konnte den Portugiesen nur noch ein Sieg in Wembley weiterhelfen. Bei den Engländern machte sich das Fehlen des Italien-Legionärs Greaves, der zuvor exzellente Spiele für die Briten absolviert hatte, stark bemerkbar. Auch der andere Stürmerstar Hitchens musste in Italien bleiben. Trotzdem konnten Connelly und Pointer schon in den ersten zehn Minuten zwei Bälle versenken. Die Portugiesen versuchten weiter alles, hatten drei Pfostentreffer, verzückten das englische Publikum, doch weder Eusebio noch Aguas traf das englische Tor. Es blieb beim 2:0 für die Briten.

UEFA - Gruppe 7
Leichtes Spiel für Italien

Naher Osten - 1. Runde

13.11.60	Nikosia	Zypern - Israel	1:1 (1:1)	12.000
27.11.60	Tel Aviv	Israel - Zypern	6:1 (3:0)	12.000

Naher Osten - 2. Runde

14.03.61	Tel Aviv	Israel - Äthiopien	1:0 (0:0)	35.000
19.03.61	Tel Aviv	Äthiopien - Israel	2:3 (1:1)	---

Da Rumänien zurückzog, war Italien direkt für die Finalrunde qualifiziert.

Gruppe 7- Finalrunde

15.10.61	Tel Aviv	Israel - Italien	2:4 (2:0)	40.500
04.11.61	Turin	Italien - Israel	6:0 (1:0)	64.000

Italien für Endrunde qualifiziert.

Naher Osten - 1. Runde

Politische Umstände hatten die FIFA zu dieser merkwürdigen Gruppenbildung veranlasst. So wurde die Untergruppe Naher Osten/Afrika der UEFA-Gruppe 7 zugeordnet und somit Israel von der Zuordnung zu einem anderen Kontinent befreit.

Das erste WM-Qualifikationsspiel in der Geschichte Zyperns fand auf blanker Erde statt. Trotz des Unentschiedens waren die Israelis überlegen, was sie dann im Rückspiel mit dem klaren

6:1-Sieg auch unter Beweis stellten. Äthiopien hatte ein Freilos gezogen und war damit in der nächsten Runde Gegner des Siegers dieser Begegnung.

Naher Osten - 2. Runde

Da Äthiopien auf den Heimvorteil verzichtete, fanden beide Spiele in Israel statt. Zunächst hatten die Afrikaner durchaus zu gefallen gewusst und hätten die 0:1-Hinspielniederlage zweifellos vermeiden können. Das Rückspiel ging aber mit klaren Vorteilen für die Israelis zu Ende, die sich inzwischen besser auf die Afrikaner eingestellt hatten. Glaser sorgte für den entscheidenden Treffer zum 3:2-Endstand. Israel musste nun zusätzliche Qualifikationsspiele gegen Italien bestreiten.

Finalrunde

Die Italiener hatten ohnehin schon Glück mit ihrer Auslosung gehabt, sollten sie es doch lediglich mit einer europäischen Mannschaft und im Erfolgsfall mit dem Sieger der Nahost-Qualifikation zu tun bekommen. Als dann obendrein der zugeloste Gegner Rumänien zurückzog, schien die Entscheidung nur noch Formsache zu sein.

Großes Zuschauerinteresse am Spiel Israel gegen Italien.

Im Hinspiel im Ramat-Gan-Stadion konnte die Squadra Azurra allerdings nicht überzeugen. Nach 40 Minuten stand es 2:0 für Israel. Doch in der zweiten Hälfte besannen sich die Italiener ihrer Stärken, glichen, angetrieben von Trapattoni und Sivori, aus und schafften, wenn auch erst in den letzten Minuten, durch zwei Tore von Corso noch den doppelten Punkterfolg. Beim Rückspiel in Turin war es vor allem Europas Fußballer des Jahres 1961, Omar Sivori, der Italien durch vier Treffer zum 6:0-Sieg gegen die israelische Auswahl führte.

UEFA - Gruppe 8
Konditionsstarke Tschechoslowaken behaupten sich

03.05.61	Glasgow	Schottland - Irland	4:1 (2:0)	46.500
07.05.61	Dublin	Irland - Schottland	0:3 (0:2)	45.000
14.05.61	Bratislava	CSSR – Schottland	4:0 (3:0)	50.000
26.09.61	Glasgow	Schottland – CSSR	3:2 (1:1)	51.500
08.10.61	Dublin	Irland - CSSR	1:3 (1:1)	30.000
29.10.61	Prag	CSSR – Irland	7:1 (4:0)	30.000

Abschlußtabelle

	Mannschaft	Sp.	g	u	v	Tore	Punkte
1.	CSSR	4	3	–	1	16:5	6:2
2.	Schottland	4	3	–	1	10:7	6:2
3.	Irland	4	–	–	4	3:17	0:8

Entscheidungsspiel

29.11.61	Brüssel	CSSR - Schottland	4:2 n.V. (2:2 / 0:1)	7.000

Innerhalb weniger Tage gelangen den Schotten zwei ungefährdete Siege (4:1, 3:0) gegen Irland. Dabei war ihr Selbstbewusstsein nach einer gerade erlittenen 3:9-Schlappe in England stark beschädigt gewesen. Bereits eine Woche später fand in Bratislava das nächste Qualifikationsspiel gegen die Tschechoslowaken statt, in das die Schotten nun voller Zuversicht gingen. Doch bereits nach sechs Minuten erzielte Pospichal das 1:0, dem bald noch ein Elfmetertor von Kvasnak folgte. Der Strafstoßschütze wurde später noch vom Platz gestellt, genauso wie Crerand, mit dem er aneinander geraten war. Nach der tschechoslowakischen Führung attackierten die Briten mit „schottischer Härte“. Die Osteuropäer hatten ihren Gegner allerdings studiert, stellten gezielt dessen Stürmer Brand und Herd kalt und kamen so zu einem sicheren 4:0. Für das Rückspiel holten die Schotten ihren italienischen Legionär Dennis Law und stellten das Team völlig um. „Revanche für Bratislava“ war die Devise der Glasgower Zeitungen. Obgleich die Tschechoslowaken auf den starken Pluskal verzichten mussten, gingen sie in der sechsten Minute in Führung. Aufgepeitscht vom berüchtigten Hampden-Roar, der Stimmgewalt des schottischen Publikums, hielten die Schotten dagegen und kamen zum Ausgleich, bevor die CSSR zu Beginn der zweiten Hälfte durch Scherer erneut in Führung gehen konnte. Schließlich sorgte ein Doppelschlag von Law doch für den mühsamen 3:2-Heimerfolg.

Kopfball von Dennis Law – Die Schotten waren dem 3:1 im Entscheidungsspiel gegen die CSSR nahe.

Um ihre Chancen zu wahren, mussten die Tschechoslowaken es den Schotten gleich tun und Irland zweimal besiegen. Die schottischen Hoffnungen auf einen Punktverlust der CSSR in Dublin erfüllten sich jedoch nicht, und beim Rückspiel in Prag waren die Iren noch chancenloser, so dass auch in dieser Gruppe ein Entscheidungsspiel ausgetragen werden musste.

Für das erneute Aufeinandertreffen mit den Schotten konnten die Tschechoslowaken wieder auf Pluskal zurückgreifen, der mit Masopust ein geniales Mittelfeld-Duo abgab. Aber den Druck auf dem rutschigen Boden in Brüssel machten die Schotten. Der Lohn war der Führungstreffer durch Mittelstürmer St. John in der 37. Minute. Auch nach Wiederanpfiff hatten sie hundertprozentige Chancen und hätten leicht die Karten nach Chile einlösen können, doch in der 69. Minute erzielte Pluskal das 1:1, dem die Schotten gleich die erneute Führung durch St. John entgegen setzten. Die Schotten versuchten zunächst die Entscheidung zu erzwingen, verlegten sich dann aber darauf, hinten abzusichern. Diese Unentschlossenheit wussten die konditionell mit größeren Reserven ausgestatteten Tschechoslowaken gnadenlos zum Ausgleich durch Scherer auszunutzen. Das Spiel ging in die Verlängerung. Nach 120 Minuten hätte bei Gleichstand das bessere Torverhältnis die Entscheidung zu Gunsten der Tschechoslowaken gebracht. Die Schotten mussten kommen, aber ihre Kraft war verbraucht. Sie hatten den Sieg verschenkt und den ließen sich Pospichal und Kvasnak nach ihren Toren zum 4:2-Endstand nicht mehr nehmen.

UEFA - Gruppe 9
Sieg in Cardiff bringt Spanien weiter

19.04.61	Cardiff	Wales - Spanien	1:2 (1:1)	32.000
18.05.61	Madrid	Spanien - Wales	1:1 (0:0)	100.000

Spanien im Finale gegen den Sieger der Afrika-Qualifikation.

Lediglich zwei Mannschaften mussten in dieser Gruppe antreten, denn der Gewinner sollte anschließend auf den Sieger der Afrika-Qualifikation treffen.

Bis zum Erfolg der Spanier hatte keine andere Nationalmannschaft je im Stadion von Cardiff gewinnen können. Die Südeuropäer setzten auf ihre Routiniers, und das zahlte sich trotz des Führungstreffers der Waliser aus. Di Stefano konnte auf dem aufgeweichten Platz kurz vor Schluss für die 2:1-Entscheidung sorgen. Vier Wochen später mussten die Spanier auf einen ihrer Stars verzichten. Europas Fußballer des Jahres von 1960, Luis Suarez, hatte Abwanderungspläne nach Italien und wurde deshalb nicht nominiert. Das schwächte die Vertreter der Federación Española de Fútbol und des faschistischen Franco-Regimes. Sie erreichten zwar nur ein Remis, doch war ihr Weiterkommen auch nach dem 1:1-Ausgleich der Waliser kaum in Gefahr.

UEFA - Gruppe 10
Torwart Soskic rettet Olympiasieger

04.06.61	Belgrad	Jugoslawien - Polen	2:1 (1:0)	30.000
25.06.61	Chorzów	Polen - Jugoslawien	1:1 (1:1)	100.000

Jugoslawien im Finale gegen den Sieger der Asien-Qualifikation.

Wie in Gruppe 9 gab es nur zwei Kontrahenten. Die Entscheidung sollte gegen den Asien-Sieger fallen.

Als bester Spieler in den Reihen der Jugoslawen galt Sekularac, der allerdings wegen wiederholter unfairer Attacken gegen Mitspieler bei beiden Spielen gesperrt war. Ohne ihn lief es nicht; das Spiel des Olympiasiegers von 1960 war wenig ansprechend. Die glückliche 2:0-Führung hätten die Polen beinahe noch gekippt, wenn nicht der jugoslawische Torhüter Soskic das zu verhindern gewusst hätte. So konnten die Polen nur noch auf 1:2 verkürzen. Beim ausverkauften Rückspiel in Chorzów gingen die Spieler aus dem Vielvölkerstaat gleich in der ersten Minute in Front. Als Polen nach 30 Minuten ausgleichen konnte, wurde das Spiel unansehnlich. Rüde Attacken und knallharter Abwehrfußball beherrschten das Geschehen. Die Jugoslawen verdankten ihrer Abwehr und abermals ihrem Keeper den glanzlosen Einzug in die nächste Runde gegen Südkorea.

Afrika / CAF

Sieben Mannschaften des afrikanischen Verbandes meldeten sich zur Teilnahme an. Äthiopien wurde der Gruppe 7 der UEFA-Qualifikation als Untergruppe Naher Osten/Afrika zugeordnet. Von den anderen spielten letztlich nur vier um den Sieg in der afrikanischen Gruppe, die praktisch eine Untergruppe der UEFA-Gruppe 9 war.

CAF - Gruppe 1

Ägypten und Sudan traten nicht an.

CAF - Gruppe 2

30.10.60	Casablanca	Marokko - Tunesien	2:1 (1:1)	13.500
13.11.60	Tunis	Tunesien - Marokko	2:1 (0:0)	15.000
Entscheidungsspiel				
22.02.61	Palermo	Marokko - Tunesien	1:1 n.V. (1:1 / 1:0)	8.000

Marokko für CAF-Finalgruppe qualifiziert.

Die Spiele zwischen Marokko und Tunesien waren von großem Einsatz geprägt, da kaum ein Leistungsunterschied zwischen beiden Mannschaften bestand. Nach 2:1-Siegen für den jeweiligen Gastgeber sollte ein Entscheidungsspiel in Palermo bestritten werden. Ursprünglich wollten die Marokkaner nicht in Italien antreten, was die FIFA aber unter Strafandrohung durchsetzte. Einige marokkanische Profis, die in Frankreich spielten und eigens für das Spiel geholt wurden, konnten nicht für die Entscheidung auf dem Platz sorgen. Nachdem das Spiel nach Verlängerung immer noch 1:1 stand, kam Marokko durch Losentscheid weiter.

CAF - Gruppe 3

28.08.60	Accra	Ghana - Nigeria	4:1 (2:0)	40.000
10.09.60	Lagos	Nigeria - Ghana	2:2 (1:1)	—

Ghana für CAF-Finalgruppe qualifiziert

Im Duell der beiden westafrikanischen Staaten war die junge Nation Ghana bereits durch einen 4:1-Sieg im Hinspiel so gut wie sicher für das CAF-Finale qualifiziert. Nach dem Rückspiel in Nigeria, das 2:2 endete, kam es auf der Busreise zurück nach Ghana zu einem folgenschweren Zusammenstoss mit einem Tankwagen. Drei Spieler, unter ihnen Torjäger Odomitei, verloren tragischerweise ihr Leben.

Ghana besaß zu Beginn der 1960er Jahre eine seit längerem herausragende Mannschaft und hatte sogar zahlreiche europäische Teams in Freundschaftsspielen besiegt. Staatspräsident Kwame Nkrumah entsandte sie 1962 auf eine Europareise, „um einige der dummen Irrtümer zu zerstreuen, die es in Europa über Afrika und Afrikaner gibt". Seine „Botschafter des jungen unabhängigen Afrika" gewannen im selben Jahr, in dem sie den Afrika-Pokal geholt hatten, dort acht von zwölf Spielen. Leider bekamen die Westafrikaner nie die Gelegenheit, ihre Klasse bei einem WM-Endturnier zu belegen.

CAF-Finalgruppe

02.04.61	Accra	Ghana - Marokko	0:0	—
28.05.61	Casablanca	Marokko - Ghana	1:0 (1:0)	15.000

Marokko im Finale gegen den Sieger der UEFA-Gruppe 9.

Ein gutes halbes Jahr nach dem Busunglück hatten die Ghanaer sich offenbar noch nicht von dem Verlust erholt. In Accra reichte es nur zu einem 0:0. In der engen Auseinandersetzung im Rückspiel boten sich beiden Teams gute Möglichkeiten. Marokko setzte sich vor eigenem Publikum schließlich mit 1:0 durch. Doch damit waren die Nordafrikaner lediglich für die Entscheidungsspiele gegen Spanien qualifiziert.

Finale - CAF/UEFA - Gruppe 9

12.11.61	Casablanca	Marokko - Spanien	0:1 (0:0)	26.000
23.11.61	Madrid	Spanien - Marokko	3:2 (2:1)	26.500

Spanien für die Endrunde qualifiziert.

Puskás setzt sich ein – Spanien siegt in Casablanca 1:0 gegen Marokko.

Die Favoriten von der iberischen Halbinsel waren gewarnt. Marokko hatte zuvor durch Siege gegen die DDR und Jugoslawien für Aufsehen gesorgt. So wurde das Spiel in Casablanca auch kein Spaziergang, und die Spanier gewannen letztlich nur knapp mit 1:0. Auch beim Rückspiel im spärlich besetzten Bernabeu-Stadion leisteten die Afrikaner einigen Widerstand. Am Ende konnte sich aber wie erwartet der europäische Vertreter durch ein knappes 3:2 für die Endrunde in Chile qualifizieren, wobei in beiden Spielen Glück und einseitige Schiedsrichterentscheidungen den Ausschlag gaben. Die afrikanischen Teilnehmer hätten aufgrund ihrer starken Präsenz bessere Chancen zur Teilnahme an der Endrunde verdient gehabt.

Asien/AFC

AFC

06.11.60	Seoul	Südkorea - Japan	2:1 (2:1)	11.000
11.06.61	Tokio	Japan - Südkorea	0:2 (0:1)	7.700

Südkorea im Finale gegen den Sieger der UEFA-Gruppe 10.

Indonesien, als dritter asiatischer Verband gemeldet, zog wieder zurück. Den Japanern nützte weder das auf zwei Bewerber geschrumpfte Feld noch die kurzfristige Verpflichtung von Dettmar Cramer als Trainer etwas. Die Soldaten, aus denen das südkoreanische Team hauptsächlich bestand, gewannen beide Spiele. Damit war Südkorea für die Entscheidungsrunde gegen den Sieger der UEFA-Gruppe 10 qualifiziert. Doch nur eine Sensation ersten Ranges hätte dem asiatischen Vertreter einen Platz bei der WM in Chile einbringen können.

Finale - AFC/UEFA - Gruppe 10

08.10.61	Belgrad	Jugoslawien - Südkorea	5:1 (1:0)	20.000
26.11.61	Seoul	Südkorea - Jugoslawien	1:3 (0:2)	25.000

Jugoslawien für die Endrunde qualifiziert.

Mehrfach musste die FIFA die Südkoreaner dazu auffordern, überhaupt in Europa anzutreten. Obwohl Sekularac auf Seiten der Jugoslawen wieder dabei war, dauerte es über 40 Minuten bis zum Führungstreffer gegen den krassen Außenseiter. Dann

Sekularac ist von den Koreanern kaum zu bremsen – Jugoslawien siegt 5:1.

war der Bann gebrochen, und weitere zwei Treffer des rehabilitierten Stars trugen zum klaren 5:1-Endergebnis bei. Beim Rückspiel in Seoul fanden die Jugoslawen ein enthusiastisches Publikum vor. Über die 25.000 Besucher im Stadion hinaus, befanden sich noch mehr als 20.000 Zuschauer auf den das Stadion umgebenden Hügeln. Dennoch qualifizierten sich die Favoriten ohne zu straucheln mit einem 3:1-Erfolg für die Endrunde in Chile.

Nord- und Zentralamerika / CONCACAF

Mexikos langer Marsch

Die drei Gruppensieger sollten an der Qualifikations-Endrunde teilnehmen. Der Sieger der Endrunde hatte zusätzliche Qualifikationsspiele gegen eine Mannschaft aus Südamerika zu bestreiten.

CONCACAF - Gruppe 1

06.11.60	Los Angeles	USA - Mexiko	3:3 (1:3)	10.000
13.11.60	Mexiko City	Mexiko - USA	3:0 (3:0)	69.000

Mexiko für die CONCAF-Finalgruppe qulifiziert.

Ursprünglich war Kanada als dritter Verband für diese Gruppe gemeldet worden, da es sich aber noch vor Beginn der Qualifikation wieder zurückzog, machten die USA und Mexiko die Entscheidung unter sich aus. Eine Überraschung stellte das 3:3 in Los Angeles dar, besonders da das US-Team eher zufällig aus

US-Keeper Noga hat einmal mehr das Nachsehen – in Mexiko verliert sein Team mit 0:3.

fünf Städten zusammengewürfelt wurde. Die heiße Höhenluft beim Rückspiel in Mexico-City, mittags bei 35° Grad im Schatten, war dann aber doch zuviel für die US-Boys. Mit 3:0 wurden sie in die Knie gezwungen.

CONCACAF - Gruppe 2

21.08.60	San Jose	Costa Rica - Guatemala	3:2 (1:2)	35.000
28.08.60	Guatemala City	Guatemala - Costa Rica	4:4 (1:2)	53.000
04.09.60	Tegucigalpa	Honduras - Costa Rica	2:1 (2:0)	—
11.09.60	San Jose	Costa Rica - Honduras	5:0 (3:0)	—
25.09.60	Tegucigalpa	Honduras - Guatemala	1:1 (0:1)	—
02.10.60	Guatemala City	Guatemala - Honduras		—

abgebrochen beim Stand von 0:2 und mit 0:2 gewertet

Abschlußtabelle

	Mannschaft	Sp.	g	u	v	Tore	Punkte
1.	Costa Rica	4	2	1	1	13:8	5:3
2.	Honduras	4	2	1	1	5:7	5:3
3.	Guatemala	4	-	2	2	7:10	2:6

Entscheidungsspiel

14.01.61	Guatemala City	Costa Rica - Honduras	1:0 (1:0)	50.000

Costa Rica für die CONCAF-Finalgruppe qualifiziert.

Diese Untergruppe der CONCACAF setzte sich aus den Ländern zusammen, die aus dem südlichen Mittelamerika gemeldet hatten. Honduras konnte seiner Favoritenrolle dabei nicht gerecht werden. Beim internationalen Auftakt der WM-Qualifikation verwandelte Costa Rica am 21.08.1962 durch zwei Treffer von Ulloa einen Rückstand gegen Guatemala noch in einen 3:2-Sieg. Beim anschließenden Rückspiel fiel vor einer enthusiastischen Kulisse der 4:4-Ausgleichstreffer für Costa Rica erst in der vorletzten Minute aus abseitsverdächtiger Position. Der kolumbianische Schiedsrichter musste unter Polizeischutz zum Flughafen gebracht werden.

Die Spiele zwischen Honduras und Costa Rica endeten jeweils mit Heimsiegen. Noch war alles möglich. Doch die Guatemalteken konnten auch in Honduras nicht gewinnen, worauf sie dem Gegner im Rückspiel den Sieg überließen. Das Spiel musste beim Stande von 2:0 für Honduras abgebrochen werden. Im fälligen Entscheidungsspiel zwischen Honduras und Costa Rica, das ausgerechnet in Guatemala-City stattfand, wurde selbstverständlich Honduras nach Kräften vom Publikum unterstützt. Dennoch gelang es Costa Rica, durch den entscheidenden Treffer von Rodriguez zum 1:0-Endstand, in die nächste Runde einzuziehen.

CONCACAF - Gruppe 3

Surinam wurde in der BRD bis in die 70er Jahre hinein Niederländisch Guyana genannt. Die kleineren Niederländischen Antillen nahmen bereits unter dem Namen der dazugehörigen Insel Curaçao an der Qualifikation zur WM 1958 teil. Fußballerisch galten beide als unbeschriebene Blätter. Trotzdem wurde nicht erwartet, dass die Kicker von den Antillen in die nächste Runde einziehen würden. Nach dem überraschenden 2:1-Auswärtssieg in Paramaribo, reichte in Willemstad ein torloses Remis zum Weiterkommen.

02.10.60	Paramaribo	Surinam - Niederl. Antillen	1:2 (1:1)	—
27.11.60	Willemstad	Niederl. Antillen - Surinam	0:0	—

Niederländische Antillen für die CONCAF-Finalgruppe qualifiziert.

CONCACAF - Finalgruppe

22.03.61	San Jose	Costa Rica - Mexiko	1:0 (0:0)	35.000
29.03.61	San Jose	Costa Rica - Ndl. Antill.	6:0 (4:0)	—
05.04.61	Mexiko City	Mexiko - Ndl. Antill.	7:0 (2:0)	50.000
12.04.61	Mexiko City	Mexiko - Costa Rica	4:1 (2:0)	80.000
23.04.61	Willemstad	Ndl. Antill. - Costa Rica	2:0 (2:0)	—
21.05.61	Willemstad	Ndl. Antill. - Mexiko	0:0	10.000

Abschlußtabelle

	Mannschaft	Sp.	g	u	v	Tore	Punkte
1.	Mexiko	4	2	1	1	11:2	5:3
2.	Costa Rica	4	2	-	2	8:6	4:4
3.	Ndl. Antill.	4	1	1	2	2:13	3:5

Mexiko qualifiziert für Entscheidungsspiel in der CONMEBOL Gruppe 4.

Der 1:0-Auftaktsieg Costa Ricas gegen Mexiko war unerwartet und brachte Spannung in die Gruppe. Gegen den Außenseiter Niederländische Antillen gewannen beide Kontrahenten deutlich ihre Heimspiele. So kam ihrer Auseinandersetzung in Mexiko-City vorentscheidende Bedeutung zu. Das wussten auch die Mexikaner, und verzögerten zunächst durch überhöhte Geldforderungen zur Erteilung der Visa die Einreise des Teams von Costa Rica. Erst Tage nach dem Spiel gegen die Niederländischen Antillen wurden die Forderungen fallengelassen und der nächste Gegner durfte ins Land kommen. Die erhoffte Wirkung trat ein. Durch Costa Ricas 1:4-Niederlage sah es so aus, als müsste ein weiteres Spiel auf neutralem Boden ausgerichtet werden. Doch die überraschenden Punktgewinne der Niederländischen Antillen bei den Heimspielen auf der Insel Curaçao - 2:0 gegen Costa Rica und 0:0 gegen Mexiko - entschieden schon vorher zu Gunsten der Mexikaner, die sich damit für weitere Qualifikationsspiele gegen Paraguay qualifizierten.

Südamerika - CONMEBOL

Leichtes Spiel für Argentinien

Brasilien als Weltmeister und Chile als Veranstalter waren automatisch für die WM-Endrunde gesetzt. Das machte die Qualifikation für die restlichen Vertreter leichter. Der Modus war entsprechend unkompliziert: Den gesetzten Favoriten wurden ihre Gegner, zu denen der Sieger der CONCACAF-Qualifikation gehörte, zugelost. Die Gewinner der vier Vergleiche, qualifizierten sich direkt für die WM-Endrunde.

CONMEBOL - Gruppe 1

04.12.60	Guayaquil	Ecuador - Argentinien	3:6 (0:4)	55.000
17.12.60	Buenos Aires	Argentinien - Ecuador	5:0 (1:0)	50.000

Argentinien für die Endrunde qualifiziert.

Bei seiner Premiere konnte Ekuador im neu erbauten Estadio Olimpico im Hinspiel immerhin drei Treffer gegen die Fußball-Übermacht aus Argentinien erzielen. Sie fielen am Ende des Spiels nach einem 0:6-Rückstand innerhalb weniger Minuten. Ein Jahr zuvor hatte es gegen den gleichen Gegner ein sensationelles 1:1 gegeben. Wenigstens ein Achtungserfolg, bevor Argentinien im Rückspiel in Buenos Aires mit 5:0 die Verhältnisse wieder zurechtrückte. Damit konnte sich Argentinien als erstes Land neben dem Titelverteidiger und dem Gastgeber für die WM qualifizieren.

CONMEBOL - Gruppe 2

15.07.61	La Paz	Bolivien - Uruguay	1:1 (0:1)	22.000
30.07.61	Montevideo	Uruguay - Bolivien	2:1 (2:0)	50.000

Uruguay für die Endrunde qualifiziert.

Im 3000 Meter hohen La Paz hatten die zweimaligen Weltmeister aus Uruguay Probleme mit der Höhenluft. Eine unglaubliche Euphorie war in Bolivien ausgebrochen. Die Kartennachfrage konnte nicht erfüllt werden. Schwarzmarktpreise in für das Land enormer Höhe wurden gezahlt, um einen der Plätze im Stadion zu ergattern, wo eine Art Volksfest zelebriert wurde. Hätte Uruguay nicht früh durch Cubilla die Führung erzielt, wer weiß, wie das Spiel ausgegangen wäre. Die Urus mussten schon vor der Pause Sauerstoff aus Flaschen tanken und täuschten zu diesem Zweck Verletzungen vor. In der Halbzeit war ihre Kabine ein regelrechtes Lazarett mit zahlreichen Ärzten, die die Spieler aufpäppeln mussten. Der 1:1-Ausgleich ließ folgerichtig nicht lange auf sich warten. Danach quälten sich die Gäste mit neun gegen zehn Mann und allen möglichen Tricks ohne ein weiteres Gegentor bis zum Schlusspfiff. Beim Rückspiel ging Uruguay abermals in Front und drängte gegen die Abwehrwand Boliviens auf den entscheidenden Treffer. Nachdem noch vor der Pause das 2:0 gelungen war, zog sich die Heimmannschaft in der zweiten Hälfte in die Defensive zurück. Darauf hatte Bolivien nur gewartet. Nach einer guten Stunde gelang dem starken Camacho der Anschlusstreffer aus 20 Metern. Die Celestes (Himmelblauen) verschleppten nun das Spiel. Trotzdem hatte Bolivien in der letzten Minute noch eine Großchance, die erst auf der Linie vereitelt werden konnte. Uruguay hatte sich so gerade eben nach Chile durchgeschlagen. Weltmeisterlich war das nicht. In den Kabinen feierten die Unterlegenen ihren „moralischen Sieg".

CONMEBOL - Gruppe 3

30.04.61	Bogotá	Kolumbien - Peru	1:0 (1:0)	38.000
07.05.61	Lima	Peru - Kolumbien	1:1 (1:1)	51.000

Kolumbien für die Endrunde qualifiziert.

Eigentlich war Peru als Favorit in die Auseinandersetzung mit Kolumbien gegangen, denn mit dem Ungarn Jorge Roth verfügten sie über einen renommierten Fußballlehrer, unter dessen Regie sogar England und Uruguay geschlagen werden konnten. Nach einem Vorbereitungsspiel in Chile, das trotz 2:0-Führung eine 2:5-Niederlage brachte, wurde Roth gefeuert. Ein Bruch ging durch die Mannschaft.

Nur mit Mühe bringen die Urus das Spiel in der Höhe von La Paz über die Runden.

Peru geht im Rückspiel 1:0 in Führung – am Ende fährt aber Kolumbien zu seiner ersten WM.

Die ausgeglichenste Paarung der Südamerika-Qualifikation versprach nach dem 1:0-Heimsieg Kolumbiens große Spannung für das Rückspiel, denn die Höhenluft verschaffte Kolumbien traditionell einen Vorteil bei Heimspielen. Den machten beim Rückspiel die peruanischen Zuschauer zwar wett, doch es reichte nicht aus, um die Kolumbianer, die direkt nach dem Anpfiff ein Elfmetertor hinnehmen mussten, zu besiegen. Bereits in der 24. Minute fiel der Ausgleich durch ein Tor von Hector Gonzales und dieser Spielstand konnte besonders durch den großen Einsatz des Torhüters Sanchez über die Zeit gerettet werden. Kolumbien durfte sich auf seine erste WM freuen.

CONMEBOL - Gruppe 4

29.10.61	Mexiko City	Mexiko - Paraguay	1:0 (0:0)	55.000
05.11.61	Asunción	Paraguay - Mexiko	0:0	12.000

Mexiko für die Endrunde qualifiziert.

Mexiko hatte sich erst als Sieger der Nord- und Mittelamerika-Qualifikation für die Entscheidungsspiele qualifizieren müssen. Paraguay, das genauso wie sein Kontrahent 1958 in Schweden dabei war, wurde gesetzt. Die Südamerikaner galten als Favoriten, doch in Mexiko City mussten sie eine 1:0-Niederlage hinnehmen, die sie ihrer einfallslosen Spielweise zuzuschreiben hatten. Den goldenen Treffer für Mexiko erzielte Reyes. Ein annulliertes Fallrückziehertor sorgte bei den Unterlegenen für Aufregung. Beim verregneten Rückspiel verteidigten die Mexikaner ihren Sieg erfolgreich, da sie, ohne dabei Mauerfußball zu spielen, das eigene Tor sauber hielten. Die Partie endete torlos. Es war auch ein Sieg über die FIFA, da dem Land durch den Austragungsmodus acht Spiele abverlangt wurden, die es von den USA bis nach Paraguay geführt hatten.

Die letzten 16

Neben Titelverteidiger Brasilien und Gastgeber Chile qualifizierten sich die acht Gruppensieger der UEFA-Vorentscheidung: Schweiz, Bulgarien, BR Deutschland, Ungarn, UdSSR, England, Italien und die Tschechoslowakei, sowie Spanien und Jugoslawien über die Ausscheidungsspiele gegen den Afrika- bzw. Asienvertreter. Dazu kamen aus den Amerika-Gruppen: Argentinien, Uruguay, Kolumbien und Mexiko. Während die Bulgaren und die Kolumbianer das erste Mal mit von der Partie waren, hatten neun Verbände bereits 1958 an der WM teilgenommen

Der Blick richtet sich nach Chile

Es war im wesentlichen das Verdienst eines Menschen, dass Chile 1956 auf dem FIFA-Kongress in Lissabon die VII. Fußballweltmeisterschaft zugesprochen bekommen hatte. "Wir haben gar nichts, aber wir können mit gutem Gewissen sagen, dass wir alles tun werden, um diese VII. Fußballweltmeisterschaft zu einem großen Ereignis werden zu lassen", hatte Carlos Dittborn, der Cheforganisator der WM, gesagt.

Mit 32:10 Stimmen war bei 14 Enthaltungen überraschend Argentinien aus dem Rennen geworfen worden. England, Spanien und Deutschland wurden als Interessenten schon im Vorfeld aussortiert, da die zwei vorangegangenen Weltmeisterschaften bereits in Europa stattgefunden hatten. Der ursprünglich als Veranstalter erwartete Mitbewerber aus Südamerika sparte nicht mit Spitzen gegen den Nachbarn und die FIFA. So machte Argentinien die eigene Teilnahme davon abhängig, mit Deutschland in einer Gruppe spielen zu können, um sich für die Niederlage bei der WM 1958 zu revanchieren. In Schweden erstmals seit 1934 wieder bei einer WM vertreten, hatte der argentinische Verband zuvor dreimal die WM boykottiert. Dadurch sollte die FIFA bewegt werden, Maßnahmen zu treffen, um gebürtige Lateinamerikaner davon abzuhalten, für Italien (wurde 1934 mit vier ehemaligen argentinischen Nationalspielern Weltmeister) und andere europäische Staaten anzutreten zu können. Diesmal setzte sich der Weltverband durch: Argentinien nahm 1962 ohne Vorbedingung teil.

FIFA-Präsident Sir Stanley Rous begrüßt die Organisatoren: u.a. Ernst Thommen, Präsident des FIFA-Organisationskomitees, Helmut Kaeser, Generalsekretär der FIFA, Sotero del Rio, chilenischer Innenminister, Juan Goni, Präsident des chilenischen Organisationskomitees.

Auslosung

Am 18. Januar 1962 fand im Hilton Hotel in Santiago die Gruppenauslosung statt. 16 Mannschaften mussten für die Vorrunde auf vier Gruppen verteilt werden. Um den Auslosungsmodus hatte es vorher viele Diskussionen gegeben. Bisher war es üblich gewesen, die lateinamerikanischen Vertreter in verschiedene Gruppen zu setzen. Diesmal gab es derer gleich sechs, was in Kombination mit je fünf ost- und westeuropäischen Nationalteams keine Aufteilung nach geografischen Kriterien zuließ, wie es noch 1958 so gut funktioniert hatte (je vier lateinamerikanische, britische, west- und osteuropäische Verbände). An diesem Punkt ist das FIFA-Reglement nach wie vor nicht eindeutig. Ein gewisser Spielraum der Kriterien bleibt für den Veranstalter offen, um möglichst viele attraktive Spielpaarungen zu bekommen und damit die Stadien zu füllen.

Gerüchten zufolge sollte bereits vor der eigentlichen Auslosung alles abgesprochen gewesen sein. Doch dem war nicht ganz so: Während der gemeinsamen Anreise der überwiegenden Zahl der FIFA-Mitglieder einigte man sich noch im Flugzeug auf Rahmenbedingungen. Danach wurden Brasilien, Argentinien, Uruguay und Chile als südamerikanische Gruppenköpfe gesetzt. Aus dem Topf der vermeintlich schwächsten Teams (Schweiz, Kolumbien, Mexiko, Bulgarien) zog der FIFA-Delegierte Maduro aus Cura?ao zuerst. Dann loste er aus einem weiteren Topf mit den restlichen acht europäischen Endrundenteilnehmern frei dazu.

Jede Gruppe bestand somit aus mindestens einem Südamerika- und zwei Europa-Vertretern. Das Setzen der Südamerikaner in die jeweiligen Spielorte geschah auch nach kommerziellen Gesichtspunkten: Rancagua liegt der argentinischen Grenze am nächsten, Viña del Mar, mit der zweitgrößten Spielstätte, wurde Brasilien zugeteilt und Santiago, mit der weitaus größten Arena, dem Gastgeber. Zumindest bei den Spielen des chilenischen Teams sollten volle Kassen garantiert sein. Alle Länder hatten Vertreter zur Auslosung entsandt, die folgende Gruppeneinteilung ergab:

Der Schweizer Thommen präsentiert das Ergebnis der Auslosung, im Vordergrund: der englische FIFA-Präsident.

Gruppe A in Arica	Gruppe B in Santiago	Gruppe C in Viña del Mar	Gruppe D in Rancagua
Uruguay	Chile	Brasilien	Argentinien
Kolumbien	Schweiz	Mexiko	Bulgarien
UdSSR	BR Deutschland	Spanien	Ungarn
Jugoslawien	Italien	Tschechoslowakei	England

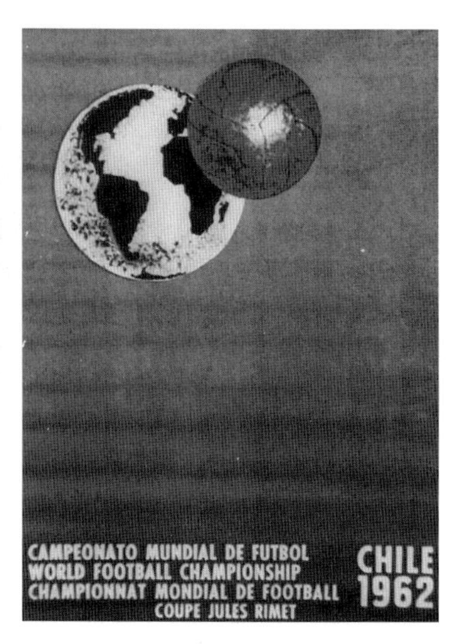

Das WM-Plakat: alles dreht sich ums runde Leder!

Favoriten

Uruguay und Italien durften um die Ehre wetteifern, den Coupe Jules Rimet als dreifacher Weltmeister für immer behalten zu können. 9.000 DM sollten die chilenischen Spieler im Falle des Titelgewinns erhalten. Die Prämie von 13.000 DM pro Kopf setzte der brasilianische Verband auf das Erringen des Pokals aus.

Als Endspielteilnehmer wurde durchweg Titelverteidiger Brasilien vorausgesagt. Nie, nicht einmal Ungarn anno 1954, war ein Land so sehr favorisiert worden wie die „Zuckerhut-Fußballer" in diesem Jahr. Als die anderen Mannschaften noch ihre letzten Qualifikationsspiele bestritten, gewann Brasilien Ende April / Anfang Mai 1961 beim Osvaldo-Cruz-Cup zweimal gegen Paraguay, nachdem über ein ¾ Jahr lang keine Länderspiele mehr stattgefunden hatten. Es folgten zwei knappe Siege gegen Chile in einem weiteren der zahlreichen Gedächtnisturniere Südamerikas. Im Juni spielten die Weltmeister in Rio de Janeiro abermals gegen Paraguay und gewannen mit 3:2. Wieder ließen sich die Brasilianer ein ¾ Jahr Zeit, ehe sie das nächste Länderspiel bestritten. Der Anlass war erneut der Osvaldo-Cruz-Cup, der diesmal in Rio stattfand. Gegen Paraguay waren die WM-Favoriten im April 1962 wiederum mit 6:0 und 4:0 klar überlegen. Kurz vor der Weltmeisterschaft testeten die Südamerikaner auch europäische Gegner: in Sao Paulo und Rio mussten Portugal (2:1, 1:0) und Wales (3:1, 3:1) jeweils den Brasilianern Tribut zollen. Die alternden Stars des 1958er-Ensembles wirkten besonders bei den Spielen gegen die Südeuropäer etwas behäbig und individualistisch, waren aber technisch klar überlegen.

Überzeugen konnte auch der amtierende Europameister: Zum Auftakt der langen Vorbereitungszeit in Südamerika hatte die Sowjetunion Ende 1961 mit Siegen gegen Argentinien, Chile und Uruguay für erhöhte Aufmerksamkeit gesorgt. 5:0 über Ungarns B-Auswahl, das gleiche Ergebnis gegen Uruguay, ein 3:1-Sieg in Luxemburg, ein 2:0 in Schweden und ein 2:1 gegen die DDR bildeten die weiterhin durchweg positive Bilanz vor der WM.

Das wichtigste Vorbereitungsspiel der Bundesrepublik wurde am 11. April in Hamburg gegen Uruguay mit 3:0 gewonnen. Im Jahr 1962 war es vor der WM das einzige Länderspiel. Deutschland rückte damit besonders bei den südamerikanischen Trainern und Funktionären in den engeren Favoritenkreis nach.

Dazu wurden weiterhin Jugoslawien, Italien, Spanien und England gezählt; gelegentlich auch Argentinien und Uruguay, deren Spieler im Vorfeld aber kaum Anlass zu solcher Euphorie gaben. Das einzige lateinamerikanische Land, dem neben Brasilien gewisse Chancen eingeräumt wurden, war Gastgeber Chile. Die Erfolge gegen Vereinsmannschaften wie Preußen Münster oder den Karlsruher SC in den Wochen vor dem Start ergaben jedoch wenig Aufschluss. Münsters Trainer Schneider jedenfalls bescheinigte Chile mehr Qualität als dem vorherigen Gegner der Preußen, Argentinien, der nur mit Mühe zweimal gegen die Westfalen gewinnen konnte. Vorbereitungsspiele, die Mexiko, Kolumbien, Argentinien und Uruguay in den Wochen vor der WM untereinander bestritten hatten, ließen keine Hervorhebung eines dieser Teams zu.

England hatte sich schon vor dem wenig glanzvollen und unverdienten 3:1-Heimsieg gegen die Schweiz aus dem Fokus des Weltfußballs herausgespielt. Zuvor waren zwar die seit 1960 erstarkten Österreicher in London 3:1 geschlagen worden, doch gleich darauf hatte es beim Erzrivalen Schottland die erste Niederlage seit 25 Jahren gegeben. Erst wenige Tage vor der WM spielte sich England durch einen 4:0-Sieg in Peru wieder ins Bewusstsein zurück. Anders die Italiener: In Länderspielen im Mai gegen Frankreich (2:1 in Florenz) und Belgien (2:1 in Brüssel) überzeugten die Azzuri durch modernen, defensiv ausgerichteten Catenaccio mit der Doppelspitze aus Sivori und dem zweifachen Torschützen beider Spiele Altafini. Sogar ein Vergleich der B-Auswahl mit Ungarn ging 3:1 zu Gunsten der Italiener aus. Olympiasieger Jugoslawien siegte Mitte Mai im einzigen Ländervergleich in den Monaten vor der WM mit 3:1 gegen die DDR-Auswahl. Relativ offen blieb auch die Frage nach Spaniens Form, das im Vorfeld der WM keine Länderspiele austrug und mit Herrera als neuem Trainer schwer auszurechnen war.

Wenig Beachtung fand die CSSR, der wie Ungarn gelegentlich Außenseiterchancen eingeräumt wurden. Die optimistischsten Prognosen gingen aber selten über das Erreichen des Viertelfinales hinaus.

Unterkünfte / Vorbereitung

Die Jugoslawen wohnten im El Paso direkt an der Küste im fernen **Arica**. Sie hatten sich zunächst nur durch gelegentliche Testspiele gegen Vereinsmannschaften vorbereitet. Ein Trainingslager im eigenen Land war dem Länderspiel gegen die DDR vorausgegangen. Zudem hatten die Spitzenmannschaften der Liga zu Beginn des Jahres die Gelegenheit, ihr Können auf einer Südamerikatournee zu erproben.

Die sowjetische Auswahl trainierte im März mehrere Wochen in Ungarn am Plattensee, nachdem sie schon zu Beginn des Jahres 1962 für längere Zeit zusammengezogen war. Der Verband hatte eigens die nationale Meisterschaft ausgesetzt. Der Europameister quartierte sich in der Hosteria Arica direkt am Meer ein.

Uruguay nutzte eine Motel-Anlage mit 2-

Zimmer-Häuschen in Azapa, einem Ort in der näheren Umgebung von Arica. Die nominierten Spieler waren seit zwei Monaten gemeinsam unterwegs. Nach der nicht besonders erfolgreich verlaufenen Europatournee (u.a. 5:0-Klatsche gegen die UdSSR) wurde Trainer Corazo entlassen. Daran konnte auch ein abschließender Sieg in Schottland nichts ändern. Juan Lopez blieben als neuem Cheftrainer nur ein paar Wochen, um die Mannschaft neu einzustellen.

Die kolumbianische Auswahl logierte bei der ersten WM-Teilnahme des Landes im Hotel El Mori im Freihafen von Arica. Wie in Uruguay und Chile war zwecks Vorbereitung der Nationalmannschaft in Kolumbien die Meisterschaft unterbrochen worden. Im Frühjahr wurde ein einmonatiges Trainingslager durchgeführt. Von drei Vorbereitungsspielen im April gegen Mexiko konnte keines gewonnen werden.

Die deutsche Delegation hatte den Wettlauf um das vermeintlich beste Quartier in **Santiago** gewonnen: Die Escuela Militar del General O'Higgins. Die Militärschule mit optimalen Räumlichkeiten und guten Möglichkeiten zur eigenen Versorgung lag an einer der vornehmsten Adressen Santiagos, der Avenida Apoquindo. Der letzte Vorbereitungslehrgang hatte in der Sportschule Schöneck bei Karlsruhe aufgrund der bundesdeutschen Titelkämpfe mit reduziertem Aufgebot abgewickelt werden müssen. In Kurzlehrgängen und Testspielen war zuvor der Kader gesichtet worden. Seine Zusammenstellung hatte sich über Monate hingezogen. Gleichwohl äußerte sich Cheftrainer Herberger zuversichtlich, die richtige Wahl getroffen zu haben.

Nach erfolgreichen Probespielen gegen Benfica und Flamengo ging es für die Italiener am 24. April ins Trainingslager nach San Pellegrino. Einige Kandidaten konnten nicht dabei sein, weil sie der Drogeneinnahme (nach Auskunft italienischer Ärzte handelte es sich um psychotonische Amine) überführt worden waren. Bekanntester Dopingsünder: Sivori von Juventus Turin, der dennoch in Chile zum Einsatz kam. Die Länderspiel-Erfolge unmittelbar vor der frühen Abreise nach Chile gaben den Tifosi zu großen Hoffnungen Anlass. Die Italiener wohnten in der chilenischen Fliegerakademie Escuela Avicion Capitan Avalos zwölf Kilometer südlich von Santiago.

Die Eidgenossen bezogen ihre Unterkunft nur 5 Minuten vom Nationalstadion entfernt, im Schweizer Sportklub. Viel Vorbereitungszeit hatten sie nicht gehabt, dafür einen intensiven Lehrgang unter Quarantäne-Bedingungen vom 29. April bis 4. Mai in der Sportschule Magglingen. Trotz schlechter Ergebnisse in der Vorbereitung traute man ihnen eine Außenseiterchance aufs Weiterkommen zu. Bei einem geheim gehaltenen Trainingsländerspiel gegen Ungarn am 24. Mai in deren Unterkunftsort Rengo bezogen die Schweizer allerdings eine 0:5-Niederlage. Damit waren ihnen die Grenzen ihrer nach dem letzten Spiel in England noch lobend erwähnten technischen Fähigkeiten aufzeigt worden.

Der Veranstalter hatte seine Vertretung bereits ab Anfang April in der Fußballschule Juan Pinto Duran für das WM-Turnier einquartiert. Die lag im Luftkurort Las Vertientes, 30 km von Santiago entfernt. Schon 1 ½ Jahre vor der WM hatte die intensive Vorbereitung begonnen. Die Auswahl der Chilenen war seit Anfang 1962 von den Klubs für die Vorbereitung freigestellt worden und ständig zusammen. Die Spieler lebten seit fast vier Monaten in der Abgeschiedenheit verschiedener Trainingslager, was bei den letzten Testspielen zu Tränen der Freude beim Wiedersehen mit Familienangehörigen führte.

Das mondäne **Viña del Mar**, direkt an der Pazifik-Küste, war mit zahlreichen guten Hotels der luxuriöseste Austragungsort. Die Spanier wohnten dort im Nobelhotel Miramar. Erst Anfang Mai hatten sie ihr Team zusammengezogen und wegen der nationalen Meisterschaften ähnlich wenig Vorbereitungszeit wie Deutschland, Italien, England, die Schweiz und die CSSR gehabt. Trainingsphasen waren deshalb nur verteilt und zwischen den Wochenenden möglich gewesen. Bei diesen Gelegenheiten hatte Spaniens Auswahl den 1.FC Saarbrücken, den VfL Osnabrück und Bayern München als Sparringspartner zu Gast. Nicht immer waren die im Europacup noch aktiven Stars von Real dabei. Erste Auseinandersetzungen zwischen di Stefano und Trainer Herrera sorgten schon vor der Abfahrt nach Chile für Missstimmung. Europas Fußballer des Jahres von 1957 und 1959 meinte wegen einer Muskelzerrung nur als Tourist dabei sein zu können, was Herrera seinerseits als mangelndes Engagement wertete. Im Übrigen waren Spieler vom Herrera-Klub Inter des Dopings überführt worden. Beim spanischen Verband kamen Zweifel auf, ob Herrera der richtige Trainer sei. Die Mexikaner teilten sich ihr Hotel O'Higgins mit etwa 150 ihrer Anhänger. Sie hatten sich durch Probespiele und Vereinsturniere seit März intensiv unter der Leitung des extra aus Argentinien verpflichteten Trainers Scopelli vorbereitet. Die Feuertaufe des Aufgebotes am 22. Mai in Mexico-City gegen Wales wurde mit 2:1 bestanden.

Die Brasilianer trainierten bereits seit Mitte März mit kleinen Unterbrechungen in verschiedenen brasilianischen Kurorten, die das Klima der chilenischen Austragungsorte widerspiegeln sollten. Um konditionell topfit zu sein, übten die Weltmeister auch unter Höhenluftbedingungen. Alles Erdenkliche wurde getan, um den Erfolg des Nationalteams zu gewährleisten: Ärzte, Wissenschaftler und Techniker gehörten genauso zum Stab, wie eine Schar von Trainern,

Im deutschen Quartier herrscht Drill.

Europapokal
*I*n Europa sorgte Anfang Mai das Finale im Pokal der Landesmeister für Furore, das Benfica Lissabon mit 5:3 gegen Real Madrid in Amsterdam gewann. Puskás schoss die Spanier dreimal in Führung (0:1, 0:2, 2:3). Auf der anderen Seite wurde Eusebio mit seinen Toren zum 4:3 und 5:3 zum Matchwinner der Portugiesen. Die alternden Stars vom fünffachen Europapokalsieger Real, Santamaria (31), di Stefano (38), und Puskás (35) waren endgültig entthront worden. Gemeinsam mit „Paco" Gento (28) und del Sol (27) sollten sie den Stamm des spanischen Teams bei der WM bilden.

Den Engländern fehlt es in ihrer Anlage an nichts.

Verschiffung des Ü-Wagens vom SWF.

die absolute Vollmachten hatten. Lange zog sich das Prozedere zur Auswahl des WM-Kaders hin. Indes gab es kurz vor der WM Zoff im brasilianischen Lager. Zunehmend meldeten sich Stimmen, die Pelé Unbescheidenheit vorwarfen. So gab es Animositäten zwischen dem Star und Trainer Moreira, weil der nicht den von Pelé bevorzugten Coutinho, sondern Vava in die Sturmreihe stellen wollte. Der brasilianische Teamgeist schien nicht mehr so intakt wie noch 1958. Die 22 Auserwählten residierten schließlich in Quilpue, wo sich auch das Trainingslager befand, im Hotel El Retiro.

Vorwiegend durch die Auswertung der Spiele ihrer Gruppengegner bereiteten sich die Tschechoslowaken vor. Sie hatten keine Zeit für längere Trainingslager und setzten darauf, den Gegner besser zu kennen als es umgekehrt der Fall sein würde. Dafür hatte man eigens Filmmitschnitte der Begegnungen der spanischen Mannschaften im Europapokal besorgt. Die Vorbereitungsspiele gegen Vereinsmannschaften - z.B. das 1:1 gegen Inter Mailand bei einem Zwischenstopp auf dem Weg zur WM - waren genauso durchwachsen, wie zuvor die Länderspiele in Schweden (1:3) und gegen Uruguay (3:1). In Viña del Mar bezog die Auswahl im Quebrada Verde Quartier.

Unterkünfte im Umfeld von **Rancagua** waren durch die dortigen Industrieanlagen reichlich vorhanden. So logierten die Engländer im 30 km entfernten Coia, in Gästebungalows einer Kupfergesellschaft. In dem Bergort mussten sie weder auf einen Golf- noch auf einen Crikketplatz verzichten. Ihre Vorbereitung hatte lediglich aus zwei kurzen Trainingslagern im Februar und März bestanden. Mit den vorher erwähnten vier Länderspielen im April und Mai des Jahres wollte Walter Winterbottom der Mannschaft den letzten Schliff für Chile geben.

Der WM-Ball wird eingehend untersucht.

Zwei Monate lang waren die Argentinier zusammen gewesen, bevor sie nach Chile reisten. Vorangegangen war der Rücktritt von Trainer Spinetto nach einer enttäuschenden Niederlage gegen die UdSSR Ende 1961. Der neue Coach Lorenzo versuchte mit Taktik und Kondition die spielerischen Mängel in der Mannschaft wettzumachen, was bei dieser auf wenig Gegenliebe traf. Die Länderspielergebnisse im Vorfeld (1:1 gegen Uruguay und 1:0 gegen Mexiko) gaben in der Heimat wenig Anlass zu Optimismus. Rund um die Bleibe in einem Ferienhaus eines Elektrizitätswerkes, etwa 30 km von Rancagua entfernt, wurde in ziemlicher Einöde das Konditionstraining fortgesetzt.

Ungarns Auswahlspieler durften nicht mehr Auto fahren und mussten um 22 Uhr im Quartier sein, seitdem sie einige Wochen vor der WM zusammengeholt worden waren. Harte Testspiele unter der Leitung des Cheftrainers Baroti hatten magere Ergebnisse gebracht. Das 1:1 gegen die Urus und das 2:1 gegen die Türkei sorgten für Wirbel bei der Teamzusammenstellung. Der peinlichen Niederlage gegen die italienische Ersatztruppe folgte im letzten Vorbereitungsspiel vor dem Abflug nach Chile ein 2:0-Sieg gegen den italienischen Vorjahresmeister Juventus Turin. Im kleinen, ebenfalls ca. 30 km von Rancagua gelegenen Rengo bezogen die Ungarn das Hotel Municipal.

Die Bulgaren hatten sich in Rancagua ein neues Gasthaus im Stadtpark Mahali als Bleibe ausgesucht. Die Spieler, die einen Monat vor der WM im Trainingslager zusammengekommen waren, durften in ihren Klubs in den Monaten zuvor nur auf ihren Nationalmannschaftspositionen spielen. Das letzte Länderspiel vor der WM wurde mit 2:0 in Österreich verloren. Ansonsten fanden im April und Mai einige Testspiele gegen Klubmannschaften statt. Bereits im Januar und Februar hatte es besondere Trainingseinheiten gegeben, geleitet von einem vierköpfigen Trainergespann.

Stimmungen

Chile hatte sich bis unmittelbar vor Beginn der Weltmeisterschaft starker ausländischer Kritik auszusetzen. Die Skepsis war groß, ob das Land trotz der verheerenden Auswirkungen des Erdbebens in der Lage wäre, die organisatorischen und materiellen Herausforderungen zu meistern.

In Europa waren viele von vornherein nicht sonderlich erbaut über Chile als Austragungsort der VII. Fußballweltmeisterschaft gewesen. Besonders in deutschen Journalistenkreisen wurde kurz vor dem Start entsprechender Unmut geäußert. Auch Deutschland und Spanien hatten im Vorfeld Interesse an der Austragung bekundet. Was neben der weiten Reise (für die deutsche Auswahl war es das erste Mal überhaupt, dass sie an einer WM außerhalb Europas teilnahm bzw. teilnehmen konnte) für Kritik sorgte, waren die mangelnden technischen Möglichkeiten zur Übertragung der Spiele. Bereits 1954 konnten in Deutschland die ersten Live-Bilder einer WM im Fernsehen betrachtet werden. 1958 hatte sich das Medium so stark verbreitet, dass Europa vielerorts hautnah dabei sein konnte. Für Satellitenübertragungen, die technisch noch in den Kinderschuhen steckten, war die Zeit aber noch nicht reif. Daher konnten aus Chile lediglich zwei bis drei Tage später Filme und Zusammenfassungen von einigen Partien im Fernsehen gezeigt werden. Selbst bei Radioübertragungen konnte man sich völliger Fehlerfreiheit nicht sicher sein. Eine besondere Richtantenne, die extra vom Südwestfunk als Kurzwellensender in Chile installiert wurde, sollte Abhilfe schaffen. Lediglich Fotos konnten mittels eines neuen telegrafischen Verfahrens direkt und sicher in die Heimatredaktionen gesendet werden und erschienen beispielsweise im Kicker.

Besonders unfair waren einige italienische Zeitungsbeiträge, die in Chile mit Argwohn aufgenommen wurden. Es ging um Bestechungsvorwürfe und Äußerungen, die Chile als rückständiges und unterentwickeltes Land darstellten. Dabei hatte, wer in Korruptionsaffären verwickelt war, sofort den Platz räumen müssen. So wanderte Pressechef Pedro Fornazori einige Tage vor Beginn des Turniers hinter Gitter, weil 5000 Dollar aus der WM-Kasse fehlten. In Europa blieb die vergleichsweise weite zivilisatorische Entwicklung des lateinamerikanischen Staates ungewürdigt. Auch Äußerungen, die beispielsweise chilenische Frauen als leichtfertig beschrieben, mussten auf Missbilligung stoßen. Galt doch die chilenische Frau im lateinamerikanischen Vergleich als besonders emanzipiert und ihre Stellung als der in südeuropäischen Staaten mindestens vergleichbar.

Ein anderer Streit drehte sich um den gelben WM-Ball der Firma Zamora. Gegen ihn gab es besonders aus Europa Einwände, da er im Vergleich mit dort gebräuchlichen Fabrikaten weniger gut sprang und angeblich keine exakte Flugrichtung bei Flanken und Schüssen zuließ. 100 Exemplare der Bälle, die in Schweden 1958 verwendet worden waren, besorgte die FIFA als Alternative. Schließlich wurde doch zu Gunsten des angeblich verbesserten Zamora-Fußballs entschieden. Nur wenn zwei europäische Teams aufeinander trafen, sollten die anderen Bälle benutzt werden dürfen.

Noch wenige Wochen vor dem Start der WM unkten viele Reporter, dass die Chilenen die Organisation und Logistik nicht in den Griff bekommen würden. Die Stadien waren immer noch nicht ganz fertig. Doch die Veranstalter ließen sich nicht hetzen, sie wussten, dass der letzte Pinselstrich gemacht werden würde, wenn die ersten Zuschauer zur Eröffnung kämen. Trotzdem gab es einige Pannen, so waren beispielsweise Platzkarten für die Auftaktveranstaltung falsch zugeteilt worden.

Bestätigung fanden die Kritiker der Austragung in Chile später durch die teilweise sehr niedrigen Zuschauerzahlen. Das Halbfinalspiel CSSR - Jugoslawien wurde nur von knapp 6000 Menschen im Stadion von Viña del Mar verfolgt. Der Grund dafür lag hauptsächlich in den hohen Eintrittspreisen, die nur von wenigen Chilenen aufgebracht werden konnten. Obwohl sich das chilenische Fernsehen noch im Versuchsstadium befand und die Preise für TV-Geräte sehr hoch waren, zogen viele Chilenen deren Kauf dem eines teuren Tribünen-Abonnements vor. Um die noch zahlreich vorhandenen Tickets besser unters Volk zu bringen, gab es kurz vor Beginn der WM noch einen Regierungserlass, der den Käufern von Abonnements arbeitsfreie bezahlte Nachmittage garantierte. Daraufhin konnten wenigstens in Santiago noch einige Karten abgesetzt werden.

Aber auf die zahlreich erwarteten ausländischen Fans hatte das keinen Einfluss. Die schlechte Publicity wirkte sich dramatisch aus: Statt der erwarteten 20.000 bis 30.000 Touristen kamen letztlich keine 5.000 Besucher zur WM nach Chile. Doch für die lohnte sich der lange Weg. Viele, die angereist waren, beschrieben Chile anschließend im Vergleich mit vorherigen Austragungsländern als attraktiver. Das lag sicherlich nicht zuletzt an der eindrucksvollen Vielfalt und Widersprüchlichkeit des Landes.

Schon bei der Ankunft in Santiago wurden die WM-Touristen mit einer pulsierenden Stadt konfrontiert. Fahrzeuge über Fahrzeuge, vom alten amerikanischen Straßenkreuzer über Pferdekutschen bis zum deutschen Kleinbus, bewegten sich für den mitteleuropäischen Beobachter scheinbar chaotisch über den Asphalt. Auf der zehnspurigen Alamedo Bernado O'Higgins wehten unübersehbar die Fahnen der 16 teilnehmenden Nationen. An Kiosken wurden allerlei Souvenirs verkauft, u.a. Wimpel und Fähnchen mit landestypischen Motiven der Teilnehmerstaaten. Im Falle Deutschlands „selbstverständlich" bestehend aus Bier, Dackel, Schwarzwaldmädel und bayrischem Förster. Insgesamt blickte Chile erwartungsfroh auf das nahende Ereignis und präsentierte sich voller Stolz darauf, die Welt im eigenen Land begrüßen zu können.

Entsprechend herzlich wurden die ankommenden Mannschaften in Santiago willkommen geheißen: Zuerst kamen am 18. Mai unter großem Jubel die Schweizer an. Dann wurden mit einem Tag Verspätung am 19. Mai besonders überschwänglich die Italiener begrüßt. Es gab in

WM-Cheforganisatoren im Gespräch: rechts Dittborn, links Thommen (FIFA).

Am frühen Samstagmorgen des 28.04.62 starb Carlos Dittborn an einem Herzschlag, nachdem er ein Jahr lang an den Folgen einer Gallenerkrankung gelitten hatte. Er war Direktor einer Bank, Mitglied der Christlich-demokratischen Partei und engagierte sich als Präsident des chilenischen Fußballverbandes, der Profiliga und des 1962 aktuellen chilenischen Meisters von der Universidad Catolica Santiago. Bereits 1956 hatte er die Leitung des Organisationskomitees übernommen.

Militärisches Ambiente bei der Eröffnungsfeier.

Chilenische Zuschauerin.

Santiago zahlreiche italienische Geschäftsleute, die sogar ganzseitige Zeitungsanzeigen geschaltet hatten, um ihre Mannschaft anzuspornen. Mit der gleichen Maschine landeten etwas unspektakulärer die Ungarn. Uruguay folgte am 20. Mai und reiste gleich nach Arica weiter, wo die Celestes eigentlich nie hatten spielen wollen. Die Santiago-Gruppe vervollständigte an diesem Sonntag, begrüßt von 3.000 Schaulustigen und einer Militärkapelle, die westdeutsche Delegation. Von vielen deutschstämmigen Einwanderern durch die sonnige Hauptstadt begleitet, wurde die Fahrt vom Flughafen ins deutsche Quartier zum Triumphzug. Die zahlreichen Berichterstatter ließen auch in den folgenden Tagen kaum von den Deutschen ab.

Am Abend trafen die Topfavoriten aus Brasilien ein, die schon von einer beträchtlichen Menge eigener Reporter begleitet wurden. Was den Weltmeister aber dann in Santiago an Medienresonanz erwartete, übertraf alles bis dahin Erlebte. Als am folgenden Tag das spanische Team eintraf, wurde es von etwa 10.000 Menschen empfangen, die sich besonders für di Stefano und Puskás interessierten. Ein wenig stiller ging der Empfang der restlichen Teams vonstatten. Am 23. Mai waren die letzten Delegationen eingetroffen. Auf einem zentralen Platz in Santiago hatte die Stadt die FIFA-Fahne gehisst. Um sie herum standen, aufgeteilt in vier gleiche Gruppen, 16 Fahnenmasten. Für jede angekommene Delegation war dort die entsprechende Nationalflagge aufgezogen worden.

Eröffnungsfeier

Festlich ausgestattet und sonnig waren die vier Veranstaltungsorte, als dort am 30. Mai 1962 zeitgleich die VII. Fußballweltmeisterschaft eröffnet wurde. Die Fahnen der 16 Teilnehmerländer schmückten die Stadien. Erwartungsfroh machten sich zahlreiche Hauptstädter auf den Weg, was gleich zu heftigen Verkehrsstaus führte. Nach und nach füllte sich das Nationalstadion. Bis zum anschließenden Eröffnungsspiel von Chile gegen die Schweiz hatten sich 65.000 Zuschauer eingefunden. Damit war das auf 77.000 Plätze ausgebaute Estadio Nacional nicht ganz ausgelastet.

Während in der Hauptstadt unter blauem Himmel das offizielle Zeremoniell stattfand, wurde es in den anderen Stadien per Lautsprecher übertragen. Um kurz vor 14 Uhr begann das bescheidene Spektakel mit bunt uniformierten Kadetten der Bernado O'Higgins Militärschule. Sie marschierten in preußischer Manier trommelnd über den Platz.

Organisationschef Dittborn, der eine Eröffnungsrede hätte halten sollen, war zu diesem Zeitpunkt bereits beerdigt worden. Seine Position nahm Juan Goni ein, dessen Auftaktrede den Verstorbenen mit seinen hier anfangs zitierten Worten ehrte. Dann folgte ein ergreifender Moment: Die Anwesenden erhoben sich zu einer Gedenkminute für Carlos Dittborn, die von einem großen Zapfenstreich begleitet wurde.

Anschließend sprach in einer kurzen Rede der FIFA-Präsident Rous den Chilenen aus der Seele, da er ihr Land für die großen Anstrengungen lobte, die zur Ausrichtung des Turniers unternommen worden waren, und Chile für die folgenden Wochen in den Mittelpunkt der weltweiten Aufmerksamkeit rückte. Die letzte Ansprache hielt Staatspräsident Jorge Alessandri. Er hieß die angereisten Fans willkommen und sicherte ihnen die Gastfreundschaft der Chilenen zu, bevor er dann um kurz nach 14.30 Uhr offiziell die Weltmeisterschaft eröffnete.

Untermalt von den entsprechenden Nationalhymnen wurden von den beiden ältesten Söhnen Dittborns unter Tränen die chilenische und die schweizerische Flagge auf dem Anzeigeturm gehisst. Großer Beifall brauste auf. Eine Ehrenkompanie mit federgeschmückten Helmen marschierte über den Platz, und bald darauf folgten die Spieler. „Chi-Chi-Chi le-le-le Chile, Chile" gellte es durch das Stadion. Auch ein paar hundert Schweizer begrüßten ihr Team. Letzte Aufregungen gab es, als kurz vor Spielbeginn aufgrund organisatorischer Mängel noch kein Ball vorhanden war. Pfiffe wurden laut, weil der mit der Lösung dieses Problems beschäftigte Schiedsrichter sich noch nicht auf dem Platz eingefunden hatte. Nachdem Aston um 15.00 Uhr erschien, konnte das Eröffnungsspiel der Gruppe B - mit einem gebrauchten Ball - endlich beginnen.

WM-Hymne

Elite Chiles vorwärts
bahnt euch den Weg zum Tor
Ganz Chile mit hoffenden Herzen
wartet auf gol chileno.

Dort spielt unsere braune Rasse,
das Kupfer, Salpeter, die Kohle
das Meer mit dem Gott der Fische
die südlichen Wälder, die Sonne

Das ganze Volk nimmt die Hürden
getragen von Flügeln der Herzen
Das Volk selbst hält mit Escuti
die Schüsse auf Chiles Tor

Carlos Dittborns Seele
schwingt sich aus der Ewigkeit
Leuchten wir seinem Geiste
mit der Fackel des mundial

abgedruckt aus Hack / Kirner (Hrsg.): VII. Fußballweltmeisterschaft Chile 1962, Gütersloh 1962

Präsident Rous hält seine Eröffnungsrede.

Die Stadien

Arica - Gruppe A

Die nördlichste Hafenstadt Chiles hatte 1962 knapp 70.000 Einwohner. Die Auswahl von Arica als Spielstätte, ohnehin nur ersatzweise aufgrund der Erdbebenschäden in Concepción und Talca, löste viel Kritik aus. Die Entfernung zur Hauptstadt und den beiden anderen WM-Städten beträgt über 2.000 Kilometer. Außerdem herrscht im Juni Wüstenklima. Aufgrund der langen Anreise für die eigenen Anhänger wollte keine südamerikanische Mannschaft dort spielen. Die Veranstalter hatten auch vor diesem Wunsch nachzukommen, jedoch waren ihnen von der FIFA Grenzen beim Verteilen der Mannschaften auf die Spielorte gesetzt worden. Das Estadio Municipal liegt 3 km vom Stadtkern entfernt. Der Betonbau hatte im Jahr der WM 15.600 Sitzplätze, die bei höherem Bedarf in den Kurven zu Stehplätzen umgewandelt werden konnten, um dann eine Gesamtkapazität von etwa 24.000 Plätzen zu erreichen. Der ursprüngliche Name wurde zu Estadio Municipal Carlos Dittborn erweitert, nachdem der Organisator der WM, ein Kind der Stadt, Ende April 1962 gestorben war. Der Bau wurde in den zwei Jahren vor der WM durch in Arica speziell dafür eingerichtete Abgaben finanziert und sollte anschließend dem Sportaustausch mit den nördlichen Nachbarländern zugute kommen. Bis kurz vor Beginn der WM wurde daran gearbeitet, den Rasen herzurichten, was bei der kargen Umgebung eine Kunst darstellte. Letztlich musste der Boden ausgetauscht und zur Bewässerung sogar ein Fluss umgeleitet werden, um den Spielbetrieb bei der WM zu ermöglichen. Deportes Arica heißt der heimische Klub, der heute in der zweiten chilenischen Liga spielt.

Estadio Carlos Dittborn Arica.

Auszüge aus einem Artikel über das Nationalstadion in Santiago aus dem Magazin der Frankfurter Rundschau vom 20.01.2001:

TOD UND SPIELE

Man musste damals für alles Schlange stehen, sagt Leonel Sanchez. Die Kommunisten verkauften Huhn. Aber nicht an ihn, weil er nicht zur Partei gehörte. Sie hätten gelitten damals, obwohl er sich nie irgendwo reingehängt habe. Später, erzählt er, verhaftete die Militärregierung alle Leute, die gegen sie waren, und weil die Gefängnisse voll waren, brachten sie auch Leute ins Nationalstadion. Eine sehr traurige Sache für das Land, sagt er, ein so kleines Land.

Leonel Sanchez, 63, wurde mit zehn Jahren entdeckt. Zwei Weltmeisterschaften, 108 Länderspiele, 14 Jahre lang Mannschaftskapitän der chilenischen Fußballnationalmannschaft. Heute trainiert er die Kinderelf seines Vereins.

Zwei Jahre zuvor war in Lissabon die Entscheidung für Chile als Austragungsort der WM 1962 gefallen. Als beim Eröffnungsspiel im Nationalstadion das erste Tor für die Schweiz fiel, war es still im Nationalstadion. Sanchez schoss den Ausgleichstreffer. Chile gewann 3: 1.

An einem Samstag spielten sie zum letzten Mal im Nationalstadion und feierten den dritten Platz, als wären sie Weltmeister geworden. Leonel Sanchez sagt, die Leute liebten ihn bis heute. Damals antwortete man auf die Frage: Wer spielt? - Leonel Sanchez und zehn andere.

Im November 1973 räumte das Militär das Stadion für ein WM-Qualifikationsspiel zwischen der Sowjetunion und Chile, die Gefangenen wurden in andere Lager gebracht. Aus Protest gegen den Putsch trat die UdSSR nicht an. Chile ging allein auf den Rasen, und irgendjemand schoss das 1:0. Im gleichen Jahr beendete Leonel Sanchez seine Karriere als Profispieler.

Er erinnert sich, dass Leute im Stadion Kerzen anzündeten wie an einem Grab. Wenn etwas verboten ist, soll man sich daran halten, sagt Sanchez. Aber es gab Leute, die trotzdem dumme Sachen machten. Wie sein Cousin von der Druckergewerkschaft. Er ging auf die Straße, um zu protestieren. Die Familie hat nichts mehr von ihm gehört. Wenn das Militär herrscht, geht man nicht auf die Straße, sagt Sanchez. Da wirst du immer verlieren.

... Mit einem Mikrofon verlas Comandante Manrique, der Hauptkommandant im Estadio Chile, Nachrichten von draußen. Er sprach auch vom Tod Allendes. Ein Compañero stand auf und schrie: Tod dem Faschismus. Es lebe die Unidad Popular. Es lebe der Genosse Salvador Allende. Comandante Manrique nahm sich Zeit, kam auf ihn zu und erschoss ihn. Kaltblütig. So sehr du dich darauf vorbereitest, es trifft dich. Das sind Dinge, die einen zeichnen."
(ein betroffener Augenzeuge)

Santiago de Chile - Gruppe B

Die auf 600 m Höhe gelegene Hauptstadt ist nicht nur das Zentrum des Landes, sie ist die Verkörperung der Geschichte und Kultur Chiles. Mit beinahe zwei Millionen Einwohnern war Santiago schon 1962 eine moderne Metropole mit allen Begleiterscheinungen: Restaurants, Bars, Hotels, Reichtum, Verkehrslärm, Smog, Hektik, Müll, Armut. Das Klima ist für Europäer angenehm, weil es mit dem der „alten Welt“ vergleichbar ist. Die Kordilleren, die sich am Horizont erheben, erinnern an die Alpen. Dazwischen liegt eine waldreiche Landschaft. Zur Zeit der Weltmeisterschaft begann der Winter, was tagsüber noch milde Temperaturen von um die 20 Grad brachte. Das 1937/38 erbaute Estadio Nacional wurde 1961 eigens für die Weltmeisterschaft um circa 30.000 Plätze auf eine Kapazität von 77.000 Sitzplätzen erweitert. Mitte April gab es die erste Live-Übertragung eines Fuß-

Estadio Nacional Santiago.

Estadio Sausalito Viña del Mar.

ballspiels im chilenischen Fernsehen, als das erneuerte Estadio Nacional mit einem Spiel der Nationalmannschaft gegen Hurracan Buenos Aires (2:0) eingeweiht wurde. Von den chilenischen Fußballfans wird es wegen seiner hellen Bauten „weißer Elefant“ genannt. Heimklub ist Universidad de Chile, gegründet 1911und neben dem traditionsreichen Colo Colo (chilenischer Meister 1960) und Universidad Católica (dem zur Zeit der WM amtierenden Meister) populärster Hauptstadtklub und einer der erfolgreichsten Vereine Chiles (1961 Vizemeister).

Ein dunkler Schatten fiel später auf das Stadion, weil dort in den 1970er Jahren, nach dem Putsch gegen Präsident Allende, unter der grausamen Pinochet-Diktatur Oppositionelle gefangen gehalten, gefoltert und ermordet wurden. Im Stadion erinnert bis zum heutigen Tage nichts an die Opfer der Diktatur.

Viña del Mar - Gruppe C

Die Stadt liegt 140 Kilometer nordwestlich von Santiago, und wurde wie Arica erst in Folge der Auswirkungen des Erdbebens Austragungsort. Der Badeort mit weit mehr als 100.000 Einwohnern bildet mit Valparaíso (Tal des Paradieses), das mit 300.000 Einwohnern die zweitgrößte Stadt und der wichtigste Industriestandort Chiles war, eine Doppelstadt. Sport spielt eine besondere Rolle, was mit dem Vorhandensein einer Kadettenanstalt und der technischen Hochschule zusammenhängt. Auch wurden hier die ersten Fußballklubs Chiles gegründet. Im Sommer ist die Gartenstadt Viña del Mar, die „Perle des Pazifiks“, beliebtestes Ausflugs- und Urlaubsziel der Hauptstädter. Selbst der Präsident hat hier seine Sommerresidenz. Das Estadio Sausalito mit ursprünglich 25.000 Plätzen ist die Heimat des 1909 gegründeten Traditionsklubs Everton, dem fünften der chilenischen Meisterschaft 1961. Besonders schön ist die Lage des Stadions auf einer Art Halbinsel, teils von Wald und teils von einem See, laguna verde genannt, umrahmt. Nach dem Umbau und der damit verbundenen Aufstockung konnten bei der WM bis zu 35.000 Zuschauer aufgenommen werden. Mitte Mai 1962 wurde die erneuerte Arena mit Spielen der chilenischen Nationalmannschaft gegen den Karlsruher SC (2:0) und Real Zaragoza (3:0) eröffnet.

Estadio Braden Rancagua.

Rancagua - Gruppe D

Die kleinste WM-Stadt ist Kupferminenstandort und Bischofssitz mit seinerzeit rund 50.000 Einwohnern und liegt 80 Kilometer südlich von Santiago auf 500 m Höhe. Sie ist Hauptstadt und Wirtschaftszentrum der Provinz O'Higgins. Der Unabhängigkeitsheld hatte hier wichtige historische Schlachten geführt. 1955 wurde der örtliche O'Higgins-Klub gegründet, siebtplatzierter der chilenischen Liga in der Saison 1961. Das nach ihm benannte Stadion (zur WM: Estadio Braden, heute: El Teniente) wurde auf dem Gelände der Braden Copper Company in den Jahren vor der WM auf ein Fassungsvermögen von 25.000 Zuschauern aufgestockt. Rancagua war aus finanziellen Erwägungen bereits vor dem Erdbeben als Veranstaltungsort ausgesucht worden, denn die Kupfergesellschaft hatte sich als Geldgeber für den Stadionausbau angeboten. In der Stadt und ihrem Umfeld gab es bequeme Firmen-Gästehäuser, in denen die Mannschaften unterkommen konnten.

Knapp 100.000 Kartenabonnements waren kurz vor der WM verkauft worden. Eine einfache Eintrittskarte kostete rund 14 DM, sogenannte Tribünenabonnements, die für sämtliche Spiele eines Ortes galten, bis zu 500 DM. Für deutsche Verhältnisse seinerzeit nicht gerade günstig, stellte das für chilenische Verhältnisse ein Vermögen dar.

Stadienübersicht

Name	Ort	Heimatverein	Baujahr	Fassungsvermögen 1962 (Verteilung der Plätze)	Fassungsvermögen 2001
Estadio Carlos Dittborn	Arica	Deportes	1961/62	24.000 (15.600 Sitzplätze /nach Bedarf in den Kurven in Stehplätze umwandelbar)	24.000
Estadio Braden	Rancagua	O'Higgins	Ausbau zur WM	25.000 (24.000 Sitzplätze)	25.000
Estadio Nacional,	Santiago	Universidad de Chile	1937/38	77.000 (nur Sitzplätze)	77.000
Estadio Sausalito	Viña del Mar	Everton	1929	35.000 (variabel nutzbare Plätze)	21.000

Der Weg ins Finale

Gespielt wurde in vier Vorrundengruppen nach dem Prinzip „Jeder gegen Jeden", auch teilweise als Achtelfinale bezeichnet. Die ersten zwei Mannschaften einer Gruppe qualifizierten sich für das Viertelfinale. Bei Punktgleichheit entschied über die Platzierungen das Torverhältnis. Hier bestand im Gegensatz zu den vorangegangenen Weltmeisterschaften der wesentliche Unterschied. Es sollte um den zweiten Platz in einer Gruppe keine Entscheidungsspiele mehr geben. Das Torverhältnis wurde durch den Torquotienten (durch Division erzielter und erhaltener Treffer), nicht die Tordifferenz ermittelt. Das hatte zur Folge, dass beispielsweise ein 2:1 (Quotient 2) besser bewertet wurde, als ein 9:5 (Quotient 1,8). Bei gleichem Torverhältnis musste das Los entscheiden.

Ab dem Viertelfinale wurde im K.O.-System gespielt. War die Partie nach 90 Minuten unentschieden, sollte eine Verlängerung von zwei mal 15 Minuten die Entscheidung bringen. Vorher war eine Unterbrechung von fünf Minuten vorgesehen, dagegen musste der Seitenwechsel innerhalb der Verlängerung unmittelbar stattfinden. Sollte dann noch kein Gewinner feststehen, hatte das Los zu entscheiden. Nur für das Finale war in diesem Fall ein Wiederholungsspiel geplant worden. Stand auch das nach der Verlängerung unentschieden, musste ein Losentscheid um den Weltmeistertitel folgen.

Wer den Coupe Jules Rimet zum dritten Mal gewinnen würde, durfte ihn für immer behalten. Chancen darauf hatten die zweimaligen Titelträger Italien und Uruguay.

Die Weltmeister sollten, außer dem Weltpokal, Goldmedaillen erhalten, die Zweiten vergoldete Silbermedaillen, die Sieger im Spiel um Platz 3 Silbermedaillen und erstmals die Viertplatzierten Bronzemedaillen.

Weitere Turnier-Regeln:

Ein- und Auswechslungen waren nicht möglich. Sie wurden erst 1966 in England eingeführt. Auch gelbe und rote Karten gab es noch nicht (erstmals 1970 in Mexiko). Der Schiedsrichter konnte einen Spielverweis aussprechen, eine darauf folgende Sperre lag im Ermessen der Turnierleitung.

	Arica	Santiago	Viña del Mar	Rancagua
Gruppenspiele				
	Gruppe A	Gruppe B	Gruppe C	Gruppe D
30.05.	Uruguay - Kolumbien	Chile - Schweiz	Brasilien - Mexiko	Argentinien - Bulgarien
31.05.	UdSSR - Jugoslawien	Italien - BRD	CSSR - Spanien	Ungarn - England
02.06.	Jugoslawien - Uruguay	Chile - Italien	Brasilien - CSSR	Argentinien - England
03.06.	Kolumbien - UdSSR	BRD - Schweiz	Spanien - Mexiko	Bulgarien - Ungarn
06.06.	Uruguay - UdSSR	Chile - BRD	Brasilien - Spanien	Ungarn - Argentinien
07.06.	Jugoslawien - Kolumbien	Schweiz - Italien	CSSR - Mexiko	England - Bulgarien
Viertelfinale				
10.06.	Sieger A – Zweiter B	Sieger B – Zweiter A	Sieger C – Zweiter D	Sieger D – Zweiter C
Halbfinale				
13.06.		Sieger Santiago – Sieger Rancagua	Sieger Viña del Mar – Sieger Arica	
Spiel um Platz 3				
16.06.		Verlierer Halbfinale		
Finale (mögliches Wiederholungsspiel am 21.06.)				
17.06.		Sieger Halbfinale		

Das Endturnier - Vorrunde

Uruguay - Kolumbien 2:1 (0:1)

Mäßiger Auftakt in Arica

Kolumbiens Echeverri (links) schaut Cubilla (11) beim Sturz zu

Kolumbiens Trainer Pedernera stammte ursprünglich aus Argentinien, wo ihn mit Alfredo di Stefano seit ihrer gemeinsamen Zeit als Spieler für River Plate Mitte der 1940er Jahre ein freundschaftliches Verhältnis verband. Er malte sich aus, dass die Außenseiterrolle für seine Mannschaft um ihren Star Delio Gamboa „psychologisch günstig" sei. Zuletzt hatte es 1957 drei Länderspielvergleiche mit Uruguay (davon zwei im Rahmen der WM-Qualifikation für 1958) gegeben. Die Bilanz dieser Spiele war völlig ausgeglichen. Doch hatten die Kolumbianer damit dem Weltmeister von 1950 den Weg zur WM 1958 verbaut. Die Qualifikation für Chile war für die Urus abermals kein leichtes Unterfangen gewesen, nur mit Mühe hatten die Himmelblauen (Celestes) sich gegen Bolivien durchsetzen können. Eine Europatournee im Frühjahr offenbarte große taktische Schwächen und kostete Trainer Corazo den Job. Trotzdem waren die einstigen Fußballriesen schwer einzuschätzen, zumal der neue Coach Lopez einige Umstellungen vorgenommen hatte. Ein Großteil der Spieler stammte vom Weltpokalsieger des Jahres 1961, Peñarol Montevideo. Von jenem Klub hatte der FC Barcelona auch kurz vor der WM den gefährlichen Stürmer Luis Cubilla ausgeguckt und für 125.000 Dollar verpflichtet.

Nachdem die aus Santiago über Lautsprecher ins Stadion übertragenen Eröffnungsfeierlichkeiten beendet waren, konnte das Auftaktspiel von Arica mit zehnminütiger Verspätung angepfiffen werden. Der Zuschauerzuspruch war mit knapp 8.000 dürftig. So hatten die chilenischen Organisatoren sich das sicher nicht vorgestellt, als sie die Baumaßnahmen in Arica mit öffentlichen Mitteln gefördert hatten.

Betrachtet man das Ergebnis, so war es vielleicht gut, dass die Urus in ihrem Aberglauben keinen Spieler mit der Nummer 13 nominiert hatten, zumal die Celestes auch auf ihr geliebtes Himmelblau verzichten mussten. Zu ihrem Verdruss traten sie in schwarzen Hosen und roten Hemden an. Kolumbiens Kicker nahmen den Urus jedoch nicht nur „ihre" hellblauen Trikots, sondern auch den Schneid ab. In der 19. Minute konnte Zuluaga per Elfmeter die überraschende Führung erzielen. Dem war ein Handspiel des rechten Verteidigers Mendez voraus gegangen, der sich nicht anders gegen den zunehmenden Druck der Kolumbianer zu helfen gewusst hatte. Coll hätte den Vorsprung anschließend sogar noch ausbauen können, doch sein Schuss traf nur den Pfosten. Auf der anderen Seite hatten die Urus eine große Möglichkeit, doch Langon verfehlte freistehend das leere Tor. Der Weltmeister von 1950 erhöhte nun die Schlagzahl. Kolumbiens Schlussmann Sanchez verhinderte allerdings zunächst mit hervorragenden Paraden einen Treffer für den Favoriten.

In der 57. Minute war aber auch er machtlos. Luis Cubilla markierte nach anhaltendem Druck der Urus mit einem platzierten Schuss den Ausgleich. Jetzt versuchten wiederum die Kolumbianer, die Hintermannschaft des Gegners unter Druck zu setzen, mussten aber stattdessen hinnehmen, dass dieser in der 74. Minute sogar in Führung ging. Eine schöne Kombination über rechts hatte Sasia aus zehn Metern freistehend vollendet. Das 2:1 war für die Celestes der Auftakt zum totalen Mauerfußball. Bis zum Schluss tat sich nichts Erwähnenswertes mehr. Das hatten die ohnehin wenigen Zuschauer offensichtlich schon vorausgesehen, denn sie verließen das Stadion, lange vor dem Abpfiff, im Bewusstsein hier keinen Titelaspiranten beobachtet zu haben. Die Fans der Urus mussten sich wohl endgültig eingestehen, dass ihre Nationalauswahl längst nicht mehr zur internationalen Spitze gehörte.

Uruguay – Kolumbien 2:1 (0:1)

30. Mai 1962, 15.00 Uhr, Arica, Estadio Carlos Dittborn

Uruguay: Sosa – Troche (k), Emilio Alvarez, Eliseo Alvarez, Mendez – Gonsalves, Luis Cubilla, Rocha, Langon – Sasia, Perez

Kolumbien: Sanchez – Echeverri, Jaime Gonzalez – Silva, Zuluaga (k), Lopez – Aceros, Coll, Klinger, Gamboa, Arias

Tore: 0:1 Zuluaga (19., HE), 1:1 Cubilla (57.), 2:1 Sasia (74.) – **SR:** Dorogi (Ungarn) – **LR:** Etzel Filho (Brasilien), Galba (CSSR) – **ZS:** 7.908 (33%)

UdSSR – Jugoslawien 2:0 (0:0)

Rivalität bis auf die Knochen

Die Neuauflage des Endspiels um den Europapokal der Nationen von 1960 (2:1 n.V. für UdSSR) wurde mit aller Härte geführt und war geprägt von Revanchegelüsten und offener Feindschaft. Dabei war zwischen den beiden Staaten nach Jahren der politischen Zwietracht aufgrund unterschiedlicher Modellvorstellungen einer sozialistischen Gesellschaft gegen Mitte der 1950er Jahre Entspannung eingetreten. Doch auf dem Fußballfeld schien das keine Gültigkeit zu haben. Ihre Niederlage im Finale der EM war den Jugoslawen noch bild- und schmerzhaft vor Augen, denn seinerzeit hatten die sowjetischen Abwehrspieler wenig Rücksicht auf das gesundheitliche Wohl der jugoslawischen Angreifer genommen.

Die Härte der damaligen Auseinandersetzung sollte sich an diesem sonnigen Tag wiederholen. Zahlreiche Fouls auf beiden Seiten brachten dem deutschen Schiedsrichter Dusch nach dem Spiel die Kritik ein, nicht richtig durchgegriffen zu haben. Besonders die Jugoslawen waren dieser Ansicht und schoben dem Unparteiischen eine Mitschuld an ihrer Niederlage zu. Dabei hatte Dusch einen Treffer der UdSSR in der 33. Minute wegen Abseits aberkannt und einige Fouls der Jugoslawen übersehen.

Den Höhepunkt der Brutalität erreichte die Partie gegen Ende durch eine Attacke des jugoslawischen Flügelstürmers Mujic gegen den sowjetischen Abwehrspieler Dubinski. Mit einem gebrochenen Bein musste Dubinski ins Krankenhaus, die WM war für ihn zu Ende. Auch Mujic musste aus disziplinarischen Gründen anschließend die Heimreise antreten. Die Kabinen der beiden Mannschaften glichen nach dem Spiel Lazaretten.

Dabei hatte die Begegnung verheißungsvoll begonnen. Bereits in der zweiten Minute leitete Meschi die Reihe der Torchancen ein, als er nur ganz knapp das Gehäuse der in blau spielenden Jugoslawen verfehlte. Die Sowjets beherrschten in den ersten 20 Minuten das Spiel und legten ein hohes Tempo vor. Im weiteren Verlauf hatten auch die „Blauen" sehr gute Möglichkeiten. Doch entweder scheiterten sie an der kompakten sowjetischen Abwehr, an Jaschin (Jusufi, freistehend), an der Latte (Skoblar) oder an den eigenen Nerven. Einige Male stoppte Netto die von Sekularac angeführten jugoslawischen Angriffe mit unfairen Mitteln. Jerkovic fand darauf eine nicht unbedingt angemessene Antwort: Er verpasste dem sowjetischen Kapitän einen Schlag ins Gesicht, doch der träge Referee war wieder nicht auf Ballhöhe. Gegen Ende der ersten Hälfte machten die jugoslawischen Olympiasieger noch einmal Druck, nachdem Ponedjelnik vorübergehend verletzt ausgeschieden war, und die Sowjets einige Zeit zu zehnt spielen mussten. In den letzten Minuten des ersten Spielabschnittes standen sogar nur neun sowjetische Akteure auf dem Platz, da Metreweli eine Platzwunde behandeln lassen musste. Dennoch blieb es bis zum Seitenwechsel beim 0:0.

Dubinski (UdSSR) wird mit einem gebrochenen Bein vom Platz getragen.

Nach der Pause ergriff erneut die UdSSR die Initiative. In der 52. Minute schoss der mittlerweile wieder genesene Ponedjelnik einen Freistoss gegen die Latte. Den Abpraller wuchtete Iwanow per Kopf ins Tor von Soskic. Nach dem Rückstand versuchten die Jugoslawen - statt sich auf die eigenen technischen Fähigkeiten zu besinnen – die Sowjets mit aller Macht und nicht immer fairen Mitteln aus dem Rhythmus zu bringen. So konnten sie die Abwehr der UdSSR aber nicht gefährden. Die „Roten" agierten geschlossener und konnten sechs Minuten vor dem Ende trotz Unterzahl (Dubinski war ja mit Beinbruch ausgeschieden) durch einen 20-Meter-Schuss Ponedjelniks auf 2:0 erhöhen.

UdSSR – Jugoslawien **2:0 (0:0)**

31. Mai 1962, 15.00 Uhr, Arica, Estadio Carlos Dittborn

UdSSR: Jaschin – Dubinski, Ostrowski, Woronin, Masljonkin – Netto (k), Metreweli – Iwanow, Ponedjelnik, Kanjewski, Meschi

Jugoslawien: Soskic – Durkovic, Jusufi, Matus, Markovic – Popovic, Mujic (k) – Jerkovic, Galic, Skoblar, Sekularac

Tore: 1:0 Iwanow (52.), 2:0 Ponedjelnik (84.) – **SR:** Dusch (BR Deutschland) – **LR:** Robles (Chile), Etzel Filho (Brasilien) – **ZS:** 9.622 (40%)

Jugoslawien - Uruguay 3:1 (2:1)

Zwei Platzverweise nach Schlägerei

Nur zwei Tage nach dem ruppigen Spiel gegen die UdSSR stand für die Jugoslawen die nächste Auseinandersetzung an. Noch einmal mussten sie ihre ganze Kraft aufbieten, denn eine Niederlage hätte quasi das Aus bedeutet. So war dann auch das dritte Spiel im sonnigen Arica wiederum von Härte und Defensivverhalten geprägt. Allein in der ersten Viertelstunde sah das erneut spärliche Publikum ein gutes Dutzend Unterbrechungen wegen Foulspiels. Zwar gab es in der Folgezeit auch einige Torszenen, aber die Härte im Abwehrverhalten und die körperbetonte Konfrontation der Akteure zog sich durch die ganze Begegnung.

Skoblar gleicht per Elfmeter zum 1:1 aus – Torwart Sosa ist machtlos.

Uruguays Trainer Lopez hatte nach dem ersten Spiel eine Umstellung im Angriff vorgenommen. Statt Starspieler Cubilla lief Cabrera auf, der bei Peñarol nur zweite Wahl war. Zunächst konnten die Urus das als Überraschungsmoment nutzen. Nachdem sie früh damit begonnen hatten, das jugoslawische Tor zu bedrängen, glückte ausgerechnet Cabrera nach 19 Minuten die Führung. Er verwandelte eine Kopfballchance, die sich ihm nach einer Abwehraktion des jugoslawischen Keepers bot. Das sollte für die Urus allerdings der einzige Treffer bleiben. Sie glaubten anscheinend ihr Soll erfüllt zu haben und zogen sich in die Abwehr zurück. Die Jugoslawen dagegen hatten im Gegensatz zur zweiten Hälfte des Spieles gegen die UdSSR zu ihren spielerischen Qualitäten zurück gefunden. Als sieben Minuten nach dem 1:0 Jerkovic im Strafraum ein Zuspiel von Melic verwandeln wollte, wurde er durch eine „Notbremse" von Emilio Alvarez daran gehindert. Das folgende Elfmetertor durch Skoblar brachte die Jugoslawen endgültig ins Spiel und von nun an gaben sie das Heft nicht mehr aus der Hand. Nur vier Minuten später erhöhte Galic durch einen Abstauber auf 2:1. Sosa hatte zuvor einen Schuss von Jerkovic nicht richtig klären können. Die kleine uruguayische Fangemeinde sah bis zur Pause lediglich noch einen Lattentreffer ihrer Helden. Kurz nach dem Wiederanpfiff war es Jerkovic, der die Jugoslawen endgültig auf die Siegerstraße brachte. Nach perfektem Kombinationsspiel des gesamten Angriffs brauchte er aus fünf Metern nur noch einzuschieben. Das 3:1 brachten die Jugoslawen besonders aufgrund der Leistung des überragenden Spielgestalters Sekularac völlig verdient über die Zeit. Die Urus waren bei ihren weiteren Angriffsversuchen der verstärkten Defensive der Jugoslawen hoffnungslos unterlegen.

Eine Boxkampfeinlage von Cabrera und Popovic reduzierte etwa 20 Minuten vor dem Ende beide Teams auf zehn Spieler. Zuvor war der frustrierte Sasia agressiv auf den jugoslawischen Torwart Soskic losgegangen, als dieser den Ball hatte aufnehmen wollen. Popovic hatte vor, seinem Mannschaftskameraden zu Hilfe kommen, woraufhin Cabrera sich aufgefordert fühlte mit Faustschlägen dazwischen zu gehen. Daraus entwickelte sich eine Schlägerei zwischen den beiden ursprünglich unbeteiligten Kontrahenten, was Schiedsrichter Galba jeweils mit einem Platzverweis ahndete. Sasia, der den Anlass zu dieser Auseinandersetzung gegeben hatte, wurde hingegen verschont.

Trotzdem konnte dem Unparteiischen bescheinigt werden, dass er insgesamt konsequent durchgriff. Andernfalls hätte dieses Spiel in ähnlicher Weise ausufern können, wie das zur gleichen Zeit in Santiago stattfindende Skandalspiel zwischen Chile und Italien. Dass die Schiedsrichterleistungen und das rabiate, destruktive Auftreten vieler Mannschaften in diesen Tagen in Chile im Brennpunkt standen, daran hatte auch die Begegnung Uruguay - Jugoslawien ihren Anteil.

Jugoslawien – Uruguay 3:1 (2:1)

2. Juni 1962, 15.00 Uhr, Arica, Estadio Carlos Dittborn

Jugoslawien: Soskic – Durkovic, Jusufi, Radakovic, Markovic – Popovic, Melic – Jerkovic, Galic (k), Skoblar, Sekularac

Uruguay: Sosa – Troche (k), Emilio Alvarez, Eliseo Alvarez, Mendez – Gonsalves, Bergara – Rocha, Cabrera, Sasia, Perez

Tore: 0:1 Cabrera (19.), 1:1 Skoblar (26., FE), 2:1 Galic (30.), 3:1 Jerkovic (49.) – **SR:** Galba (CSSR) – **LR:** Dusch (BRD), Jonni (Italien)– **ZS:** 8.829 (37%) – **Platzverweise:** Popovic (71., nach Tätlichkeit), Cabrera (71., nach Tätlichkeit)

UdSSR - Kolumbien 4:4 (3:1)

Sensationeller Erfolg für den WM-Neuling

Erfreulicherweise sollte diese Paarung in Arica nicht von Unfairness überschattet werden. Allerdings wollten sie auch nur 8.000 Zuschauer sehen. Kolumbiens Trainer Pedernera hatte einige Umbesetzungen im Abwehrbereich vornehmen müssen, weil Kapitän Zuluaga mit Rippenbrüchen im Krankenhaus lag. Darüber hinaus musste er auf Gamboa, den „kolumbianischen Pelé" verzichten.

Die Sowjets begannen furios. Die Kolumbianer wirkten in der Anfangsphase in der Abwehr noch unorganisiert und versuchten dennoch anzugreifen. Diesen Übermut bestrafte der große Favorit sofort. Innerhalb von vier Minuten erzielten Iwanow (2) und Tschislenko die Treffer zur 3:0-Führung. Zu diesem Zeitpunkt, zwölf Minuten nach dem Anpfiff, hätte Lew Jaschin wohl nicht damit gerechnet, dass er am Ende der Begegnung viermal hinter sich gegriffen haben würde. Doch auch den Kolumbianern sollte ein Dreierschlag gelingen, und das nachdem die UdSSR bereits mit 4:1 in Front gelegen hatte.

Wie konnte dem haushohen Favoriten, dem viele sogar den Titel zutrauten, so etwas passieren? Der leichtfertig verschenkte Punkt hätte schlimme Folgen nach sich ziehen können, da das entscheidende Spiel gegen Uruguay noch ausstand.

Ein Warnsignal setzten die Südamerikaner bereits in der ersten Hälfte durch Aceros Treffer zum 1:3. Als dann trotz eifriger Bemühungen der Kolumbianer bis zur Pause kein weiteres Tor folgte und die Sowjets durch Ponedjelniks Treffer in der 57. Minute den alten Abstand wieder herstellten, schien die Entscheidung gefallen zu sein. Das Publikum hatte Kolumbien schon in der ersten Hälfte frenetisch angefeuert. Die Außenseiter hatten nichts zu verlieren und spielten weiter beherzt nach vorn. Damit hatten die Europameister nicht gerechnet. Ihre Verwirrung währte über 20 Minuten lang, bis zum Schlusspfiff des brasilianischen Schiedsrichters. Am Ende konnten die Sowjets froh sein, dass das Spiel nicht noch länger gedauert hatte. In letzter Minute musste Jaschin mit einer Parade sogar noch die Niederlage verhindern. Erst zu diesem Zeitpunkt schienen die Staatsamateure bemerkt zu haben, dass Coll, Rada und Klinger in der Zwischenzeit den Ausgleich vollbracht hatten.

Trotz der finalen Rettungstat war es für Jaschin ein rabenschwarzer Tag gewesen: Es begann damit, dass Coll das 2:4 für die Südamerikaner durch eine direkt verwandelte Ecke erzielt hatte. Die Sowjets wurden anschließend immer nervöser und spätestens nach dem Direktschuss von Rada zum 3:4-Anschlusstreffer gerieten sie endgültig ins Schwimmen, derweil die Kolumbianer sich in einen Rausch spielten. Klinger konnte vier Minuten später ein gekonntes Anspiel nach einem Freistoß verwerten, da er den entscheidenden Schritt schneller war als Jaschin. Die Osteuropäer kamen bis zum Ende der Partie mit der südamerikanischen Spielweise nicht mehr zurecht. So sehr sie sich bemühten, noch einmal ins Spiel zu kommen, sie waren völlig aus dem Konzept gebracht worden. Mehr als ein Lattentreffer von Meschi in der 85. Minute sprang nicht mehr heraus.

Jaschin muss sich das erste Mal geschlagen geben – Aceros trifft zum 1:3 für Kolumbien.

Es war die torreichste Begegnung der WM. Die Zuschauer tanzten vor Begeisterung auf den Rängen. Kolumbien hatte seinen ersten WM-Punkt errungen, und die Freude darüber war riesig. Auf den Schultern wurden die Helden, allen voran Jaime Gonzalez, der in der Abwehr Unglaubliches geleistet hatte, von ihren Betreuern und Kollegen vom Platz getragen. Nach diesem unerwarteten Ausgang war die Entscheidung um den Einzug ins Viertelfinale in Gruppe A wieder völlig offen.

UdSSR – Kolumbien 4:4 (3:1)

3. Juni 1962, 15.00 Uhr, Arica, Estadio Carlos Dittborn

UdSSR: Jaschin – Tschocheli, Ostrowski, Woronin, Masljonkin – Netto (k), Tschislenko – Iwanow, Ponedjelnik, Kanjewski, Meschi

Kolumbien: Sanchez – Jaime Gonzalez, Lopez, Alzate, Echeverri – Serrano, Coll (k) – Aceros, Rada, Klinger, Hector Gonzalez

Tore: 1:0 Iwanow (8.), 2:0 Tschislenko (10.), 3:0 Iwanow (12.), 3:1 Aceros (21.), 4:1 Ponedjelnik (57.), 4:2 Coll (68.), 4:3 Rada (72.), 4:4 Klinger (77.) – **SR:** Etzel Filho (Brasilien) – **LR:** Robles (Chile), Dorogi (Ungarn) – **ZS:** 8.010 (33%)

UdSSR - Uruguay 2:1 (1:0)

Sowjetischer Sieg in vorletzter Minute

Die Konstellation vor dem Spiel war klar. Ein Sieg würde den Urus die Teilnahme am Viertelfinale sichern, da sie dann einen Punkt mehr als die Sowjets auf dem Konto hätten. Mit vier Punkten wären sie mindestens Zweiter, unabhängig vom Ausgang der noch ausstehenden Begegnung der Kolumbianer mit Jugoslawien. Der UdSSR dagegen hätte ein Unentschieden gereicht, um sich zumindest vor Uruguay und Kolumbien zu platzieren. Besonderen Auftrieb erhielten die Gruppenfavoriten durch den erst wenige Wochen zurückliegenden 5:0-Erfolg über die Urus bei deren Europatournee.

Die Südamerikaner hatten sich nach dem deutlich verlorenen zweiten Gruppenspiel gegen Jugoslawien völlig ins Trainingslager zurückgezogen. Noch einmal wurde umgestellt: Cubilla kehrte in die Mannschaft zurück, Cortes war erstmals mit von der Partie. Bei den Sowjets waren Mamykin und Chusainow neu dabei. Wie bereits in den Spielen zuvor bot Trainer Katchalin eine defensiv agierende 4-2-4-Formation auf. Gegen die Urus musste er vorsichtig sein, da sie mit äußerstem Engagement nach vorne spielen konnten.

Uruguays Angreifer Sacia und der sowjetische Abwehrspieler Masljonkin im Zweikampf.

UdSSR – Uruguay **2:1 (1:0)**
6. Juni 1962, 15.00 Uhr, Arica, Estadio Carlos Dittborn

UdSSR: Jaschin – Tschocheli, Ostrowski, Woronin, Masljonkin – Netto (k), Chusainow – Tschislenko, Iwanow, Ponedjelnik, Mamykin

Uruguay: Sosa – Troche (k), Emilio Alvarez, Eliseo Alvarez, Mendez – Gonsalves, Cortes – Luis Cubilla, Cabrera, Sasia, Perez

Tore: 1:0 Mamykin (38.), 1:1 Sasia (54.), 2:1 Iwanow (89.) – **SR:** Jonni (Italien) – **LR:** Dusch (BRD), Dorogi (Ungarn) – **ZS:** 9.973 (42%)

Entsprechend destruktiv und von Taktik geprägt begann die Partie. Wieder gab es nach dem Anstoß zahlreiche Fouls. Der erwartete Elan der Himmelblauen blieb trotz Anfeuerung der südamerikanischen Zuschauer, die teilweise aus dem benachbarten Bolivien und Peru angereist waren, zunächst aus. Nach 30 Minuten verletzte sich Elisio Alvarez unglücklich bei einem Zweikampf und musste bis zur Halbzeitpause behandelt werden. Gegen zehn Urus erzielte Mamykin in der 38. Minute das 1:0 für die Sowjets. Damit ging es in die Halbzeit. Danach kam Alvarez zwar wieder zurück, doch er blieb bis zum Ende des Spiels gehemmt. Wie sich später herausstellte, hatte er einen Wadenbeinbruch erlitten!

Die Urus waren gefordert und konnten neun Minuten nach dem Wiederbeginn den Ausgleich erzielen. Sasia hatte im Gemenge als Einziger die Übersicht behalten und zur Überraschung der Sowjets problemlos einschieben können. Damit hätte den Celestes wieder ein Tor genügt, um in die nächste Runde einzuziehen. Doch warteten sie, statt selbst die Initiative zu ergreifen, auf Fehler des osteuropäischen Kollektivs. Auch verloren sie die Unterstützung des Publikum, das mit der unfairen Spielweise „ihrer" Südamerikaner nicht mehr paktieren wollte.

In der 80. Minute gab es dann große Aufregung, weil der italienische Referee Jonni einen vermeintlichen Treffer von Tschislenko anerkennen wollte. Erst nach längerer Unterbrechung und stürmischen Protesten der Uruguayer konnte er von Linienrichter Dusch überzeugt werden, dass der Ball durch ein Loch in den Maschen von außen ins Gehäuse eingedrungen war. Als ihnen die Zeit davonzulaufen begann, setzten die Urus alles auf eine Karte, was den bis dahin abwartend spielenden Sowjets den Weg zum Tor frei machte. Iwanow durfte mit seinem vierten WM-Treffer den Einzug in die nächste Runde sicherstellen, nachdem Cubilla kurz zuvor den Kasten von Jaschin knapp verfehlt hatte.

So waren die Sowjets am Ende ein erleichterter Sieger. Die Urus hatten dagegen mit ihren Tränen zu kämpfen. Bagnulo aus dem Trainerstab der Celestes meinte: „Die Sowjetrussen waren nicht besser als wir. Das Spiel wurde durch die Verletzung von Eliseo Alvarez beeinflusst. Uns fehlte nur das Glück." Tatsächlich hatten die Südamerikaner Grund, einigen ungenutzten Chancen gegen die keineswegs übermächtigen Sowjets nachzutrauern.

Jugoslawien - Kolumbien 5:0 (2:0)

Olympiasieger in Höchstform

Durch die Niederlage Uruguays gegen die UdSSR hatten die Kolumbianer die Chance erhalten, mit einem Sieg gegen Jugoslawien eine Sensation zu schaffen und sich für das Viertelfinale zu qualifizieren. Trainer Adolfo Pedernera schickte exakt die gleiche Elf auf den Platz, die vier Tage zuvor so grandios gegen die Sowjets zu einem Remis gekommen war. Doch gegen die übermächtigen Jugoslawen hielten die Kräfte des Außenseiters letzten Endes nicht stand.

Die zweite europäische Mannschaft in Gruppe A qualifizierte sich erwartungsgemäß für das Viertelfinale.

Zu Beginn versuchten die Kolumbianer bei sommerlichen Temperaturen mit offensivem Spiel zum Erfolg zu kommen. Die Jugoslawen hatten sich bei den Sowjets am Vortag ansehen können, wie eng ein Spiel trotz Überlegenheit werden kann, wenn sie nicht frühzeitig in Tore umgesetzt wird. Exakt 21 Minuten brauchten sie, um durch Galic erstmals die Maschen des kolumbianischen Tores in Schwingungen zu versetzen. Vier Minuten später traf Jerkovic zum 2:0. Sein Schuss prallte von der Unterkante der Latte unhaltbar ins Netz ab.

In der zweiten Hälfte leitete wiederum Galic mit einem Kopfball nach einer Flanke von Jerkovic die jugoslawische Torfolge ein. Spätestens jetzt mussten die Kolumbianer erkennen, dass der Erfolg gegen die UdSSR seinen Tribut gefordert hatte. In der 82. Minute erhöhten die technisch deutlich überlegenen Männer aus dem Vielvölkerstaat durch Melic auf 4:0. Dann erzielte Jerkovic - wie schon in der ersten Hälfte - den abschließenden Treffer. Zusammen mit Sekularac war er der auffälligste Akteur auf dem Feld.

Kolumbiens Coach sagte nachher: „Das Spiel gegen die UdSSR hatte unsere Kräfte völlig aufgezehrt, unsere Abwehr offenbarte große Lükken, die die toll aufspielenden Jugoslawen eindrucksvoll nutzten."

Begeistert wurden die Europäer von einer kleinen Kolonie ausgewanderter Landsleute, die sich in Arica niedergelassen hatte, zum Viertelfinalspiel nach Santiago verabschiedet. Der Gegner stand bereits fest: Es würde wie bereits 1954 und 1958 in der Runde der letzten Acht die DFB-Auswahl sein.

Die Gruppenspiele in Arica waren durch Härte und Undiszipliniertheit gekennzeichnet. Defensive hieß die Devise und führte für die europäischen Mannschaften zum Erfolg. Der Gruppensieg des Titelaspiranten und Europameisters UdSSR entsprach den Erwartungen. Dass die Jugoslawen den zweiten Platz erreichen würden, war zumindest in Europa ausgemachte Sache gewesen. Am Ende meinten sogar viele Beobachter, dass sie das stärkste Team der Gruppe gestellt hatten. Herausragende Spieler waren Iwanow und Netto auf Seiten der UdSSR sowie Sekularac und Jerkovic bei den Jugoslawen. Enttäuschung rief die Zuschauerresonanz hervor. Im Nachhinein wäre es sicher besser gewesen, die Spiele dieser Gruppe in einer Stadt im Zentrum Chiles auszutragen. Bei keiner der sechs Begegnungen wurde die 10.000-Besucher-Marke erreicht.

Gruppe A – Abschlußtabelle

	Sp.	g	u	v	Tore	Punkte
1. UdSSR	3	2	1	0	8:5	5-1
2. Jugoslawien	3	2	0	1	8:3	4-2
3. Uruguay	3	1	0	2	4:6	2-4
4. Kolumbien	3	0	1	2	5:11	1-5

Sekularac im Kampf um den Ball mit den Kolumbianern Alzate und Lopez.

Jugoslawien – Kolumbien 5:0 (2:0)

7. Juni 1962, 15.00 Uhr, Arica, Estadio Carlos Dittborn

Jugoslawien: Soskic – Durkovic, Jusufi, Radakovic, Markovic – Popovic, Melic – Ankovic, Jerkovic, Galic (k), Sekularac

Kolumbien: Sanchez – Alzate, Jaime Gonzalez, Lopez, Echeverri – Serrano, Coll (k) – Aceros, Rada, Klinger, Hector Gonzalez

Tore: 1:0 Galic (21.), 2:0 Jerkovic (25.), 3:0 Galic (62.), 4:0 Melic (82.), 5:0 Jerkovic (88.) – **SR:** Robles (Chile) – **LR:** Galba (CSSR), Jonni (Italien) – **ZS:** 7.167 (30%)

Chile - Schweiz 3:1 (1:1)

Gelungener Auftakt für den Gastgeber

Seit 24 Wochen hatte Chile kein Länderspiel mehr absolviert. In dieser Zeit wurde die Nationalauswahl intensiv auf die WM im eigenen Land vorbereitet. Testspiele hatte man ausschließlich gegen Vereinsmannschaften bestritten. Jetzt war die Stunde der Wahrheit gekommen. Wo stand die chilenische Nationalmannschaft, der einige Fachleute Überraschendes zutrauten?

Die Schweiz konnte sich kaum große Hoffnungen machen, denn in Gruppe 2 war sie der große Außenseiter. Was für die Eidgenossen sprach, war vor allem Trainer Rappan, dem nicht erst seit dem Qualifikationserfolg gegen den amtierenden Vizeweltmeister Schweden Unberechenbarkeit anhaftete.

Antenen und Navarro beim Wimpeltausch, dazwischen Schiedsrichter Aston.

Schiedsrichter Aston, der in der Qualifikation bereits das hektische Heimspiel der Schweizer gegen Schweden gepfiffen hatte, bemühte sich noch um den neuen WM-Ball, als die Spieler nach der emotionsbeladenen Eröffnungsfeier schon auf den Anpfiff des Auftaktspieles warteten. Insgesamt drei Mal musste der Ball während der Partie ausgetauscht werden, da kein fabrikneues und voll funktionsfähiges Spielgerät aufzutreiben war, allerdings sollte der englische Referee später noch für ganz andere Schlagzeilen sorgen. Mit kleiner Verzögerung erlebte Santiago den Beginn des siebten sportlichen Wettstreits um den Coupe Jules Rimet.

Ein Schock ging durch das Nationalstadion, als Wüthrich die Eidgenossen in der 7. Minute mit einem 30-Meter-Schuss in Front brachte. Der Treffer fiel nach einer Chance, die Grobéty durch einen Alleingang herausgearbeitet hatte. Escuti im chilenischen Tor hatte den Ball zwar gehalten, seine schwache Abwehr landete jedoch bei Wüthrich, der die Einladung auf diese eindrucksvolle Weise annahm. Die Führung veranlasste die Schweizer, ihren berüchtigten Riegel aufzubauen. Sie standen teilweise mit acht Spielern in der Verteidigung. Die Gastgeber brauchten lange, um auf die Schweizer Defensivformation eine Antwort zu finden. Sie zogen Toro und Rojas weiter nach vorn, so dass nunmehr sechs Leute im Angriff standen.

Ein erster Warnschuss knallte in der 23. Minute an den Pfosten. Mehrere Male stand den Schweizern bei Angriffsaktionen der Südamerikaner das Glück zur Seite. Erst kurz vor dem Pausenpfiff gelang Lokalmatador Leonel Sánchez per Nachschuss der Ausgleich. Das späte Tor war für die Schweizer psychologisch niederschmetternd, zumal sie es vorher versäumt hatten, den Vorsprung ihrerseits durch Konter zu erhöhen. Möglichkeiten dazu hatte es vor allem in den 15 Minuten nach dem Führungstreffer gegeben. Jetzt machte sich das Fehlen eines Stürmers wie Ballaman bemerkbar, der in den Qualifikationsspielen so wichtige Dienste geleistet hatte, jedoch wegen einer Verletzung nicht mehr für die Nationalelf antreten konnte.

Die Chilenen konnten in der zweiten Hälfte befreit aufspielen. Nach einem Abwehrfehler der Eidgenossen kamen sie in der 52. Minute durch Ramírez, Routinier und Mannschaftskamerad von Sánchez bei Universidad de Chile, zur 2:1-Führung. Kurz darauf konnte Ramírez die Chilenen aus vollem Lauf mit seinem zweiten Treffer entscheidend in Front bringen. Von da an machten sich die häufig ein wenig unfair agierenden Gastgeber über die Schweizer regelrecht lustig und spielten, unterstützt vom fanatischen Publikum, mit den Eidgenossen Katz und Maus, ohne dabei noch besonderen Druck auszuüben.

Der Schweizer Grobéty urteilte nach dem Spiel gegenüber dem „Sport-Magazin": „Beim dritten Tor hat mich Sanchez ganz klar an der Hose gezogen und mich einen kurzen Moment festgehalten. Der englische Schiedsrichter war meines Erachtens schwach. Er hat den Chilenen viele Konzessionen gemacht."

Chile – Schweiz 3:1 (1:1)

30. Mai 1962, 15.00 Uhr, Santiago, Estadio Nacional

Chile: Escuti – Eyzaguirre, Raul Sánchez, Contreras, Navarro (k) – Toro, Rojas – Ramírez, Landa, Fouilloux, Leonel Sánchez

Schweiz: Elsener – Morf, Schneiter, Tacchella, Grobéty – Weber, Allemann – Pottier, Eschmann, Wüthrich, Antenen (k)

Tore: 0:1 Wüthrich (7.), 1:1 Leonel Sánchez (44.), 2:1 Ramírez (52.), 3:1 Leonel Sánchez (55.) – **SR:** Aston (England) – **LR:** Blavier (Belgien), Yamasaki (Peru) – **ZS:** 65.006 (84%)

Italien – BR Deutschland 0:0

Doppelter Catenaccio

Die in italienischen Gazetten verbreiteten negativen Artikel über das Gastgeberland hatten sich in Chile herumgesprochen. Es erweckte den Anschein, als fühlte sich das chilenische Fußballpublikum von ganz Italien angegriffen. Pfiffe begleiteten die Italiener schon beim Einlaufen. Nur als der Name Altafini aufgerufen wurde, gab es Beifall. Dieser hatte bei der WM 1958 unter dem Namen Mazzola noch für Brasilien gespielt. Italien war Südamerika aufgrund der leger gehandhabten Einbürgerungspraxis von Berufsfußballern schon seit längerem ein Dorn im Auge. All das bekamen die Italiener zu spüren: Das Publikum verhöhnte die Azzurri und feuerte die „Ottos“ kräftig an.

Das Wetter kam den Deutschen entgegen: Nicht mehr schwüle Verhältnisse wie am Eröffnungstag, sondern acht Grad und leichter Regen bildeten die Rahmenbedingungen. Lange dauerte es, bis das Stadion sich füllte. Am Ende war der Zuschauerzuspruch von über 65.000 jedoch erstaunlich gut.

Gegen Italien setzte „der Chef“ (Sepp Herberger) auf Sicherheit. Er wollte nicht mit einer Niederlage starten. Wie so oft bei diesem Turnier gab es formell eine Aufstellung nach dem 4-2-4-System, obwohl auf dem Rasen praktisch nur zwei Spitzen vorhanden waren. Ähnlich verhielten sich die Italiener, die tatsächlich in Catenaccio-Manier mit 5er-Verteidigungsreihe spielten.

Die deutschen Abwehrspieler, besonders Schnellinger und Erhardt, erwarben sich bei dieser hart geführten Auseinandersetzung Bestnoten. Nur wenige gute Torchancen waren zu verzeichnen. Die Deutschen hatten in der ersten Hälfte derer drei: Die erste in der 7. Minute, als Brülls einen Zweikampf gegen Torwart Buffon gewann, aber ein italienischer Abwehrspieler in letzter Sekunde klären konnte, dann nach zwölf Minuten, als Seeler einen Freistoß in die Mauer schoss und der anschließende Abpraller an der Latte landete, schließlich in der Mitte der ersten Halbzeit, als Seeler knapp vorbei köpfte. Italien besaß seine größte Möglichkeit in der 8. Minute: Einen Schuss von Rivera aus 12 Metern konnte Fahrian nicht festhalten, der Nachschuss von Sivori ging knapp vorbei. Die Italiener starteten mit schnellen Angriffsbemühungen, mussten aber rasch erkennen, dass die deutsche Abwehr an diesem Tage mit aller Gewalt den gefürchteten Spielfluss der Azzurri zu unterbinden suchte. Offensichtlich verärgerte das besonders Altafini, der durch zahlreiche bösartige Fouls auffiel. Insgesamt hatte der schottische Referee auf beiden Seiten mehrfach Anlass, einen Platzverweis auszusprechen, doch nicht ein einziges Mal machte er von dieser Möglichkeit Gebrauch.

Die zweite Hälfte brachte wiederum eine Reihe von Fouls. Vor allem Sivori machte sich durch seine Showeinlagen (in der Charakterrolle des zu Unrecht Verwarnten) unbeliebt. Für die Deutschen sprang noch eine Großchance für Haller heraus, der freistehend eine Flanke von Schäfer volley annahm und das Tor um Haaresbreite verfehlte. Auf der anderen Seite sorgte Rivera mehrfach für Gefahr im deutschen Strafraum. Einige seiner Versuche gingen nur knapp vorbei oder wurden von Fahrian pariert. Der junge Ulmer hatte überraschenderweise den deutlich erfahreneren Tilkowski zwischen den Pfosten verdrängt. War das ein Geburtstagsgeschenk Herbergers für den Nachwuchskeeper, der an diesem Tag 21 Jahre alt wurde?

Schulz schützt Fahrian und den Ball vor dem herannahenden Sivori – Altafini beobachtet die Aktion.

Der „Chef“, zufrieden mit dem Remis, sagte anschließend im Sport-Magazin: „Es war unser schwerstes Länderspiel seit Jahren... Wir konnten es uns nicht leisten, mit einer anderen Abwehrtaktik zu spielen, sonst wäre es vielleicht böse ausgegangen.“

Italien – BR Deutschland 0:0

31. Mai 1962, 15.00 Uhr, Santiago, Estadio Nacional

Italien: Buffon (k) – Losi, Robotti, Salvadore, Maldini – Radice, Ferrini – Rivera, Altafini, Sivori, Menichelli

BR Deutschland: Fahrian – Nowak, Schnellinger, Schulz, Erhardt – Szymaniak, Sturm – Haller, Seeler, Brülls, Schäfer (k)

SR: Davidson (Schottland) – **LR:** Morgan (Kanada), Ventre (Argentinien) – **ZS:** 65.440 (85%)

Chile – Italien 2:0 (0:0)

Die Schlacht von Santiago

Rund 66.000 Chilenen waren ins Nationalstadion von Santiago gekommen, um die eigene Elf fanatisch anzufeuern. Besonders hoch gingen die Emotionen gegen die Azzuri, denn die diskreditierenden Artikel einzelner italienischer Journalisten lagen schwer auf der chilenischen Seele. Obwohl die Squadra Azzurra nach den einschneidenden Erfahrungen bei ihrem ersten Spiel erneut vor Beginn Blumen und Konfekt ins Publikum warf, konnte sie die Gemüter nicht beruhigen.

Auf der Suche nach Gründen für das rabiate Anfangsverhalten der Italiener stößt man unvermeidlich auf Dopinggerüchte. Es war bekannt, dass in Italien, besonders im Radsport, Aufputschmittel und leistungsfördernde Präparate zum Einsatz kamen. Vor dem WM-Turnier waren auch einige italienische Fußballer (z.B. Sivori) überführt worden. Was sich vor dem Spiel in der Kabine der Azzurri ereignet hatte, wird wohl immer ungeklärt bleiben...

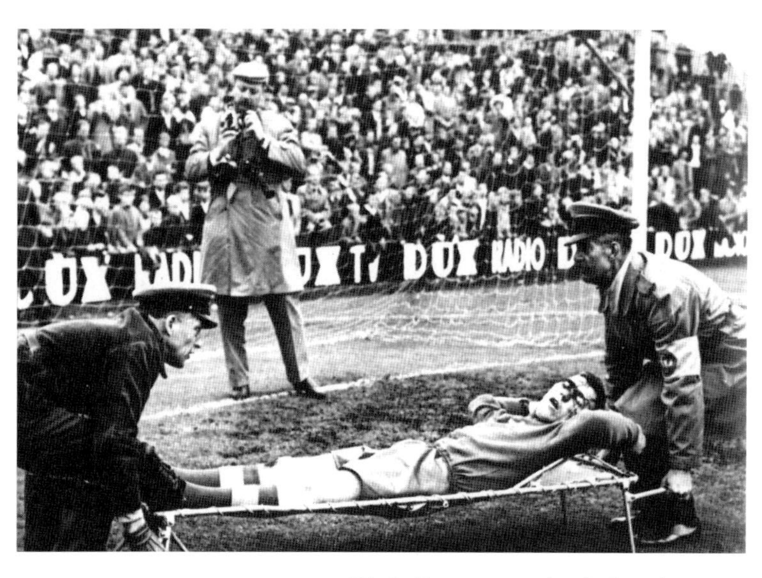

Abtransport eines Schwerverletzten im skandalösesten Spiel der WM-Geschichte.

Die Italiener waren durch das schwer erkämpfte Remis zwei Tage zuvor gegen die Deutschen unter besonderen Erfolgsdruck geraten. Der italienische Coach Mazza ersetzte demgegenüber gleich sechs Spieler, die Chilenen dagegen liefen mit jener eingespielten Mannschaft auf, die im Auftaktspiel die Schweizer geschlagen hatte.

Chile – Italien 2:0 (0:0)

2. Juni 1962, 15.00 Uhr, Santiago, Estadio Nacional

Chile: Escuti – Eyzaguirre, Navarro (k), Contreras, Raul Sánchez – Toro, Rojas – Ramírez, Landa, Fouilloux, Leonel Sánchez

Italien: Mattrel – David, Robotti, Salvadore, Janich – Tumburus, Ferrini – Maschio, Altafini, Mora (k), Menichelli

Tore: 1:0 Ramírez (73.), 2:0 Toro (88.) – **SR:** Aston (England) – **LR:** Goldstein (USA), Buergo (Mexiko) – **ZS:** 66.057 (86 %) – **Platzverweise:** Ferrini (6., nach Tätlichkeit), David (45., nach wiederholtem schweren Foulspiel)

Kaum war das Spiel angepfiffen, attackierten die Azzurri ihre Gegner bei nahezu jeder Aktion. Die erste Verwarnung durch den englischen Schiedsrichter Ken Aston ließ nicht lange auf sich warten. In der 4. Minute traf es Verteidiger David, und schon nach sechs Minuten war der erste Platzverweis für Italien fällig. Nach einem Foul des Chilenen Landa hatte sich Ferrini im Getümmel mit einen Fußtritt an Sánchez revanchiert. Als der Italiener das Spielfeld verlassen sollte, weigerte er sich aber zehn Minuten lang, ehe die Polizei ihn schließlich abführte. Insgesamt wurde in den ersten 17 Minuten nur etwa fünf Minuten Fußball gespielt. Auch danach war die Partie häufig unterbrochen und befand sich am Rande des Abbruchs. Die Chilenen hatten sich inzwischen entschlossen, beim Hauen und Stechen eifrig mitzuwirken.

In der 40. Minute folgte die Schlüsselszene: L. Sánchez vollführt an der Eckfahne eine Schwalbe und klemmt im Liegen den Ball ein. Das veranlasst seinen Gegenspieler David, mit den Füßen nach dem Spielgerät zu stochern, obwohl die Partie bereits unterbrochen ist. Von Sánchez wird diese Aktion mit einem gezielten Faustschlag ins Gesicht seines Kontrahenten beantwortet. Der Linienrichter steht unmittelbar daneben, macht aber keine Anstalten, seine Fahne zu heben, und der Referee entscheidet auf Freistoß für Chile.

Von da an gaben sich die Azzurri endgültig ihrem Frust hin: In der 3. Minute der Nachspielzeit wurde der bereits verwarnte David nach gefährlichem Spiel gegen den Rivalen Sánchez ausgeschlossen. Mit neun verbliebenen Spielern gingen die Italiener in die durch reichlich Nachspielzeit verzögerte Halbzeitpause. Noch 28 Minuten lang konnte sich die dezimierte Squadra Azurra nach dem Seitenwechsel gegen das Unvermeidliche wehren, dann war es Rechtsaußen Ramirez, der den Gastgeber mit einem Kopfballtor aus fünf Metern in Führung brachte. In der 88. Minute sorgte Toro mit einem fulminanten Schuss aus gut 20 Metern für die Entscheidung. Nach anschließenden Handgreiflichkeiten pfiff Aston die Partie vorzeitig ab.

Nur durch den Einsatz von Polizei und Militär war es dem Schiedsrichter gelungen, das Spiel über die Bühne zu bringen. Statt diese Auseinandersetzung abzubrechen, hatte er sich auf Diskussionen und Handgreiflichkeiten eingelassen. Es begannen die unvermeidlichen Diskussionen: Hatte der völlig überforderte Aston willentlich nachgeholfen? Waren Kräfte am Werk, die sich aus finanziellen Gründen über das legale Maß hinaus für den Verbleib der Chilenen im Turnier einsetzten? Genährt wurden die Spekulationen dadurch, dass der ersatzweise für diese Partie nominierte Aston bereits das erste Spiel der Chilenen gepfiffen hatte. Es wurde Astons letzter Auftritt als Schiedsrichter bei einer WM.

BR Deutschland - Schweiz 2:1 (1:0)

Das Aus für Rappans Elf

Klare Voraussetzungen galten für diese Partie, die immerhin fast 65.000 Besucher verfolgten: Für beide Kontrahenten ging es darum, um jeden Preis zu gewinnen, denn der Verlierer würde sich das Viertelfinale aus dem Kopf schlagen können. Trotzdem blieb die Begegnung im Gegensatz zu anderen verhältnismäßig fair. Im Vorfeld hatte es heftige Diskussionen gegeben. Das ostdeutsche Sportecho beispielsweise titelte: „Die FIFA verlangt konsequenteres Durchgreifen aller WM-Schiedsrichter" und weiter: „Der Schiedsrichterausschuß ermittelte: In acht Fällen wurde auf berechtigte Herausstellung verzichtet." Die skandalösen Ereignisse des Vortages beim Spiel Chile-Italien hinterließen auch ihre Wirkung auf das Verhalten von Schiedsrichter Horn, der penibel bemüht war, jede Attacke zu unterbinden.

Auf deutscher Seite waren nach dem Italien-Spiel einige Verletzungen zu beklagen. So gingen Haller, Schnellinger, Nowak und Schulz leicht angeschlagen in die Begegnung. Der eigentlich schon gegen Italien vorgesehene Koslowski rückte für Sturm in die Mannschaft. Bei den Schweizern fehlten Morf und der gegen Chile enttäuschende Pottier. Dafür kamen Vonlanthen und Dürr in die neue Formation.

In der ersten Viertelstunde konnten die Deutschen die Eidgenossen unter Druck setzen. Es gab einige Schussversuche, die zumeist nur knapp das Tor verfehlten. Bei einem Tackling von Szymaniak wurde dann Eschmann schwer verletzt und musste anschließend zwölf Minuten lang behandelt werden, ehe er wieder auf das Feld zurückkehren konnte. Der vorübergehenden deutschen Überzahl trotzten die Schweizer mit eigenen Angriffsbemühungen. Szymaniak war dadurch - wie schon in weiten Teilen des Spiels gegen Italien - als fünfter Mann in die Abwehr eingebunden. Was Herberger da praktizieren ließ, sah verdächtig nach Catenaccio aus, zumal Seeler und Brülls die einzigen Spitzen waren. Seeler hatte auch die größte Chance der ersten Halbzeit, als er nach 30 Minuten aus ebenso vielen Metern den Pfosten traf. Kurz vor der Pause musste Schnellinger nach einer bösen Attacke von Vonlanthen mit verletztem Knie den Platz verlassen. Trotzdem gelang es dem Mönchengladbacher Brülls in der 45. Minute, das 1:0 für die Herberger-Elf zu markieren, nachdem er sich resolut durchgesetzt und aus 18 Metern ins lange Eck getroffen hatte.

Nach der Pause kehrte Schnellinger angeschlagen wieder ins Spiel zurück. Die Schweizer hingegen mussten in der zweiten Hälfte endgültig auf den verletzten Eschmann verzichten. Eine Viertelstunde nach Wiederanpfiff brauchte Seeler einen langen Pass von Schäfer nur noch freistehend an Elsener vorbei zu schieben, um so auf 2:0 zu erhöhen. Einige gute Möglichkeiten der DFB-Auswahl schlossen sich an, belohnt wurden in der 74. Minute jedoch die Schweizerischen Angriffsbemühungen. Fahrian konnte nicht weit genug abwehren, und Schneiter schoss den Ball aus 18 Metern zum Anschlusstreffer unter die Latte. Danach setzten die Eidgenossen alles auf eine Karte. Es gab noch Großchancen auf beiden Seiten. Kurz vor dem Ende hatte Antenen den Ausgleich auf dem Kopf, doch mit einer schnellen Reaktion sicherte Fahrian den bundesdeutschen Sieg.

Fahrian wehrt gegen den Schweizer Stürmer Allemann ab - links Erhardt.

Mit insgesamt drei gewonnen Punkten konnte sich die DFB-Auswahl nun gesteigerte Hoffnungen auf die nächste Runde machen, während die Schweizer ihre Abreise planen mussten. Trainer Rappan beklagte anschließend den Ausfall Eschmanns infolge übergroßer Härte von Szymaniak.

BR Deutschland – Schweiz **2:1 (1:0)**
3. Juni 1962, 15.00 Uhr, Santiago, Estadio Nacional

BR Deutschland: Fahrian – Nowak, Schnellinger, Schulz, Erhardt – Szymaniak, Koslowski – Haller, Seeler, Schäfer (k), Brülls

Schweiz: Elsener – Schneiter, Tacchella, Grobéty, Weber – Allemann, Wüthrich, Antenen (k), Vonlanthen, Eschmann, Dürr

Tore: 1:0 Brülls (45.), 2:0 Seeler (60.), 2:1 Schneiter (74.) – **SR:** Horn (Holland) – **LR:** Latichev (UdSSR), Ventre (Argentinien) – **ZS:** 64.922 (84%)

BR Deutschland - Chile 2:0 (1:0)

Wer bleibt in Santiago?

Leonel Sánchez war nach seiner Attacke gegen David in der Begegnung mit Italien mit einem Verweis davon gekommen. Er durfte wieder spielen, obwohl die FIFA-Verantwortlichen den Film vom Skandalspiel gesichtet hatten.

Chile war als einziges Team in Gruppe B bereits für das Viertelfinale qualifiziert, doch als Gruppensieger hätten die Gastgeber auch in Santiago bleiben können. Die Deutschen dagegen brauchten noch einen Punkt um sicher in die nächste Runde einzuziehen. Aus dieser Konstellation entwickelte sich das beste Spiel der Gruppe. Die Chilenen hatten wegen ihres rücksichtslosen Vorgehens gegen die Italiener offenbar ein schlechtes Gewissen. Jedenfalls operierten sie erheblich zurückhaltender und die Deutschen mussten sich bei ihren seltenen Angriffsbemühungen nicht allzu sehr um ihre Knochen sorgen.

Seeler verwandelt zum 2:0 für die deutsche Auswahl – Navarro und Sánchez kommen zu spät.

Herberger hatte lange überlegt, wie er seine Mannschaft auf die Chilenen einstellen sollte. Er brachte Giesemann und Kraus für Haller und Koslowski. Die Herausnahme Hallers, des besten Technikers im deutschen Kader, brachte dem „Chef" herbe Kritik ein. Sechs Spieler, unter ihnen wieder Szymaniak, stellte er auf Abwehraufgaben ein. Sie sollten den chilenischen Tordrang eindämmen. Coach Riera hatte auf der Gegenseite die verletzten Toro und Fouilloux zu ersetzen. Dafür durften Moreno und Torjäger Tobar gegen die Deutschen erstmals auflaufen.

Wieder feuerten im nicht ganz ausverkauften Estadio Nacional die Einheimischen ihr Team mit „Chi-Chi-Chi-le-le-le"-Rufen fanatisch an. Ihre Helden stürmten auch sogleich beherzt los, blieben aber zumeist im deutschen Abwehrbollwerk hängen. Herbergers Taktik mit Schnellinger als „Feuerwehrmann" vor der eigentlichen Abwehr schien aufzugehen.

Nach einem Foul an Seeler bekamen die „Ottos" in der 21. Minute einen Elfmeter zugesprochen. Italien-Legionär Szymaniak verwandelte souverän, indem er Torwart Escuti erst täuschte und dann den Ball unten rechts in die freie Ecke schob. Beide Teams hatten in der ersten Hälfte noch weitere Gelegenheiten, wobei die Chilenen optisch deutlich überlegen waren. Doch wie hatte Herrera, der Meister des Catenaccio, sinngemäß gesagt?: Beim Fußball zählt nur das Ergebnis! Herberger machte sich die Defensiv-Taktik zu eigen, gestützt von einigen großartigen Paraden des Torwarts Fahrian.

Nach wechselseitigen Angriffsbemühungen zu Beginn des zweiten Spielabschnittes hatten die Gastgeber in der 60. Minute die große Chance zum Ausgleich, doch Landa verpasste freistehend. Chile erhöhte nun zunehmend den Druck und stürmte mit neun Leuten. Im Mittelpunkt bei den Deutschen standen Nowak, Schulz, Erhardt und Schnellinger, die immer wieder brenzlige Situationen bereinigen mussten. Gelegentliche Konter brachten nichts ein, ehe acht Minuten vor dem Abpfiff HSV-Stürmerstar Seeler nach Flanke von Brülls durch einen gehechteten Kopfball sein zweites WM-Tor erzielte, und Deutschland mit diesem 2:0 den Gruppensieg sicherte.

Der deutsche Coach erklärte nach dem Spiel, dass Chile im Gegensatz zu Italien in der Begegnung mit der DFB-Auswahl der „taktischen Aufgabe nicht gewachsen" gewesen sei. Gegenüber dem Kicker lobte er seine Abwehr und sagte weiter: „Ich sah die Mannschaft (Chile) im Spiel gegen die Schweiz ... und dachte, wenn sie gegen uns so spielen, dann ist es gut. Es war taktisch ein gutes Spiel unserer Mannschaft." Dagegen Riera: „Der Elfmeter war ein Skandal. Die Deutschen haben gut gespielt, aber einen Fußball, den ich nicht liebe."

BR Deutschland – Chile 2:0 (1:0)

6. Juni 1962, 15.00 Uhr, Santiago, Estadio Nacional

BR Deutschland: Fahrian – Nowak, Schnellinger, Schulz, Erhardt – Szymaniak, Giesemann – Kraus, Seeler, Schäfer (k), Brülls

Chile: Escuti – Eyzaguirre, Raul Sánchez, Contreras, Navarro (k) – Tobar, Rojas – Moreno, Ramírez, Landa, Leonel Sánchez

Tore: 1:0 Szymaniak (21., FE), 2:0 Seeler (82.) – **SR:** Davidson (Schottland) – **LR:** Horn (Niederlande), Aston (England) – **ZS:** 67.224 (87%)

Italien - Schweiz 3:0 (1:0)

Versöhnlicher Abgang der Azzurri

Die italienischen Rotsünder aus dem Spiel gegen Chile mussten zuschauen. Ferrini hatte eine Sperre erhalten, und David wurde nicht eingesetzt. Mit einigen chilenischen Offiziellen und Mandatsträgern hatte die italienische Delegation inzwischen klärende Gespräche geführt. Nachdem eine aufgeputschte Meute das Quartier der Squadra Azzurra mit Steinen beworfen hatte, war eine ausgleichende Journalisten-Konferenz sicherlich ein gutes Zeichen gewesen.

Der Ausgang des letzten Gruppenspiels in Santiago hatte nur noch statistische Bedeutung, denn durch den Sieg der Deutschen am Vortag gegen Chile waren die Azzurri bereits ausgeschieden. Die stark veränderte italienische Aufstellung war aber auch eine Folge des skandalösen Auftretens fünf Tage zuvor. In nur drei Spielen bekamen somit insgesamt 20 Spieler die Chance für Italien aufzulaufen. Lediglich der dritte Torhüter Albertosi und Verteidiger Giovanni Trapattoni fanden keine Berücksichtigung. Dabei hatte sich der spätere Nationalcoach in der Qualifikation noch einige Verdienste erworben. Ebenso unverständlich blieb, dass der umstrittene Sivori der neuen italienischen Sturmhoffnung Rivera vorgezogen wurde.

Chancenlos auf das Weiterkommen war auch die Schweiz. Das Spiel konnte insofern ohne jede taktische Bremse angegangen werden. Trotz seiner Bedeutungslosigkeit fanden sich knapp 60.000 Menschen im Stadion ein. Eine Folge der chilenischen Kartenverkaufsstrategie: Wer Chile sehen wollte, musste auch gleich die anderen Spiele in Santiago mitbezahlen.

Die Italiener begannen furios. Ohne den Druck des Gewinnenmüssens konnten sie frei aufspielen. Bereits 100 Sekunden nach dem Anpfiff versenkte Mora den Ball in Elseners Tor. Im zweiten Spielabschnitt musste der Schweizer Keeper, nachdem er sich an der Hand verletzt hatte und noch ganz benommen von einer Abwehraktion war, noch weitere zwei Mal hinter sich greifen. Der zuvor nicht aufgebotene Nachwuchsstürmer Bulgarelli stellte durch einen Doppelschlag in der 65. und 67. Minute seine Torjägerqualitäten unter Beweis.

Das hatte die Schweizer Mannschaft und vor allem der erneut starke Elsener nicht verdient: Ohnehin schon punktlos, musste sie nun noch mit einer 0:3-Niederlage die Heimreise antreten. Auch war das Ergebnis etwas zu hoch ausgefallen, da die Eidgenossen zusätzliches Pech im Abschluss gehabt hatten.

Die Italiener konnten im letzten Gruppenspiel wenigstens einen Hauch jener technischen Klasse vermitteln, die Spieler wie Sivori unzweifelhaft hatten. Offensichtlich waren in punkto Mannschaftsführung und -aufstellung in den ersten zwei Partien grobe Fehler gemacht worden. Eine weniger defensive Spielweise im ersten Spiel hätte möglicherweise zu einem Sieg gegen die Bundesrepublik geführt. Vermutlich wäre es dann nicht zu den von Nervosität geprägten Umstellungen und zum brutalsten Spiel der WM-Geschichte gekommen. Mit Maldini und Rivera hatten Journalisten zwei Italiener in eine Auswahl der Besten nach der Vorrunde gewählt, die beim Skandalspiel gegen den Gastgeber gar nicht dabei gewesen waren! Chile und Westdeutschland konnten sich glücklich schätzen. Denn von der spielerischen Klasse her hätte unter normalen Umständen wohl eines der beiden Teams den Azzurri den Vorrang lassen müssen.

Gruppe B – Abschlußtabelle

	Sp.	g	u	v	Tore	Punkte
1. BR Deutschland	3	2	1	0	4:1	5–1
2. Chile	3	2	0	1	5:3	4–2
3. Italien	3	1	1	1	3:2	3–3
4. Schweiz	3	0	0	3	2:8	0–6

Roger Vonlanthen versucht Schlussmann Elsener gegen Sormani (Italien) zu Hilfe zu kommen.

Italien – Schweiz 3:0 (1:0)

7. Juni 1962, 15.00 Uhr, Santiago, Estadio Nacional

Italien: Buffon (k) – Losi, Robotti, Salvadore, Maldini – Radice, Mora – Bulgarelli, Sormani, Sivori, Pascutti

Schweiz: Elsener – Schneiter, Meier, Tacchella, Grobéty – Weber, Allemann – Vonlanthen, Dürr, Wüthrich, Antenen (k)

Tore: 1:0 Mora (2.), 2:0 Bulgarelli (65.) 3:0 Bulgarelli (67.) – **SR:** Latichev (UdSSR) – **LR:** Rumenchev (Bulgarien), Davidson (Schottland) – **ZS:** 59.828 (78%)

Brasilien - Mexiko 2:0 (0:0)

Pelé sichert den Sieg

Pelé in Aktion – Der brasilianische Superstar erwirkte die Entscheidung für Brasilien.

Brasil o maior do mundo (Brasilien, am größten in der Welt) hieß es im Heimatland des Titelverteidigers und uneingeschränkten Favoriten. Der wurde beim Einmarsch ins Stadion von einer Militärkapelle und einem Feuerwerk begrüßt, denn auch Viña del Mar wollte seine kleine Eröffnungsfeier abhalten. Enttäuschend war die Kulisse von gut 10.000 Zuschauern, hatten die Veranstalter doch extra dafür gesorgt, dass die Brasilianer im zweitgrößten WM-Stadion spielen konnten. Selbst bei deren erstem Training im Estadio Sausalito hatten sich schon mehr als 4.000 Fans eingefunden. Aus der Nachbetrachtung wäre es besser gewesen, die Eintrittspreise um mindestens die Hälfte zu senken, um bei gleichen Einnahmen vollere Stadien zu haben... In den Reihen der Brasilianer standen fast ausnahmslos Weltmeister von 1958. Bis auf Mauro und Zózimo war die Aufstellung mit der des Endspiels in Schweden identisch. Doch ging das Festhalten an den bewährten Spielern nicht einher mit dem Festhalten am Spielsystem. Noch hatten sich die Ballkünstler nicht völlig auf das neue 4-3-3 eingestellt, das Trainer Moreira spielen lassen wollte. In der Grundaufstellung gab es weiterhin vier Stürmer.

Die Mexikaner waren nach der aufwändigen Qualifikation zum vierten Mal in Folge bei einer WM-Endrunde dabei. Die durchgehende Teilnahme hatten darüber hinaus nach dem Zweiten Weltkrieg nur Jugoslawien, England und Brasilien vorzuweisen. Mexikos knapp 33jähriger Torwart Carbajal stellte mit seiner vierten Mitwirkung einen Rekord auf (1966 in England war er sogar noch ein fünftes Mal dabei).

Kurz vor dem Eröffnungsspiel in Viña del Mar hatten die Brasilianer das Quartier gewechselt, weil in ihrem Hotel in Quilpe Scharlachfälle aufgetreten waren. Ihr neues Domizil direkt in Viña del Mar hieß El Palace. Unbeeindruckt von diesen Turbulenzen traten die Südamerikaner zur Verteidigung des Weltpokals an. Sorgen machten sich allein die Experten, nämlich um die brasilianische Abwehr. Es wurde gemutmaßt, sie sei zu alt und zu langsam für die aufkommende flexible und robuste Spielweise.

Die trotz 4-2-4-System sehr defensiv eingestellten Mexikaner konnten den Weltmeister tatsächlich lange in Schach halten. Nach 20 Minuten hatten sie sogar die große Möglichkeit in Führung zu gehen: Einen harten Schuss, den Hernández von der Strafraumgrenze abfeuerte, konnte Gilmar nur mit größter Mühe abwehren. Kurz darauf kamen Vava und Pelé zu guten Möglichkeiten, scheiterten jedoch knapp. Die Führung für Brasilien fiel erst in der 56. Minute, als Wunderstürmer Pelé eine Maßflanke auf den Kopf von Zagalo servierte und dieser zum 1:0 einnickte. Pelé schaffte anschließend nach einem sehenswerten Alleingang das 2:0 und damit die Entscheidung für Brasilien, das letzten Endes das eindeutig bessere Team stellte. Dennoch war Mexikos Torwart Carbajal der Spieler des Tages, da er sein Team ein ums andere Mal vor einem Rückstand bewahrt hatte.

Die Befürchtungen, dass die Weltmeister Schwächen in der Defensive offenbaren würden, hatten sich nicht bestätigt. Anlass zur Sorge machte allenfalls die Lässigkeit, mit der die Ballkünstler meinten, den Gegner beherrschen zu können. Bezeichnenderweise waren es dann auch Einzelaktionen, die den Titelverteidiger auf die Erfolgsspur brachten. Offensichtlich fehlte noch der richtige Mannschaftsgeist. Wenn die Brasilianer bei dieser WM an etwas würden scheitern können, dann wohl am ehesten an sich selbst. Und dafür war der brasilianische Rundfunkreporter Edvar Pionto bestimmt nicht in 52 Tagen mit dem Fahrrad nach Chile gereist.

Brasilien – Mexiko **2:0 (0:0)**

30. Mai 1962, 15.00 Uhr, Viña del Mar, Estadio Sausalito

Brasilien: Gilmar – Djalma Santos, Mauro (k), Zózimo, Nilton Santos – Zito, Garrincha – Didi, Vava, Pelé, Zagalo

Mexiko: Carbajal (k) – Del Muro, Cárdenas, Sepúlveda, Villegas – Reyes, Najera – Del Aguila, Héktor Hernández, Jasso, Díaz

Tore: 1:0 Zagalo (56.), 2:0 Pelé (73.) – **SR:** Dienst (Schweiz) – **LR:** Schwinte (Frankreich), Steiner (Österreich) – **ZS:** 10.484 (30%)

Tschechoslowakei - Spanien 1:0 (0:0)

Di Stefano fehlt Spaniern

Die Spanier waren im Vorfeld der WM hoch gehandelt worden. Man traute ihnen den Einzug ins Viertelfinale eher zu als der CSSR, die wiederum bei einigen Sachkennern als Geheimtipp galt. Spaniens herausragende Rolle im Europapokal, insbesondere durch Real Madrid, ließ auch von der Nationalelf einiges erwarten. Die Profis von Real hatten zwar kurz vor der WM das Finale um den Europapokal der Landesmeister gegen Benfica Lissabon verloren, doch sonnten sie sich immer noch im Glanz der Europapokalsiege von 1956-1960. Mit Santamaria, Puskás, Gento und Del Sol standen auch einige große Stars der Königlichen im Auftaktspiel der Gruppe C auf dem Rasen. Aus der großen Real-Elf fehlte, verletzungsbedingt, lediglich Alfredo di Stefano, der allerdings mehrfach durch seine Äußerungen den Eindruck erweckt hatte, nicht für die WM motiviert zu sein. Die negative Grundstimmung sollte sich jedenfalls im weiteren Verlauf des Turniers auf seine Mannschaftskollegen übertragen.

Die Tschechoslowaken spielten ein modernes 4-2-4-System wobei Stürmer Kvasnak teilweise als Verbinder neben Masopust ins Mittelfeld zurückgezogen wurde. Dem vierten Angreifer Mittelfeldaufgaben zuzuweisen, stellte fast schon ein 4-3-3-System dar. Andererseits hatte Masopust gemeinsam mit den wechselnden Abwehrleuten die Aufgabe, eine Innenachse zu bilden, die als Zentrale der Defensive fungierte. Damit lag Trainer Vytlacil wiederum sehr nahe an der Grundaufstellung des Catenaccio. Die variable Spielweise der Tschechoslowaken stellte hohe Anforderungen an das mannschaftliche Zusammenwirken, doch bei Dukla Prag hatten die meisten Akteure reichlich Gelegenheit gehabt, es einzustudieren.

Der bei seinen Spielern umstrittene spanische Trainer Herrera ließ sein Team ebenfalls ein flexibles 4-2-4-System spielen. Trotz des Staraufgebotes hatten die Spanier jedoch Mühe, die Defensive der Tschechoslowaken zu knacken. Zahlreiche Möglichkeiten wurden vergeben. Bereits in der Anfangsphase gab es für Puskás, Gento und Suárez Gelegenheiten im Minutentakt. Ein Schuss von Puskás, einem der stärksten Spanier an diesem Tage, hätte beinahe die frühe Führung bedeutet. Zum wiederholten Mal musste Schrojf Kopf und Kragen riskieren, als er kurz vor Ende der ersten Halbzeit den Ball nach einem Schuss von Gento aus dem Dreieck fischte. Zuvor hatte auch die CSSR bei zwischenzeitlicher Überlegenheit einige Chancen gehabt. Zu Beginn der zweiten Hälfte erhöhten die zunehmend nervöser werdenden Südeuropäer wieder den Druck, scheiterten jedoch, wenn sie nicht zuvor schon in der gut gestaffelten Defensive der Tschechoslowaken hängen geblieben waren, immer wieder an deren herausragendem Schlussmann Schrojf. In der Mitte des zweiten Spielabschnittes drohte die Begegnung dann - nach einzelnen Ausfällen, die es besonders seitens der Spanier zuvor schon gegeben hatte - ins Unsportliche abzugleiten. Schiedsrichter Steiner hatte alle Mühe, den Frieden aufrecht zu erhalten. Nur der rege Gebrauch seiner Trillerpfeife brachte wieder Ruhe ins Geschehen.

Zehn Minuten vor dem Ende konnte dann Stibranyi zum Siegtreffer für die CSSR einschießen. Masopust hatte den Angriff aus der Tiefe heraus aufgebaut; Scherer hatte die hervorragende Vorarbeit geleistet. Das brach den „stolzen Spaniern" das Genick. Erfolglos rackerten sie noch zehn Minuten lang gegen das Unvermeidliche an. Die Tschechoslowaken hatten verdient gewonnen und fielen sich in die Arme. Es war ein Sieg des Kollektivs über den Individualfußball, ein Sieg der Athletik über die Ballkunst.

CSSR-Torhüter Schrojf rettet vor Martinez - Popluhár und Novák können nur zusehen.

Tschechoslowakei – Spanien 1:0 (0:0)

31. Mai 1962, 15.00 Uhr, Viña del Mar, Estadio Sausalito

CSSR: Schrojf – Lala, Novák (k), Pluskal, Popluhár – Masopust, Stibranyi – Scherer, Kvasnák, Adamec, Jelinek

Spanien: Carmelo – Rivilla, Reija, Segarra (k), Santamaria – Garay, Del Sol – Martinez, Puskás, Suárez, Gento

Tor: 1:0 Stibranyi (80.) – **SR:** Steiner (Österreich) – **LR:** Marino (Uruguay), van Rosberg (Argentinien) – **ZS:** 12.700 (36%)

Brasilien - Tschechoslowakei 0:0

Das Aus für Pelé

Die Generalprobe für das spätere Endspiel bestritten die Brasilianer über einen Zeitraum von 65 Minuten quasi nur mit zehn Spielern, da Pelé dem Spielgeschehen nur noch humpelnd beiwohnen konnte. Zuvor hatte sich der Ausnahmespieler bei einem misslungenen Schussversuch verletzt und sich – so hieß es zunächst - eine Muskelzerrung im Oberschenkel zugezogen. Die Verletzung erwies sich später als Muskelriss im Leistenbereich und verhinderte Pelés Einsatz für den Rest des Turniers. Möglicherweise hatte sie sich auch verstärkt, weil der Wunderstürmer für den langen Rest der Spielzeit auf dem Feld geblieben war. Die Brasilianer hatten zwar umgestellt, aber ein Austausch war 1962 bekanntermaßen noch nicht zulässig. Obwohl das Spiel von den Tschechoslowaken gewohnt kämpferisch geführt wurde, waren sie für die Verletzung Pelés nicht verantwortlich - ganz entgegen zahlreichen Interpretationen, die Pelés vorzeitiges Aus bei der WM 1962 später gern der überharten Spielweise zugeschrieben haben. Die Partie Brasilien-Tschechoslowakei, war nämlich eine der fairsten des gesamten Turniers. So bemühten sich die Brasilianer beispielsweise innig um CSSR-Stopper Popluhár, nachdem ihn ein Schuss von Pelé am Kopf getroffen hatte. Unverändert war die brasilianische Auswahl, die mit ihrem 25. Weltmeisterschaftsspiel ein kleines Jubiläum zu feiern hatte, in diese Begegnung gegangen. Der Kapitän von 1958, Bellini, musste fünf Tage vor seinem 32. Geburtstag abermals auf der Bank Platz nehmen. Sonnenschein strahlte auf die klassische Tracht (hellblaue Hose, gelbes Trikot, grüner Kragen) der brasilianischen Ballkünstler. Ihre ebenso farbenfroh gekleideten Fans feierten auf der Tribüne eine kleine Samba-Party.

Pelé muss sich behandeln lassen – Später stand es fest : Er würde die nächsten Spiele ausfallen.

Auch die CSSR bot exakt die gleiche Konstellation wie beim Sieg im ersten Gruppenspiel auf, obwohl jener erst zwei Tage zurücklag und viel Kraft gekostet hatte. Trainer Vytlacil vertraute auf die Achse Masopust-Pluskal-Popluhár, die im Zentrum der Defensive dem brasilianischen Druck trotzen sollte.

Die Blaugelben waren in der inzwischen gewohnten 4-2-4-Formation angekündigt. Didi hatte allerdings seine wahre Rolle als Angriffsvorbereiter hinter den Spitzen, so entwickelte sich allmählich bei Brasilien das 4-3-3-System. Garrinchas Aufstellung im Mittelfeld und Pelés im Sturm entsprach - zumindest in dieser Begegnung - auch nicht den Realitäten: Garrincha spielte Rechtsaußen, während Pelé aus dem Mittelfeld heraus zumeist über links nach vorn ging.

Ein Pfostentreffer von Garrincha und ein Lattenschuss von Adamec stellten die ausgeglichene Chancenbilanz vor Pelés Ausscheiden dar. In der zweiten Halbzeit verlor das Spiel deutlich an Attraktivität. Die Brasilianer hatten ohne Pelé keinen Mut mehr, nach vorne zu spielen, und Weitschüssen von Didi und Vava fehlte die Kraft, um den Kasten von Schrojf wirklich gefährden zu können. Die Tschechoslowaken waren ihrerseits in erster Linie darauf bedacht, die Ballzauberer in Schach zu halten, trotzdem musste auch Gilmar einige Male abwehren. Im „Kicker" urteilte Dr. Friedebert Becker über das Spiel der „Weltmeister in Zeitlupe": „Heute scheint die ganze Mannschaft im ‚Alte-Herren-Stil' Fußball nur aus dem Stand zu demonstrieren."

Wahre Highlights spielten sich außerhalb des Spielfeldes ab: Lautstarke Freude, als Chile beim zeitgleichen Duell gegen Italien in Führung ging, und Jelinek, einer der besten Linksaußen der Welt, erfuhr während des Spiels über Lautsprecher, dass er Vater geworden war.

Brasilien – Tschechoslowakei 0:0

2. Juni 1962, 15.00 Uhr, Viña del Mar, Estadio Sausalito

Brasilien: Gilmar – Djalma Santos, Mauro (k), Zózimo, Nilton Santos – Zito, Garrincha – Didi, Vava, Pelé, Zagalo

CSSR: Schrojf – Lala, Novák (k), Pluskal, Popluhár – Masopust, Stibranyi – Scherer, Kvasnák, Adamec, Jelinek

SR: Schwinte (Frankreich) – **LR:** Dienst (Schweiz), Conley (Chile) – **ZS:** 14.903 (42%)

Spanien - Mexiko 1:0 (0:0)

Peirós Rettung in letzter Minute

Peiró versucht gegen Mexikos Torsteher Carbajal noch an den Ball zu kommen.

Die Stars aus dem südeuropäischen Fußballensemble waren gegen die Tschechoslowaken jämmerlich gescheitert. Von einigen Journalisten wurde das - übertrieben dramatisch - als erste große Sensation der WM und Favoritensturz verkauft. Es entsprach wohl eher den Tatsachen, dass die CSSR-Auswahl stark unterschätzt worden war. Bei den Spaniern gab es nach der unerwarteten Auftaktniederlage einige Änderungen in der Aufstellung. Die Abwehr um Santamaria wurde komplett umgestellt. Dazu trugen neben taktischen Überlegungen auch Verletzungsprobleme bei. Im Angriff kam Peiró von Atlético Madrid anstelle von Martinez aus Barcelona hinzu. Die Stimmung im spanischen Lager war äußerst angespannt. Es herrschte eine gewisse Resignation und Motivationslosigkeit in den Reihen der Iberer. Teilweise wurde den Spielern, die wie Puskás und Santamaria nicht in Spanien geboren waren, mangelnder nationaler Eifer unterstellt. Im Falle der erwähnten Stars war das Unsinn, da sie beim ersten Gruppenspiel noch zu den Besten im spanischen Team gehört hatten. Vielmehr zielte die Kritik wohl auf Di Stefano ab, der angeblich seine Verletzung nur vorgab, weil er im Clinch mit dem autoritären Trainer Herrera lag. Andere wussten hingegen von Tränen der Enttäuschung des geborenen Argentiniers zu berichten. Sein Ausfall verhinderte immerhin, dass er jemals bei einer Fußballweltmeisterschaft zum Einsatz kam. Auf mexikanischer Seite rückte lediglich Abwehrspieler Jauregui neu ins Team. Es gab keinen Grund, die Besetzung vom Brasilien-Spiel zu ändern. Sie hatte sich im Rahmen der ihr zur Verfügung stehenden Möglichkeiten gut verkauft.

Beide Mannschaften waren mit einer Niederlage ins Turnier gestartet. Die Devise konnte insofern nur Sieg um jeden Preis heißen, wollten sie ihre Chance auf den zweiten Tabellenplatz wahren. Das Spiel der Mexikaner erweckte allerdings nicht den Eindruck, dass ihnen dies gelingen könnte, denn zu offensichtlich waren die spielerischen Mängel der Akteure. Den Druck machten die Spanier, die über weite Teile der Begegnung die dominierende Mannschaft stellten. Trotz der spielerischen Vorteile und einer Vielzahl an Torgelegenheiten gelang es ihnen wiederum nicht, geschlossen und zwingend vorzugehen. So musste eine sehenswerte Einzelaktion - nach einigen Pfosten- und Lattentreffern beider Seiten - schließlich das Spiel entscheiden. Insofern erwies sich die Aufnahme von Peiró in das Team der Spanier als Glücksgriff. Denn kurz vor dem Abpfiff konnte der Madrilene durch seinen 1:0-Siegtreffer die spanischen Chancen auf das Viertelfinale erhalten.

Die Mexikaner waren damit ausgeschieden. Der grandiose Einsatz ihres Keepers Carbajal hatte es nicht abwenden können. Der nächste Gegner Spaniens sollte Brasilien sein, das unbedingt bezwungen werden musste, um aus eigener Kraft ins Viertelfinale vorzudringen. Trainer Herrera, verzweifelt darum bemüht, eine Mannschaft - die diese Bezeichnung verdient - zu formen, bezog Di Stefano, der ihm auch beim Training assistierte, in seine Überlegungen für das Spiel der Spiele mit ein.

Spaniens Suárez wurde derweil im „Kicker" zitiert: „Das Tor in der letzten Minute kam völlig überraschend für den großartigen mexikanischen Schlußmann. Er weinte vor Enttäuschung und Zorn über dieses Pech. (...) Zwar hat Brasilien gegen uns einen leichten Vorteil, aber wir rechnen uns doch eine gute Chance aus." Damit war er ganz auf einer Linie mit seinem Coach. Die andere Frage war allerdings, ob seine Mannschaftskollegen genauso dachten.

Spanien – Mexiko 1:0 (0:0)

3. Juni 1962, 15.00 Uhr, Viña del Mar, Estadio Sausalito

Spanien: Carmelo – Rodri, Gracia, Vérges – Santamaria, Pachin – Del Sol, Peiró, Puskás, Suárez, Gento (k)

Mexiko: Carbajal (k) – Del Muro, Cárdenas, Sepúlveda, Jáuregui – Reyes, Najera – Del Aguila, Héktor Hernández, Jasso, Diaz

Tor: 1:0 Peiró (89.) – **SR:** Tesanic (Jugoslawien) – **LR:** Vicuña (Chile), van Rosberg (Argentinien) – **ZS:** 11.875 (34%)

Brasilien - Spanien 2:1 (0:1)

Herrera versucht es mit der Jugend

Endlich hatten sich einmal fast 19.000 Zuschauer zu diesem vorentscheidenden Spiel zweier WM-Favoriten im Estadio Sausalito eingefunden. Es sollte der Rekordbesuch dieser Arena bleiben. Die zahlreichen brasilianischen Fans sahen Amarildo an Stelle des verletzten Pelé auflaufen. Es hatte den Anschein, als würde Brasiliens Superstar bei dieser WM kein Spiel mehr bestreiten können.

Das schöne Stadion in Viña del Mar ist bei diesem entscheidenden Spiel gut besucht.

Die Spanier begannen die Partie erneut in veränderter Besetzung und mit sehr viel Elan. Mit Del Sol und Santamaria hatte Trainer Herrera zwei weitere Routiniers aus der Mannschaft genommen, und damit bereits 20 Spieler eingesetzt. Lediglich der verletzte Di Stefano und der dritte Torhüter Sadurni kamen nicht mehr zum Einsatz. Taktik oder Verzweiflungstat? Anscheinend zog Herrera die richtigen Schlüsse aus den vorangegangen Spielen, denn schon in der 4. Minute hätte ein Schuss Adelárdos von der Strafraumgrenze beinahe die spanische Führung bedeutet. Brasiliens Schlussmann Gilmar parierte den Angriff jedoch mit Bravour. Gento und Puskás trieben das spanische Spiel weiterhin nach vorn. Wie gegen Mexiko musste dann aber ein Joker stechen. Adelárdo sorgte bei seinem ersten WM-Einsatz für die Rot-Gelben mit einem 20-Meter-Schuss in der 35. Spielminute für das 1:0 gegen den Weltmeister.

Bis weit in die zweite Hälfte hinein hielt die spanische Überlegenheit an, so dass sich die Brasilianer allmählich sorgen mussten, ob ihnen womöglich nur der dritte Tabellenplatz hinter der CSSR und Spanien vergönnt sein würde. Entsprechend engagiert gingen sie nunmehr zu Werke. Besonders Garrincha trieb sein verunsichertes Team an. Statt mit drei Stürmern wurde inzwischen mit vieren angegriffen. In der 72. Minute durften die „Zuckerhut-Kicker" endlich jubeln: Auch bei ihnen war es ein WM-Debütant, der den Treffer markierte: Amarildo, der sich anschickte, in die Fußstapfen von Pelé zu treten, verwandelte unhaltbar für Araguistáin. Die Vorarbeit hatte ein weiterer Star des Turniers geleistet: Zagalo, der zwei spanische Abwehrspieler ausgespielt und zum freistehenden Newcomer geflankt hatte.

Noch war nichts entschieden. Zwar standen die Brasilianer nun mit einem Bein im Viertelfinale, doch ein Treffer Spaniens hätte den alten Zustand wieder herbeigeführt. Die endgültige Entscheidung fiel erst in der 86. Minute durch den zweiten Treffer Amarildos, der ein Zögern in der spanischen Abwehr zu einem Kopfballtor nutzen konnte. Wieder war Garrincha beteiligt, der seine Gegner wiederholt in der ihm eigenen, unnachahmlichen Weise mit einer täuschenden Bewegung ausgespielt hatte.

Das Aus für die Südeuropäer kam nicht unerwartet, doch aufgrund der lange andauernden Überlegenheit haderten Herrera und seinen Mannen mit ihrem Schicksal. Es war einer der vielen Tiefschläge, die Spanien in der Geschichte der Fußball-Weltmeisterschaften einzustecken hatte.

Auf der anderen Seite gab es einen, der sein Glück kaum fassen konnte: Amarildo saß überwältigt und tränenüberströmt in der brasilianischen Umkleidekabine.

Die Gruppe C hatte mit der CSSR und Brasilien zwei verdiente Sieger. Zwar waren die Spanier kurz davor gewesen, den Topfavoriten vom Thron zu stürzen und hatten ihn auch kräftig ins Wanken gebracht, doch mussten die europäischen Spitzenfußballer letztlich anerkennen, dass ihnen Entscheidendes fehlte: erstens Teamgeist, der die Tschechoslowaken auszeichnete und zweitens der letzte Schuss Motivation, der Brasilien zum Erfolg führte. Mexiko war in dieser Gruppe nur Sparringspartner, wenn auch ein überraschend guter.

Brasilien – Spanien **2:1 (0:1)**

6. Juni 1962, 15.00 Uhr, Viña del Mar, Estadio Sausalito

Brasilien: Gilmar – Djalma Santos, Mauro (k), Zózimo, Nilton Santos – Zito, Garrincha – Didi, Vava, Amarildo, Zagalo

Spanien: Araguistáin – Rodri, Gracia, Vérges – Echevarria, Pachin – Collar (k), Adelárdo, Puskás, Peiró, Gento

Tore: 0:1 Adelárdo (35.), 1:1 Amarildo (72.), 2:1 Amarildo (86.) – **SR:** Bustamente (Chile) – **LR:** Marino (Uruguay), Sundhelm (Kolumbien) – **ZS:** 18.715 (53%)

Mexiko - Tschechoslowakei 3:1 (2:1)

Erster WM-Sieg für Mexiko

Lange hatten die Mittelamerikaner gebraucht, ehe sie bei ihrer fünften WM-Teilnahme endlich den ersten Sieg verzeichnen konnten. Nach einem einzigen Remis und zwölf Niederlagen in 13 Begegnungen zuvor gelang der Durchbruch ausgerechnet gegen den späteren Vizeweltmeister.

Der hatte nach der Niederlage Spaniens gegen Brasilien allerdings keine Sorgen mehr, denn hinter Brasilien waren die Tschechoslowaken sicher für das Viertelfinale qualifiziert. Ein Sieg gegen Mexiko hätte, je nach Torverhältnis, allerdings den Gruppensieg bringen können. Dann wäre aller Voraussicht nach das zeitgleich gegen Bulgarien antretende England Gegner im Viertelfinale gewesen, da Ungarn als Sieger der Gruppe D bereits feststand. War der CSSR Ungarn vielleicht sogar lieber, und ihnen die Niederlage gegen die Mexikaner insofern gleichgültig? Die Entscheidung um den Gruppensieg war den Chilenen offenbar auch egal. Bei wiederum strahlendem Sonnenschein im „Cannes von Chile" fanden sich nicht viel mehr als 10.000 Zuschauer in der schönen Arena ein.

An seinem 33. Geburtstag konnte Mexikos Schlussmann Antonio Carbajal in seinem zehnten WM-Spiel endlich den ersehnten Erfolg feiern, obwohl ein anderes historisches Ereignis davon zunächst nichts ahnen ließ. Der für Jelinek in die Mannschaft gekommene Vaclav Masek brachte die Tschechoslowaken nämlich nach nur 16 Sekunden mit einem Sturmlauf, bei dem er auch das herausgelaufene Geburtstagskind überwand, in Führung. Bis heute ist es das schnellste Tor, das je bei einem WM-Spiel geschossen wurde. Zunächst gab es also keine tschechoslowakischen Geschenke. Wollten die Osteuropäer vielleicht doch Gruppensieger werden?

Lange dauerte die Freude über die frühe Führung indes nicht an. Bereits zwölf Minuten später konnte Diaz nach einem Querpass von Del Aguila ausgleichen und nach knapp einer halben Stunde brachte letzterer die Mittelamerikaner sogar in Front, indem er eine Lücke in der tschechoslowakischen Abwehr zu einem platzierten Schuss nutzte. Die ersten Treffer Mexikos bei diesem Turnier waren zugleich die ersten Gegentreffer für die CSSR.

CSSR-Kapitän Novák und Mexikos Hernández im Kopfballduell.

Zur Pause führte der Außenseiter gegen den Spanien-Bezwinger zur Überraschung aller Experten mit 2:1. Diesen Vorsprung ließen sich die Mexikaner auch nicht mehr nehmen. Wenn auch die Tschechoslowaken noch einmal großen Druck ausübten: Die besseren Möglichkeiten waren auf Seiten der Mexikaner zu verzeichnen. Del Aguila bot sich in der 50. Minute eine Riesenchance, als er unverhofft freistehend knapp das Tor verfehlte. Die Europäer hielten sich zurück. Ihnen genügte der zweite Platz, und sie wollten vor dem Viertelfinale keine Verletzungen mehr riskieren. In der letzten Minute verwandelte Héctor Hernández schließlich einen Handelfmeter zur 3:1-Entscheidung.

Das Sportecho zitierte Mexikos Trainer Scopelli: „Gegen Brasilien waren wir noch stolz, eine Halbzeit lang ein ebenbürtiger Gegner gewesen zu sein; gegen die CSSR spielten wir in der entscheidenden Phase überlegen und zwingend. Das macht uns überglücklich. Es war unser erster Sieg bei fünf Weltmeisterschaften. Und ein Sieg gegen die CSSR wiegt."

Gruppe C – Abschlußtabelle

	Sp.	g	u	v	Tore	Punkte
1. Brasilien	3	2	1	0	4:1	5–1
2. Tschechoslowakei	3	1	1	1	2:3	3–3
3. Mexiko	3	1	0	2	3:4	2–4
4. Spanien	3	1	0	2	2:3	2–4

Mexiko – Tschechoslowakei 3:1 (2:1)

7. Juni 1962, 15.00 Uhr, Viña del Mar, Estadio Sausalito

Mexiko: Carbajal (k) – Del Muro, Cárdenas, Sepúlveda, Jauregui – Reyes, Najera – Del Aguila, Alfredo Hernández, Héktor Hernández, Díaz

CSSR: Schrojf – Lala, Novák (k), Pluskal, Popluhár – Masopust, Stibranyi – Scherer, Kvasnák, Adamec, Masek

Tore: 0:1 Masek (1.), 1:1 Diaz (13.), 2:1 Del Aguila (29.), 3:1 Héktor Hernández (90., HE) – **SR:** Dienst (Schweiz) – **LR:** Tešanic (Jugoslawien), Sundhelm (Kolumbien) – **ZS:** 10.648 (30%)

Argentinien - Bulgarien 1:0 (1:0)

Lauer Auftakt in Rancagua

Das Auftaktspiel der Gruppe D lockte gerade einmal 7.000 Menschen an. Die Atmosphäre in Rancagua war an einem herbstlich-sonnigen Nachmittag trotz der rund 1.000 angereisten argentinischen Fans wenig zum Schwärmen geeignet. Der erhoffte Zuschauerzuspruch aus dem Nachbarland Argentinien hielt sich in Grenzen, da auf der Höhe von Rancagua eine Grenzüberschreitung verkehrstechnisch kaum möglich war. Die Gastgeber hatten sich folglich mit niedrigen Besucherzahlen abzufinden.

Wie in den anderen drei WM-Städten fand auch in Rancagua ein Eröffnungszeremoniell statt. Neben den aus Santiago übertragenen Redebeiträgen trat eine Gruppe in Trachten gewandeter „Husaos“ auf, die die Flaggen der Teilnehmerländer unter den Klängen der chilenischen Nationalhymne feierlich ins Stadion trugen.

Vor leeren Rängen in Rancagua – Torwart Roma erwartet bulgarischen Torschuss.

Die Bulgaren gingen mit einer zunächst sehr defensiv eingestellten Mannschaft in ihr erstes WM-Spiel. Um Abwehrchef Kostov hatten die Trainer ein dichtes Netz aufgebaut. Trotzdem hieß die Devise: „Wir fahren nicht nach Chile, um zu verlieren.“ Wer sich in der Qualifikation gegen Frankreich hatte durchsetzen können, durfte auch allen Grund zu dieser Einschätzung haben. Gerade Argentinien schien in dieser Gruppe nicht unbezwingbar zu sein.

Doch offenbar war das harte Konditionstraining des neuen argentinischen Trainers Lorenzo nützlich gewesen, denn die Argentinier konnten ihre frühe Führung durch Facundo aus der 4. Minute - zugleich das erste Tor der WM 1962 - bis zum Spielende halten. Nach einer mustergültigen Kombination war der Ball vor das bulgarische Tor gelangt, wo Facundo nur noch hatte einschieben müssen. Damit war es mit der argentinischen Herrlichkeit bereits wieder vorbei gewesen und in der Folgezeit besannen sich die „Grauchos“ auf ihre wirkliche Stärke: Das Zerstören. Versuche ihres neuen Trainers, ein 4-2-4-System zu etablieren, waren wenig erfolgversprechend, da es an guten Stürmern mangelte. Viele argentinische Stars, die in der Südamerika-Meisterschaft Brasilien noch das Fürchten gelehrt hatten, waren inzwischen abgewandert: Allen voran Sivori, Di Stefano und Maschio.

Nach anfänglicher Euphorie ihrer „Ar-gentina, Argen-tina“ skandierenden Anhänger zeigten die vor der WM noch prahlerischen Südamerikaner, dass von ihnen nicht viel zu erwarten war. Die Partie riss die Zuschauer infolge der argentinischen Zurückhaltung im Angriffsspiel nicht gerade von den Sitzen, da auch technisch wenig Anspruchsvolles geboten wurde. Der Vizeweltmeister von 1930 spielte nicht südamerikanisch, sondern versuchte, angeführt von Navarro und Saínz, durch Aggressivität jede Spielentwicklung des Gegners zu unterbinden. Das Mittelfeld wurde den Bulgaren frühzeitig überlassen. Die Osteuropäer wiederum hatten vor allem damit zu kämpfen, eigene Verletzungen zu vermeiden. Wenn die gefährlichen Spitzen sich einmal durchsetzen konnten, wurden sie sogleich niedergestreckt. Die Argentinier zeigten derweil große schauspielerische Talente, wenn sie sich mit schmerzverzerrter Miene auf dem Boden wälzten und dem Schiedsrichter damit weismachen wollten, sie seien Opfer der bulgarischen Spielweise geworden. Die Verletzungen der Osteuropäer sprachen indes eine andere Sprache. Nach dem Spiel hockten in der bulgarischen Kabine mit Dijev und Ilijev gleich zwei Spieler, denen die Argentinier so übel mitgespielt hatten, dass für sie das Turnier zu Ende war.

Die stärkste Leistung zeigte der bulgarische Torsteher Naidenov, der Mitte der zweiten Hälfte große Möglichkeiten von Sanfilippo und Pagani zunichte machen konnte, womit die wirklichen Torchancen dieses Spiels auch bereits erwähnt wären.

Argentinien – Bulgarien 1:0 (1:0)

30. Mai 1962, 15.00 Uhr, Rancagua, Estadio Braden

Argentinien: Roma – Navarro (k), Páez, Saínz, Marzolini – Sacchi, Rossi – Facundo, Pagani, Sanfilippo, Belén

Bulgarien: Naidenov – Rakarov (k), Kitov, Aleksandar Kostov, Ivan Dimitrov – Kovatchev, Dijev – Velitchkov, Ilijev, Jakimov, Kolev

Tor: 1:0 Facundo (4.) – **SR:** Gardeazabal (Spanien) – **LR:** Morgan (Kanada), Buergo (Mexiko) – **ZS:** 7.134 (29%)

Ungarn - England 2:1 (1:0)

Barotis neue Wundertruppe

Wieder waren es keine 8.000 Zuschauer, die zum vermeintlichen Spitzenspiel der Gruppe D den Weg ins Stadion fanden. Die Ungarn hatten in Albert, Tichy und Solymosi einige große neue Namen, nachdem aus der 1954er Formation nur noch Torwart Grosics übrig geblieben war. Trainer Baroti kommentierte die vorweltmeisterschaftlichen Formschwächen seiner Mannschaft folgendermaßen: „Es besteht durchaus kein Grund, pessimistisch zu sein. Unsere Chile-Auswahl ist auf jeden Fall besser als beim Welt-Championat in Schweden, und ich glaube, daß wir zum Beginn der Spiele in Rancagua noch eine bedeutende Formverbesserung erreichen können. Ich bin auch überzeugt, daß wir zumindest unter die letzten Acht kommen werden."

Englands Team unterschied sich erheblich von jenem glücklosen, das bei der WM 1958 keinen einzigen Sieg hatte erringen können. Cheftrainer Winterbottom, der bereits 1958 Auswahltrainer gewesen war, hatte demgegenüber für Chile sogar einige Spieler aus der zweiten englischen Division herangezogen. Aus dem Kader von Schweden waren nur noch acht Spieler dabei. Auch versuchte der Coach, seine Kikker vom WM-System zur 4-2-4-Anordnung zu bewegen. Nicht alle kamen für diese taktische Variante in Frage. Lediglich Douglas und Haynes wurden daher auch in Chile wieder eingesetzt.

26 Jahre zuvor konnten die Engländer zuletzt gegen Ungarn gewinnen. Vier Jahre vor der WM im eigenen Land hofften die Briten, die Schmach der Niederlagen von 1953 in Wembley und 1954 in Budapest (1:7) nun endlich zu tilgen. Es sollte eine Begegnung werden, die überwiegend von Fair-Play geprägt war. Das bedeutete aber keinesfalls, dass beide Teams einen Nichtangriffspakt geschlossen hätten. Zur Freude des Publikums bemühte sich sowohl Ungarn als auch England sogleich um Torerfolge. Den Engländern kam dabei zunächst ein leichter Nieselregen entgegen. Ungarn begann nervös, ging dafür aber überraschend in Führung. Nach 17 Minuten zischte der Ball Keeper Springett durch die nach oben gestreckten Arme. Tichy hatte abgezogen und mit einem Distanzschuss das 1:0 erzielt, nachdem er mit technischer Eleganz drei Engländer hatte aussteigen lassen.

Mit der Führung im Rücken wussten die Magyaren zu gefallen, spielten beinahe wie ihre „Wunderelf" der 1950er Jahre, doch die Briten ließen vor der Pause keinen weiteren Treffer mehr zu, blieben ihrerseits jedoch im Angriff mit Ausnahme von Charlton blass. Gleich zu Beginn des zweiten Spielabschnittes unterstrichen die Osteuropäer mit zwei Fernschüssen, die Springett parieren konnte, ihre Ansprüche auf den Sieg. Doch ganz so leicht wollten die Männer mit den „drei Löwen auf dem Hemd" es den Ungarn nicht machen. Sie begannen eine Aufholjagd. Ein Handelfmeter, den Flowers verwandelte, brachte nach einer Stunde den Ausgleich. Grosics hatte einen Ball nicht festhalten können, und Greaves ihn anschließend erwischt und Mátrai an die Hand geschossen. Albert brachte seine Farben in der 71. Minute verdientermaßen wieder in Führung. Mitten in die englische Drangperiode hinein hatte er bei einem Solo zwei Verteidiger und den Keeper stehen gelassen und den Siegtreffer markiert. Der kämpferische Einsatz der Briten führte noch zu einigen Chancen, die aber nichts mehr einbrachten. Enttäuscht verließen sie das Feld, hatten sie sich doch diesmal gegen den Rivalen in der Favoritenrolle gesehen und waren wieder nur zweiter Sieger geworden. Immerhin war es eines der besten Spiele des Turniers. Winterbottom erkannte die ungarische Überlegenheit neidlos an, indem er besonders der Hintermannschaft das Lob aussprach, den englischen Angriff jederzeit unter Kontrolle gehabt zu haben.

Flowers verwandelt den Elfmeter zum Ausgleich für England.

Ungarn – England **2:1 (1:0)**
31. Mai 1962, 15.00 Uhr, Rancagua, Estadio Braden

Ungarn: Grosics (k) – Mátrai, Sárosi, Solymosi – Mészöly, Sipos – Sándor, Rákosi, Albert, Tichy, Fenyvesi

England: Springett – Armfield, Wilson, Moore, Norman – Flowers, Douglas – Greaves, Hitchens, Haynes (k), Charlton

Tore: 1:0 Tichy (17.), 1:1 Flowers (60., HE), 2:1 Albert (71.) – **SR:** Horn (Holland) – **LR:** Blavier (Belgien), Goldstein (USA) – **ZS:** 7.938 (32%)

England - Argentinien 3:1 (2:0)

Duell der Spielsysteme

Nur selten war England bis dato auf die großen südamerikanischen Fußballnationen gestoßen. Gegen Argentinien hatte es zuvor nur zwei Vergleiche gegeben, die 1951 in London 2:1 für England und 1953 in Buenos Aires 0:0 ausgegangen waren. Insofern ging es nicht allein um ein vorentscheidendes Gruppenspiel, sondern auch um ein seltenes Prestige-Duell zwischen traditionsreichen Ländern der beiden rivalisierenden „Fußballkontinente".

Andächtig beobachten die Argentinier den „südamerikanischen" Trick von Moore.

Wenig Grund zu Veränderungen in der Mannschaftsaufstellung sah Walter Winterbottom. Lediglich Hitchens, der Legionär von Inter Mailand und Stürmerstar im englischen Team, wurde durch Peacock ersetzt, der vom Zweitligisten Middlesbrough kam. England wählte eine etwas defensivere Ausrichtung gegenüber dem ersten Match, schließlich waren es die schnellen Gegenstöße der Ungarn gewesen, die sein Schicksal im Auftaktspiel besiegelt hatten. Auch wollte der englische Coach dem robusten Navarro einen Angreifer ähnlicher Statur entgegenstellen.

Ein paar Umbesetzungen hatte auch der argentinische Coach vorgenommen. So war der brachiale Verteidiger Saínz aus dem Team gefallen, scheinbar hatte er sich bei seinen Attacken gegen Bulgarien selbst verletzt. Auch der für das Angriffsspiel elementar wichtige Rossi fehlte neben zwei weiteren Akteuren der ersten Begegnung verletzungsbedingt.

Beide Teams begannen offensiv. Die Argentinier wussten, dass es im letzten Gruppenspiel gegen Ungarn nicht leichter werden würde, den für das Weiterkommen wahrscheinlich notwendigen zweiten Sieg einzufahren, und die Engländer brauchten unbedingt zwei Punkte, um aus eigener Kraft noch das Viertelfinale erreichen zu können.

In der achten Minute unterzog Greaves per Kopf Roma im argentinischen Tor einer ersten ernsthaften Prüfung. Ein Schuss von Peacock in der 18. Spielminute führte dann über Umwege zum 1:0: Der Ball prallte von der Unterkante der Latte in Richtung Torlinie, und Navarro schlug ihn mit der Hand hinaus. Den fälligen Elfmeter verwandelte Flowers sicher zur englischen Führung. Auch der zweite englische WM-Treffer war demnach kein Feldtor. Bobby Charlton änderte das nach einem Zuspiel von Flowers, der den Lattenabpraller eines fulminanten Schusses von Armfield angenommen hatte. Kurz vor dem Seitenwechsel brachte der Stürmer von Manchester United seine Farben mit 2:0 in Front.

Die Engländer kamen entschlossener aus der Halbzeitpause und attackierten weiter das argentinische Tor. In der 67. Minute erhöhte Greaves mit einem Abstauber auf 3:0. Sanfilippo konnte in der 81. Minute nach Unkonzentriertheiten in der englischen Abwehr auf 3:1 verkürzen. Das änderte jedoch nichts mehr am Erfolg der Engländer, die sich damit gegen den Hauptkonkurrenten um den Einzug ins Viertelfinale durchgesetzt hatten. Gegenüber Argentinien, das noch gegen Ungarn spielen musste, hatten sie nun die bessere Ausgangsposition, da im letzten Gruppenspiel der vermeintlich schwächste Gegner Bulgarien wartete.

Argentiniens Trainer Lorenzo bekannte anschließend: „Wir müssen einsehen, daß unser Fußball, wie wir ihn gewohnt sind, überholt ist. In Europa spielt man zwar nicht so artistisch, dafür aber schneller, zweckmäßiger, eben moderner und erfolgreicher." Die argentinischen Fans hatten schon nach einer halben Stunde ihre blau-weißen Fahnen eingerollt, und ihre Anfeuerungsrufe waren verstummt. Chilenische Zeitungen feierten Charlton bereits als besten Flügelstürmer des Turniers. Der englischen Abwehr um Armfield und dem zurückhaltenden Spiel aus der Tiefe heraus wurde allgemein großes Lob zuteil.

England – Argentinien 3:1 (2:0)

2. Juni 1962, 15.00 Uhr, Rancagua, Estadio Braden

England: Springett – Armfield, Wilson, Moore, Norman – Flowers, Douglas – Greaves, Peacock, Haynes (k), Charlton

Argentinien: Roma – Cap (k), Páez, Navarro, Marzolini – Sacchi, Rattin – Oleniak, Sosa, Sanfilippo, Belén

Tore: 1:0 Flowers (18., HE), 2:0 Charlton (42.), 3:0 Greaves (67.), 3:1 Sanfilippo (81.) – **SR:** Latichev (UdSSR) – **LR:** Morgan (Kanada), Reginato (Chile) – **ZS:** 9.794 (39%)

Ungarn - Bulgarien 6:1 (4:0)

Ungarische Stars schießen Bulgarien raus

Der höchste Sieg der WM (neben dem 5:0 der Jugoslawen gegen Kolumbien) stellte zugleich die Vorentscheidung über den Gruppensieg in Rancagua dar. Gegen Argentinien hatten die Bulgaren überraschend stark gespielt. Coach Panchedjiev baute trotzdem in der Offensive ein wenig um. Drei neue Kräfte holte er für die veränderte Aufstellung ins Team. Dijev, der als bester Angreifer Bulgariens galt, sowie Ilijev, der wichtigste Spieler für den Aufbau, mussten verletzungsbedingt ersetzt werden; weiterhin musste Jakimov weichen.

Im ungarischen Aufgebot gab es nur zwei Veränderungen: Torwart Ilku durfte den großen Grosics vertreten, der an einer Handverletzung aus dem ersten Spiel laborierte und Göröcs kam für Rákosi in die Mannschaft.

Florian Albert schickte sich an, der Stürmer-Star dieser Weltmeisterschaft zu werden: in der 1., 6. und in der 54. Minute erzielte er je einen Treffer, wobei ihm nur deshalb kein Hattrick gelang, weil seine Teamkollegen Tichy (8.) und Solymosi (12.) zwischendurch ebenfalls trafen. Bereits nach 12 Minuten hatte es 4:0 für Ungarn gestanden. Ein solch furioser Auftakt war bei einer WM zuvor nur Österreich anno 1954 gegen die Tschechoslowakei gelungen (4:0 nach 22 Minuten).

Auch im vierten Gruppenspiel in Rancagua zahlte sich aus, dass Sir Stanley Rous nach dem dritten Spieltag der WM (mit seinen vier Platzverweisen und dem Skandalspiel zwischen Italien und Chile am 2.Juni in Santiago) alle 16 Mannschaften zur Besinnung gerufen hatte. Seine Rede im Carrera Hotel in Santiago hatte vor Repräsentanten fast aller Mannschaften eindringlich zur Rückkehr zum Fair-Play aufgefordert. In Kreisen der FIFA-Verantwortlichen war sogar diskutiert worden, die Weltmeisterschaft abzubrechen, wenn die Mannschaften nicht zum sportlichen Grundgedanken zurückkehren würden!

Bei seinem ersten Treffer hatte Albert sogleich die Initiative ergriffen, mehrere Bulgaren stehen gelassen und vollendet. Es war nach dem Blitztor von Masek (CSSR-Mexiko) das schnellste der WM 1962. Kaum fünf Minuten später überwand der ungarische Jungstar nach einer Steilvorlage den routinierten bulgarischen Torsteher zum zweiten Mal. Naidenov musste bereits kurz darauf wieder hinter sich greifen, als der erfahrene Tichy eine Ablage von Albert zum 3:0 nutzte. Interessanterweise verzichtete Albert damit auf die Chance, einen lupenreinen Hattrick zu erzielen, der sicher lange unvergleichlich geblieben wäre. Solymosi wollte seinen den Mannschaftsgenossen nicht nachstehen und sorgte mit einem platzierten Schuss für das 4:0. Das dritte Tor von Albert entsprang einem Dribbling, bei dem die Bulgaren „alt" aussahen.

Zehn Minuten nach dem Treffer zum 5:0 erzielte Asparuchov den einzigen WM-Treffer der Bulgaren. Sokolov hatte mit einem Solo die Vorarbeit geleistet. Als Tichy in der 70. Minute den 6:1-Endstand markiert hatte, indem er in souveräner Manier einschoss, glaubten viele, Brasiliens Endspielgegner gesehen zu haben. In den Reihen Ungarns zog Solymosi im Mittelfeld die Fäden. Im Angriff wussten besonders Tichy und Albert zu überzeugen, die sich vor der WM versöhnt und damit einen langen Streit über die Frage, wer von ihnen der bessere in der zentralen Angriffsposition sei, beigelegt hatten.

Albert eröffnet den Torreigen in der 1. Minute mit einem Schuss aus spitzem Winkel.

Die bulgarischen Betreuer hatten sich total verkalkuliert. Gegen die Argentinier spielte eine defensive 4-2-4-Formation, weil sie deren Offensivkraft fürchteten. Gegen Ungarn waren sie gezwungen, selbst mehr nach vorne spielen zu lassen und wählten eine klassische Aufstellung in Anlehnung an das WM-System. Umgekehrt wäre möglicherweise mehr herausgesprungen.

Ungarn – Bulgarien **6:1 (4:0)**
3. Juni 1962, 15.00 Uhr, Rancagua, Estadio Braden

Ungarn: Ilku – Mátrai, Sárosi (k), Solymosi – Mészöly, Sipos – Sándor, Göröcs, Albert, Tichy, Fenyvesi

Bulgarien: Naidenov – Rakarov (k), Kitov, Aleksandar Kostov – Ivan Dimitrov, Kovatchev – Sokolov, Velitchkov, Asparuchov, Kolev, Dermendijev

Tore: 1:0 Albert (1.), 2:0 Albert (6.), 3:0 Tichy (8.), 4:0 Solymosi (12.), 5:0 Albert (54.), 5:1 Asparuchov (64.), 6:1 Tichy (70.) – **SR:** Gardeazabal (Spanien) – **LR:** Silva (Chile), Davidson (Schottland) – **ZS:** 7.442 (30%)

Torloses Remis trotz dieser argentinischen Offensive mit Oleniak, Facundo und Pagani.

Argentinien - Ungarn 0:0

Kein Risiko durch Baroti

Die Magyaren mussten sich nicht mehr groß ins Zeug legen. Nur bei einer Niederlage mit drei Toren Unterschied hätten sie Argentinien noch vorbei ziehen lassen müssen. Bei einem anschließenden Sieg der Engländer gegen Bulgarien hätte Ungarn dann sogar noch das Viertelfinale verpassen können. Das Team zeigte sich im Offensivbereich wieder leicht verändert. Albert, der dreifache Torschütze aus dem letzten Spiel, fehlte in der Aufstellung. Trainer Baroti wollte ihn offenbar für das Viertelfinale schonen. Zwischen die Pfosten rückte wieder der etatmäßige Torwart Grosics.

Die Argentinier brauchten in jedem Fall ein möglichst hohes Ergebnis. Selbst ein knapper Sieg wäre keine Garantie zum Einzug in die nächste Runde gewesen, da am kommenden Tag ein klarer Erfolg der Briten gegen Bulgarien zu erwarten war. Um das scheinbar Unmögliche noch wahr werden zu lassen, hatte Trainer Lorenzo wiederum einige Veränderungen vorgenommen. Unter anderem wurde der gegen England enttäuschend schwache Torwart Roma durch Domínguez ersetzt. Die Argentinier setzten damit insgesamt 18 Spieler bei der WM ein, nur Spanien und Italien stellten ihre Mannschaft öfter um, und schieden wie Argentinien nach der Vorrunde aus.

Die Gruppenspiele in Rancagua hatten zwei eindeutige Sieger, obwohl es zuletzt noch knapp geworden war, da die Engländer im letzten Match gegen Bulgarien eine schwache Angriffsleistung boten und meist auf Halten spielten. Die Argentinier hatten geglaubt, noch zu den besten Fußball-Nationen zu gehören und Defizite gegenüber den athletischeren Europäern in letzter Minute durch entsprechende Trainingsmaßnahmen ausgleichen zu können. Das entpuppte sich als großer Trugschluss. Eine Überraschung war die Steigerung der Ungarn, die es von allen europäischen Mannschaften in der Vorrunde am besten verstanden, Taktik, Technik und Athletik so miteinander zu kombinieren, dass dabei ansehnliche Spiele herauskamen.

Die Durchschlagskraft der ungarischen Angriffsbemühungen wurde erheblich eingeschränkt, da sich Göröcs bereits nach einer Viertelstunde verletzte und der Stürmer, als er zur zweiten Hälfte wiederkehrte, nur noch als Statist dabei war. So entwickelte sich die Begegnung vor knapp 8.000 Zuschauern zu einer Partie Abwehrschach seitens der Magyaren, wogegen die Argentinier selten Mittel fanden, obwohl sie am Ende ein Eckenverhältnis von 21:1 zu ihren Gunsten aufzuweisen hatten. Die größten von einigen Gelegenheiten zum Siegtreffer hatten die Südamerikaner durch Oleniak gleich zu Beginn des Spiels und durch Paganini in der zweiten Hälfte, dem es allerdings aus fünf Metern nicht gelang, Grosisc zu überwinden. Weitere Einschussversuche scheiterten ebenfalls meist an dem überragenden Schlussmann der Ungarn. Die hatten ihrerseits außer einem Pfostentreffer Monostoris und einer Riesenchance von Kuharszki Mitte der zweiten Hälfte nur wenig zur Chancenbilanz beizutragen. Als kurz vor dem Ende der kleinwüchsige Pando im Strafraum zu Fall kam, Schiedsrichter Yamasaki sich allerdings nicht dazu durchringen konnte, Argentinien einen Elfmeter zuzusprechen, war endgültig besiegelt, dass die Begegnung torlos bleiben würde.

Mit dem Unentschieden hatten sich die Ungarn den Gruppensieg gesichert, den sie auch überglücklich feierten. Den Südamerikanern blieb nur noch die magere Hoffnung auf einen Außenseitererfolg Bulgariens gegen England.

Gruppe D – Abschlußtabelle

	Sp.	g	u	v	Tore	Punkte
1. Ungarn	3	2	1	0	8:2	5-1
2. England	3	1	1	1	4:3	3-3
3. Argentinien	3	1	1	1	2:3	3-3
4. Bulgarien	3	0	1	2	1:7	1-5

Argentinien – Ungarn 0:0

6. Juni 1962, 15.00 Uhr, Rancagua, Estadio Braden

Argentinien: Domínguez – Cap, Saínz, Delgado – Marzolini, Sacchi – Pando (k), Facundo, Pagani, Oleniak, Gonzalez

Ungarn: Grosics (k) – Mátrai, Sárosi, Solymosi – Mészöly, Sipos – Kuharszki, Göröcs, Monostori, Tichy, Rákosi

SR: Yamasaki (Peru) – **LR:** Gardeazábal (Spanien), Morales (Kolumbien) – **ZS:** 7.945 (32%)

Bulgarien - England 0:0

22 Maurer vor Minuskulisse

Nach offiziellen Angaben wollten nur 5.700 Besucher diese Partie im Estadio Braden sehen. In einigen Medien war sogar von nur 3.000 Zuschauern die Rede, sicherlich eine Folge der „chilenischen Zählweise“ der Karten-Abonnements für die WM, die durchgehend für sehr unterschiedliche Angaben der Zuschauerzahlen sorgte. In jedem Fall war es das am schlechtesten besuchte Spiel dieser WM, und nach Meinung einiger Berichterstatter zugleich das langweiligste und schlechteste des ganzen Turniers. Möglicherweise lag das an der Ausgangsposition der Engländer, denen ein Unentschieden zum Weiterkommen reichte, während im Fall ihrer Niederlage stattdessen Argentinien ins Viertelfinale eingezogen wäre. Es mag auch sein, dass sich das Desinteresse an der Begegnung auf die Motivation der Akteure übertragen hatte.

Dabei hatten die Bulgaren nichts mehr zu verlieren, der Zug ins Viertelfinale war spätestens nach der deprimierenden Niederlage gegen Ungarn abgefahren. Umso erstaunlicher, dass sie ihr Heil in der Defensive suchten, obwohl eine Gruppe argentinischer Fans sie fanatisch anfeuerte, und die gleiche englische Elf, die so erfolgreich gegen Argentinien gespielt hatte, ihnen in weiten Teilen des Spiels das Mittelfeld überließ. Trainer Winterbottom sagte nach dem Spiel, dass „drei Stürmer gegen sechs Verteidiger einfach keine Tore schießen können“ und meinte damit beide Mannschaften.

Sokolov springt höher als Flowers und Wilson – nur der englische Keeper Springett kann mithalten.

Zwischen der 20. und 40. Minute hatte Greaves immerhin drei gute Möglichkeiten ein Tor zu erzielen, versagte aber kläglich. In der 69. Minute hatte auf der Gegenseite Kostov nach einer Flanke von Kolev die große Chance zur bulgarischen Führung. Sein Kopfball verfehlte das Tor allerdings um Längen. Die größte englische Chance der zweiten Hälfte durch einen harten Charlton-Schuss, machte der starke Torhüter Naidenov eine Viertelstunde vor Schluss zunichte. Zeitweilig hatte es so ausgesehen, als wollten die Bulgaren einen Sieg vermeiden. Dieser Eindruck verstärkte sich, als sie kurz vor Schluss den Ball nur noch in der Abwehr hin und her schoben. Dieses Geplänkel wirkte wie ein Nichtangriffspakt mit den Westeuropäern, und führte zu allerlei Spekulationen, ob es sich dabei um eine späte Rache an den Argentiniern handelte, die gegen die Osteuropäer im ersten Gruppenspiel so hart zur Sache gegangen waren, dass sich einige der besten bulgarischen Spieler verletzt hatten. So erreichten die Engländer schließlich mit etwas Glück die Runde der letzten Acht.

Bilanz der Vorrunde

Die vor dem Spiel verkündeten Aufstellungen verrieten oft nicht viel über die tatsächliche Spielweise der einzelnen Mannschaften. 1962 war eine Phase des totalen Umbruchs. Das 4-2-4-System wurde von Europäern und Südamerikanern höchst unterschiedlich interpretiert. In der europäischen Variante wurde fast durchgehend eine verstärkte Defensive mit Elementen des Catenaccio daraus, mit der insbesondere Argentinien und Uruguay, teilweise aber auch Brasilien und Chile ihre Probleme hatten. Ironischerweise verzichtete ausgerechnet Spaniens Trainer Herrera, der als Erfinder des Catenaccio galt, völlig auf ihn, was seinem Team vermutlich die entscheidende Niederlage gegen die CSSR einbrachte.
In einigen Begegnungen kam es zu brutalen Zwischenfällen. Beim Spiel UdSSR-Jugoslawien wurde auf Seiten der Sowjets Dubinski mit einem gebrochenen Bein hinausgetragen und Metreweli musste mit einer offenen Platzwunde am Kopf das Spielfeld verlassen. Das Spiel Chile-Italien ging als das unfairste in die WM-Geschichte ein. Italien, das in dieser Konfrontation vom Schiedsrichter durch zwei Platzverweise besonders gestraft wurde, hätte andernfalls aufgrund der größeren spielerischen Fähigkeiten an Stelle von Chile das Viertelfinale erreichen können.
Die Vorrunde gestaltete sich insgesamt sehr ausgeglichen. Mit der Bundesrepublik, England, der UdSSR und auch Jugoslawien war im Viertelfinale gerechnet worden. Ungarns Weiterkommen war keine Sensation, höchstens die spielerische Brillanz und die Souveränität, mit der die Magyaren die zweite Runde erreicht hatten. Die CSSR wurde zwar als Geheimtipp betrachtet, bei der Konstellation in ihrer Gruppe aber wohl eher Spanien weiter vorne erwartet. Brasilien war in Gruppe C sowieso „gesetzt“. Neben dem Ausscheiden der Spanier stellte sicher das Scheitern von Italien die größte Überraschung dar.

Bulgarien – England 0:0

7. Juni 1962, 15.00 Uhr, Rancagua, Estadio Braden

Bulgarien: Naidenov – Dimov, Schetschev, Dimitar Kostov – Aleksandar Kostov, Ivan Dimitrov – Kovatchev (k), Velitchkov, Asparuchov, Kolev, Dermendijev

England: Springett – Armfield, Wilson, Moore – Norman, Flowers – Douglas, Greaves, Peacock, Haynes (k), Charlton

SR: Blavier (Belgien) – **LR:** Reginato (Chile), Morales (Kolumbien) – **ZS:** 5.700 (23%)

Das Endturnier - Viertelfinale

Chile - UdSSR 2:1 (2:1)

Chile dos – Rusia uno !

Als Gruppenzweiter musste der Gastgeber die weite Reise zum Viertelfinale nach Arica antreten. Der Gegner Sowjetunion „durfte" als Gruppensieger der Gruppe A in der ungeliebten Wüstenstadt bleiben.

Torhüter Jaschin steht gegen die chilenischen Angreifer häufig im Mittelpunkt des Geschehens.

Eigentlich hätte das Stadion 24.000 Besucher aufnehmen können, wenn die Sitzplätze in den Kurven in Stehplätze umgewandelt worden wären. Aus unergründlichen Motiven verzichtete der Veranstalter jedoch darauf.

So konnte das Stadion mit offiziell 17.268 Besuchern als ausverkauft gelten. Auf dem Schwarzmarkt wurden Karten für das vierfache (10 Escudos) des ursprünglichen Preises gehandelt. Viele Menschen waren im Verlauf des Tages angereist, selbst aus dem benachbarten Bolivien strömten die Massen. So waren sämtliche Lokale der Umgebung restlos überfüllt mit Menschen, die keine Eintrittskarte mehr ergattert hatten.

Chile – UdSSR **2:1 (2:1)**
10. Juni 1962, 14.30 Uhr, Arica, Estadio Carlos Dittborn

Chile: Escuti – Eyzaguirre, Contreras, Raul Sánchez, Navarro – Toro (k), Rojas – Ramírez, Landa, Tobar, Leonel Sánchez

UdSSR: Jaschin – Tschocheli, Ostrowski, Woronin, Masljonkin – Netto (k), Tschislenko – Iwanow, Ponedjelnik, Mamykin, Meschi

Tore: 1:0 L Sánchez (11.), 1:1 Tschislenko (27.), 2:1 Rojas (28.) – **SR:** Horn (Holland) – **LR:** Etzel Filho (Brasilien), Galba (CSSR) – **ZS:** 17.268 (72%)

Sogar FIFA-Präsident Rous war mit einigen Offiziellen und Politikern angereist. Ganz Chile verfolgte die Begegnung im abgelegenen Arica am Radio- oder Fernsehgerät, unter anderem auch in Santiago, wo zeitgleich die BRD gegen Jugoslawien spielte.

Trainer Riera vertraute seiner Stammformation, die gegenüber den ersten beiden Spielen lediglich auf einer Position verändert war: Für den immer noch verletzten Stürmer Fouilloux kam, wie schon gegen die Deutschen, Tobar zum Einsatz. Der chilenische Coach hatte seine Philosophie allerdings völlig über den Haufen geworfen. Nicht mehr das elegante Spiel aus der Mitte heraus, sondern Angriffe mit steilen Pässen aus einer verstärkten Abwehr waren nunmehr das taktische Konzept. Offenbar war die Niederlage gegen die deutsche Auswahl der Auslöser für diese taktische Anpassung an den europäischen Fußball gewesen.

Gawril Katchalin veränderte die Aufstellung der Sowjets im Vergleich zu deren letztem Spiel gegen Uruguay ebenfalls auch nur auf einer Position: Meschi stürmte an Stelle von Chusainow. Zuversichtlich gingen die klar favorisierten Europameister in die Begegnung, wenn auch der sowjetische Coach warnte, dass bei dieser WM jeder jeden schlagen könne. Beim letzten Aufeinandertreffen der beiden Teams am 22. November 1961 hatte die Sowjetunion Chile in Santiago mit 1:0 bezwungen.

Die Stimmung im Estadio Carlos Dittborn war naturgemäß großartig. Die Zuschauer sangen ununterbrochen und feuerten ihr Team frenetisch an. Der in Arica geborene Namensgeber des Stadions und chilenische Cheforganisator, den kurz vor der WM der Tod eingeholt hatte, hätte seine Freude daran gehabt, noch dazu, da seine Frau just an diesem Tage erneut ein Kind zur Welt brachte.

Die Chilenen überließen den Sowjets sogleich das Mittelfeld, um selbst durch schnelle Gegenstöße in der Offensive in Überzahl zu kommen. Getragen vom Publikum setzten sie damit die optisch feldüberlegene UdSSR-Auswahl von Beginn an unter Druck.

Schon in der 11. Minute konnte Leonel Sánchez nach einer Freistoßablage von Rojas per unhaltbarem Direktschuss die Führung erzielen. Das Carlos-Dittborn-Stadion glich einem Tollhaus. Die Ekstase hielt an, bis eine Viertelstunde später Tschislenko ins chilenische Gehäuse traf. Nach einem platzierten Schuss Ponedjelniks staubte er ab, als Escuti den Ball nicht hatte festhalten können. Plötzlich war es ruhig in der Arena. Doch die Freude der Sowjets währte nicht lange, denn eine Minute später stand es bereits 2:1 für die Heimmannschaft. Jaschin machte eine unglückliche Figur, als Rojas aus vollem Lauf einen 35-Meter-Schuss abgab, der unten rechts im Eck einschlug. Der Schütze war so überwältigt, dass er den niederländischen Schiedsrichter umarmte. Erneut brandete tosender Jubel auf, der bis zum Spielende kaum mehr nachlassen sollte.

Die Sowjets mussten nun kommen, und das taten sie auch. Bis zum Halbzeitpfiff rissen sie das Spiel zunehmend an sich, während die Südamerikaner mit neun Leuten in der Abwehr standen. Auch nach der Pause hielt der Druck der UdSSR-Auswahl an. Erwähnenswerte Möglichkeiten blieben allerdings Mangelware, lediglich ein Pfostentreffer von Iwanow und ein Lattenschuss von Ponedjelnik in der 72. Minute sprangen heraus. Escuti hatte in der Schlussphase, als die Sowjets auf das chilenische Tor einrannten, zwar noch einiges zu tun, ernsthaft geprüft wurde er hingegen nicht mehr. Jaschin konnte andererseits die gesamte sowjetische Hälfte als Spielwiese nutzen, obwohl die Chilenen bei Konterstößen stets gefährlich blieben. In der 88. Minute hatte Landa noch eine Riesenchance, schoss allerdings zu unplatziert genau in die Arme des UdSSR-Keepers.

Den Chilenen gelang es, ihre Führung durch defensives Spiel bis zum Ende der Partie zu halten. Die Sowjets fanden kein Mittel, um die chilenische Abwehrwand zu durchbrechen. So wurden die Europäer Opfer der Spielweise, die sie gegen ihre südamerikanischen Gruppengegner in der Vorrunde zum Erfolg geführt hatte. „Chile dos, Rusia uno“ dröhnte den Rest des Tages das Endergebnis immerfort über die Rundfunksender. Der als Mitfavorit ins Rennen gegangene Europameister war geschlagen, und für den Gastgeber der WM erfüllte sich mit dem Einzug ins Halbfinale ein Traum: Gegner im - aus chilenischer Sicht - vorgezogenen Endspiel sollte Brasilien sein.

Ganz Chile stand Kopf: „Pisco 2 – Wodka 1“ hatte jemand auf einen Bus geschrieben. Die Nacht von Santiago war unvergleichlich, die Menschen spielten verrückt. Menschentrauben hingen fahnenschwenkend auf Lastwagen und Bussen. „Chi-Chi-Chi le-le-le Chile“ hallte es durch die Stadt, in der der Verkehr völlig zum Erliegen gekommen war. Als die erfolgreiche Mannschaft am folgenden Tag am Flughafen ankam, waren die Feiern noch nicht verklungen, und das Team wurde von 60.000 jubelnden Anhängern empfangen.

Enthusiasmus in der Hauptstadt nach dem Sieg gegen die UdSSR – Die Nacht wird durchgefeiert.

Chile:

Escuti	ermöglichte mit einem Patzer den Ausgleich der Sowjets - sonst gab es für ihn nicht viel abzuwehren.
Eyzaguirre	kam unauffällig seinen Defensivaufträgen nach.
Contreras	hatte durch seine Abwehrarbeit neben Rojas den größten Anteil am chilenischen Sieg.
R. Sánchez	bot eine unspektakuläre Leistung – dennoch zuverlässig.
Navarro	meisterte seine taktischen Aufgaben in der Defensive hervorragend.
Toro	Glänzte durch seine Verbinderrolle zwischen Mittelfeld und Angriff.
Rojas	war der überragende Spieler auf dem Platz, leitete den ersten Treffer ein und schloss selbst zum 2:1-Siegtor ab.
Ramírez	tat viel für das Spiel nach vorn.
Landa	brachte Jaschin ein ums andere Mal in Verlegenheit.
Tobar	hatte einige gute Gelegenheiten, Jaschin zu prüfen.
L. Sánchez	zeigte seine beste Szene beim 1:0, tat viel für die Offensive und bediente häufig Landa und Tobar.

UdSSR:

Jaschin	wurde bei beiden Treffern der Chilenen auf dem falschen Fuß erwischt - parierte einige gefährliche Schüsse von Landa.
Tschocheli	konnte die chilenischen Gegentreffer nicht verhindern.
Ostrowski	arbeitete sich meist erfolgreich an den chilenischen Angreifern ab.
Woronin	blieb weitgehend unauffällig.
Masljonkin	bewahrte stets einen klaren Kopf und brachte Ruhe in die eigenen Reihen.
Netto	trieb das sowjetische Spiel unermüdlich an und war einer der Besten auf dem Platz.
Tschislenko	war eifrig bemüht, das Tor des Gegners unter Druck zu setzen - einer der besseren im UdSSR-Team.
Iwanow	spielte gewohnt stark, blieb letztlich aber glücklos in seinen Versuchen, das chilenische Tor zu treffen.
Ponedjelnik	sorgte nicht nur bei seinem Lattentreffer für Gefahr im chilenischen Strafraum.
Mamykin	konnte sich im Angriff nicht entscheidend durchsetzen.
Meschi	fehlte die nötige Spritzigkeit, um die Abwehr des Gegners überraschen zu können.

Jugoslawien – BR Deutschland 1:0 (0:0)

Erfolg im dritten Anlauf

Zwei Viertelfinalniederlagen gegen die Westdeutschen hatten die Jugoslawen bei den beiden vorangegangenen WM-Turnieren zu verdauen gehabt. Die Unterlegenen blieben beide Male ohne Torerfolg. Das Schicksal hatte die Kontrahenten nun zum dritten Mal hintereinander bei einer WM im Viertelfinale zusammengeführt.

1962 trat Jugoslawien mit einem ganz neuen Team an (Vukas, Zebec, Boskov und Beara als Kern der Erfolgstruppe der 1950er Jahre hatten aufgehört), in dem Sekularac von Roter Stern Belgrad und Skoblar vom OFK Belgrad die Stars waren. Mit dieser Mannschaft sollte sich das Ergebnis umkehren. Bereits vor der Begegnung mit den Bundesdeutschen zeigten sich die Jugoslawen, von denen einige zwei Jahre zuvor mit olympischem Gold dekoriert worden waren, sehr optimistisch. Ciric, neben Coach Lovric Trainer der Jugoslawen, behauptete, dass sein Team gewinnen würde, wenn Herberger wieder betont defensiv spielen lassen würde. Die Betreuer hatten während der Vorrunde nur geringfügige Änderungen in der jugoslawischen Aufstellung vorgenommen. So war es auch diesmal: Nach einer Pause im letzten Gruppenspiel war Stürmer Skoblar wieder dabei, er kam für Melic zum Einsatz. Außerdem spielte Kovacevic für Ankovic.

Schulz, Nowak und Szymaniak bewundern den Fallrückzieher von Jerkovic, der knapp über das Tor geht.

Die Deutschen hatten in der Vorrunde ebenfalls durchgehend mit einer Stammformation gespielt. Nach dem Sieg gegen Chile hatte Trainer Herberger wenig Grund, dies nun zu ändern, zumal die deutsche Defensive ohnehin eine der stärksten bei diesem Turnier war. Als einzige Umstellung kehrte Haller für Kraus ins Team zurück, und Giesemann nahm abermals die einzige umstrittene Position im Mittelfeld der deutschen Mannschaft ein.

Im gut gefüllten Stadion war überall zu bemerken, dass Chile zeitgleich in Arica anzutreten hatte, da tausende von Radioapparaten die Zwischenresultate aus dem fernen Norden verkündeten. Helmut Haller sagte nach dem Spiel: „Natürlich hörten wir den Beifall, das Aufschreien. Es ging wie ein Stich durch uns, wenn in völlig nebensächliche Szenen bei unserer Partie plötzlich Beifall und Schreie dröhnten. Man verlor für einen Augenblick einfach die Konzentration."

Jugoslawien – BR Deutschland 1:0 (0:0)
10. Juni 1962, 14.30 Uhr, Santiago, Estadio Nacional

Jugoslawien: Soskic – Durkovic, Jusufi, Radakovic – Markovic, Popovic – Kovacevic, Sekularac, Jerkovic, Galic (k), Skoblar

BR Deutschland: Fahrian – Nowak, Schnellinger, Schulz – Erhardt, Giesemann, Brülls – Haller, Seeler, Szymaniak, Schäfer (k)

Tor: 1:0 Radakovic (85.) – **SR:** Yamasaki (Peru) – **LR:** Silva (Chile), Ventre (Argentinien) – **ZS:** 63.324 (82%)

Die Höhepunkte des Spiels:

1. Minute: Erste Chance für Jugoslawien, als Jerkovic einen Freistoß von Jusufi sechs Meter vor dem Tor von Fahrian annehmen kann. Der deutsche Schlussmann pariert den harmlosen Ball.

3. Minute: Pech für die Deutschen bei einem Pfostenschuss von Seeler nach einem schönen Pass von Haller in die Gasse.

4. Minute: Die Jugoslawen reißen das Spiel an sich, kombinieren im Mittelfeld, setzen die Deutschen in der Folge stark unter Druck.

17. Minute: Seeler kommt nach einem Alleingang zum Abschluss, der Soskic aber vor keinerlei Probleme stellt.

23. Minute: Fahrian kratzt einen gefährlichen Schuss von Jerkovic unter der Latte weg.

25. Minute: Seeler zieht nach erfolgreichem Dribbling gegen Jusufi am Tor vorbei.

32. Minute: Schäfer hält aus über 20 Metern drauf, genau auf Torwart Soskic.

33. Minute: Ein Freistoß von Schulz landet auf Seelers Kopf und dann in den Armen des jugoslawischen Keepers. Im Gegenzug hat Galic nach Flanke von Kovacevic direkt vor dem Tor eine Kopfballchance und verpasst den Ball nur ganz knapp.

41. Minute: Fahrian und Schnellinger behindern sich bei einer Flanke der Jugoslawen gegenseitig. Fahrian bekommt das Leder gerade noch zu fassen.

44. Minute: Kurz vor der Pause gibt es eine Versammlung im jugoslawischen Strafraum, doch die wiederholten Schussversuche der Deutschen dringen nicht durch die Abwehr.

Nach dem Wiederanpfiff prallen Seeler und Radakovic mit den Köpfen zusammen. Die Blutung des Jugoslawen muss mit einem Kopfverband gestillt werden. Die folgenden 15 Minuten gehören den Deutschen. Brülls schießt aufs Tor, nur ein Eckball springt heraus.

58. Minute: Einen Schuss von Haller kann Soskic noch mit dem Kopf ablenken, einem Freistoß von Giesemann kann er sich gerade noch entgegenstrecken.

66. Minute: Schnellinger, Erhardt und Fahrian verhindern den jugoslawischen Führungstreffer, indem sie den Ball kurz vor dem Tor mehrfach abwehren. Schulz wird wegen des harten Einsteigens gegen Galic verwarnt.

68. Minute: Dem Jugoslawen Jerkovic gelingt ein Fallrückzieher, der knapp über das Tor geht. 20 Minuten vor Schluss stehen die Deutschen unter starkem Druck, da Schnellinger sich nun stärker in den Angriff einschaltet.

74. Minute: Flanke von Seeler auf Haller. Dessen Kopfball kommt bei Soskic wohlbehalten an.

78. Minute: Flanke von Schnellinger auf Seeler, der einen gefährlichen Aufsetzer aufs Tor köpft. Soskic verhindert mit einer artistischen Parade die deutsche Führung.
80. Minute: Eine Verletzung von Erhardt bringt eine Verschnauf- und Trinkpause, die bei der drückenden Temperatur sehr willkommen ist.
83. Minute: Unmittelbar nach einer guten Möglichkeit für die „Plavi" durch Durkovic feuert Schnellinger im Gegenzug einen Schuss auf das jugoslawische Tor ab. Soskic kann beim zweiten Abwehrversuch gerade noch im Nachgreifen retten, als der Ball sich bereits der Torlinie nähert - die größte deutsche Chance der 2. Hälfte.
85. Minute: Als sich die Deutschen bereits auf eine Verlängerung der Partie eingestellt haben, kann Radakovic, der rechte Läufer der Jugoslawen, freistehend von der Strafraumgrenze aus vollem Lauf einen unhaltbaren Schuss in den rechten Winkel landen. Das Zuspiel kam von Galic, der flach und genau in die Mitte flankte, nachdem er Schulz auf dem rechten Flügel überlaufen hatte. Das ist die Entscheidung. Die Auswahl des DFB hat der gut organisierten Abwehr der Jugoslawen auch kräftemäßig nichts mehr entgegen zu setzen.

Beide Seiten waren sich nach dem Spiel einig, dass es eine sehr offene und ausgeglichene Begegnung war, in der beide Teams als Sieger vom Platz hätten gehen können. Die Unterlegenen gratulierten den Siegern, was in dieser fairen Begegnung sicher auch bei umgekehrtem Ausgang der Fall gewesen wäre. Der Glücklichere hatte, wie bereits bei den zwei letzten Weltmeisterschaftsduellen gewonnen, nur waren es dieses Mal ausgleichenderweise die Jugoslawen. Was blieb, war die umstrittene Kritik der deutschen Medien an Herberger, er habe zu defensiv spielen lassen.

Während die anderen Jugoslawen feiern verlässt Radakovic, der Schütze des goldenen Tores, mit schmerzverzerrtem Gesicht den Platz.

Jugoslawien:

Soskic	hielt gewohnt zuverlässig, wenn er einmal wirklich geprüft wurde.
Durkovic	schaltete sich gelegentlich mit in den Angriff ein – eine solide Leistung.
Jusufi	war der Fels in der jugoslawischen Abwehr - einer der Besten.
Radakovic	erzielte trotz der Kopfverletzung den spielentscheidenden Treffer und tat auch sonst viel für die Offensive.
Markovic	hielt Seeler weitgehend in Schach und dirigierte sicher die Abwehr, wenn es brenzlig wurde.
Popovic	zog die Fäden im Mittelfeld - einer der besten Jugoslawen.
Kovacevic	fiel durch hartes Einsteigen und unfaire Aktionen auf.
Sekularac	war nicht so auffällig wie sonst, erarbeitete dafür reichlich Freiraum für seine Mitspieler.
Jerkovic	konnte als Mittelstürmer nicht so glänzen wie gewohnt, hatte trotzdem einige gefährliche Szenen.
Galic	machte der deutschen Abwehr zu schaffen - gab am Ende die entscheidende Flanke.
Skoblar	wirkte in seinen Aktionen teilweise zu überhastet - von Gegenspieler Nowak weitgehend abgemeldet.

BR Deutschland:

Fahrian	hielt gewohnt sicher - nach eigener Aussage war ihm beim Gegentreffer die Sicht versperrt.
Nowak	spielte beständig und souverän - wie im gesamten Turnierverlauf.
Schnellinger	war der überragende deutsche Spieler, nicht nur in dieser Partie - absolvierte ein Riesenpensum und agierte über die gesamte Fläche des Feldes.
Schulz	wollte eine Hinausstellung vermeiden und attackierte daher vor der Flanke zum spielentscheidenden Tor nicht - neutralisierte Galic ansonsten über weite Strecken des Spiels.
Erhardt	verlor kaum einen Zweikampf gegen seinen unmittelbaren Gegner Jerkovic - war der meistbeschäftigte Verteidiger.
Giesemann	spielte seine Rolle als Zerstörer recht gut und brachte sogar einige lange Pässe nach vorn.
Brülls	konnte nicht entscheidend zur Offensive beitragen, hatte jedoch immerhin einige gute Szenen.
Haller	war im Spiel nach vorn eingeschränkt, da er auf Abwehrarbeit gegen Radakovic eingestellt worden war - setzte dennoch einige Impulse.
Seeler	erhielt kaum Anspiele und konnte sich, da er meist von zwei Abwehrleuten gedeckt wurde, selten richtig entfalten - erarbeitete sich trotzdem einige gute Möglichkeiten.
Szymaniak	gelang es als vielbeschäftigtem Gegenspieler von Sekularac selten, Akzente nach vorn zu setzen.
Schäfer	blieb unauffällig, da er auf dem Flügel kaum Vorlagen erhielt - hinterließ einen abgekämpften und passiven Eindruck.

Brasilien - England 3:1 (1:1)

Zwei Fußballwelten

Nach Argentinien, dem zweiterfolgreichsten Verband, bekamen es die Briten jetzt auch noch mit der unbestrittenen Nummer 1 Südamerikas, dem Weltmeister Brasilien zu tun. Das Mutterland des Fußballs hatte gegen diesen Gegner erst dreimal gespielt. 1956 konnte Brasilien in London mit 4:2 geschlagen werden, 1958 gab es bei der WM ein 0:0, 1959 in Rio de Janeiro eine 0:2-Niederlage. Die Bilanz war demnach ausgeglichen, und die Engländer hatten Selbstbewusstsein genug, sich einige Chancen auszurechnen.

Mit Hitchens, der für den angeschlagenen Peacock wieder in die Formation gekommen war, nahm Winterbottom nur eine Umstellung gegenüber dem schwachen Match gegen Bulgarien vor. Dabei war im englischen Stab durchaus über die Option nachgedacht worden, das drei Tage zuvor nicht gerade überzeugende Team an einigen Stellen mit frischen Spielern zu erneuern. Winterbottom entschied sich jedoch für Kontinuität.

2:1 für Brasilien – Vava schiebt Springett den Ball durch die Beine, nachdem der einen Freistoß von Garrincha nicht festhalten konnte.

Auf Seiten der Brasilianer gab es keine Diskussionen um die bestmögliche Formation. Im letzten Gruppenspiel gegen Spanien hatte sich der junge Amarildo mit seinen zwei Treffern als würdiger Vertreter Pelés erwiesen und den Titelverteidiger in die nächste Runde katapultiert. Moreira vertraute weiterhin den Routiniers im Kader, und Amarildo nahm abermals Pelés halblinke Position ein.

Brasilien – England 3:1 (1:1)
10. Juni 1962, 14.30 Uhr, Viña del Mar, Estadio Sausalito

Brasilien: Gilmar – Djalma Santos, Mauro (k), Zózimo, Nilton Santos – Zito, Garrincha – Didi, Vava, Amarildo, Zagalo

England: Springett – Armfield, Wilson, Moore, Norman – Flowers, Douglas – Greaves, Hitchens, Haynes (k), Charlton

Tore: 1:0 Garrincha (31.), 1:1 Hitchens (36.), 2:1 Vava (53.), 3:1 Garrincha (59.) – **SR:** Schwinte (Frankreich) – **LR:** Dienst (Schweiz), Bustamante (Chile) – **ZS:** 17.736 (51%)

Die Resonanz war mit knapp 18.000 Zuschauern ausnahmsweise einmal zufriedenstellend. Wieder gab es eine kleine brasilianische Kolonie, die unter den Pinien- und Eukalyptusbäumen in der Kurve das Spiel mit Samba, Feuerwerk und Trommeln begleitete. Sie sah bei leicht diesigem Wetter eines der besten Spiele der WM, in dem auch die englische Mannschaft erstmals überzeugen konnte.

Zunächst hatte sie Pech, dass Greaves nicht richtig traf, als er eine Direktabnahme nach Flanke von Charlton „in die Wolken“ schickte. Der nächste Höhepunkt (allerdings kein fußballerischer) war das Einfangen eines kleinen Hundes durch den eben gescheiterten englischen Goalgetter, nachdem sich zuvor beide Mannschaften gemeinsam bemüht hatten, das Tier zu ergreifen. Nach dieser kleinen Zwischenepisode stand wieder das sportliche Geschehen im Mittelpunkt.

Als Didi leicht verletzt wurde und für kurze Zeit fehlte, schalteten die Brasilianer sofort auf das defensivere 4-3-3-System um. Armfield konnte zwei gute Möglichkeiten für die Engländer herausspielen, die aber von Hitchens und Douglas verschenkt wurden. Der englische Abwehrstratege musste anschließend einen Schuss von Garrincha, den Springett nicht hatte festhalten können, von der Linie holen. Bald darauf erhielt Amarildo einen gefühlvollen Pass von Didi, schoss aber nicht nur am englischen Keeper, sondern auch am Tor vorbei. Der Titelverteidiger drängte auf den Führungstreffer.

Nach einer guten halben Stunde beendete Garrincha die Torlosigkeit, indem er mit einem wuchtigen Kopfstoß eine Ecke von Zagalo verwertete. Fast wären die Brasilianer dann 2:0 in Führung gegangen, als Amarildo einen Rückpass von Flowers abgefangen hatte, doch Keeper Springett meisterte die brenzlige Situation. Auch die englischen Kicker hatten bis dahin einige Möglichkeiten gehabt, der Sturm der Briten war allerdings meist wirkungslos geblieben. Das änderte Hitchens, der seine Rückkehr in die Mannschaft durch den Ausgleich fünf Minuten nach dem Führungstreffer der Brasilianer rechtfertigte. Zuvor hatte Greaves einen langen Freistoß von Flowers mit dem Kopf an die Latte bugsiert.

Sofort drückten die Brasilianer wieder auf den Führungstreffer, und bis zur Halbzeitpause gelang es den Briten nur selten, sich zu befreien. Bis dahin hatten die Engländer durchaus gut mithalten können, teilweise sogar durch ihr geradliniges Spiel Druck auf die Südamerikaner ausgeübt. Doch in der zweiten Hälfte wurde erstmals bei dieser WM die große Überlegenheit der Weltmeister von 1958 offenkundig. Nach einem scharf geschossenen Freistoß von Garrincha, den Springett nicht unter Kontrolle hatte bringen können, besorgte Vava in der 53. Minute mit seinem ersten Treffer bei dieser WM die abermalige Führung für den Weltmeister. Das brachte die Brasilianer noch mehr ins Spiel, besonders Garrincha schien wie verzaubert. Zunächst gab er einen schönen 20-Meter Schuss ab, der knapp über die Querverbindung des Gehäuses strich. Sechs Minuten nach dem 2:1 erhöhte er dann den Abstand zu den Briten auf zwei Tore. Es war einer der schönsten Treffer bei dieser WM: Nach einer Sprinteinlage zog Garrincha aus 20 Metern voll ab und versenkte den Ball, der sich überraschend noch nach innen drehte, exakt im Dreieck. Der englische Keeper wirkte wie paralysiert, denn die Aktion geschah dermaßen schnell, dass er überhaupt keine Reaktion zeigen konnte. Garrincha bejubelte den Treffer, als wäre es bereits der Sieg. Und damit lag er auch nicht ganz falsch. Die Ballkünstler vom Zuckerhut waren in der ersten Viertelstunde des zweiten Abschnittes optisch so überlegen, dass die Briten wie Statisten wirkten. Winterbottoms Leute glaubten nun selbst kaum mehr daran, dieses Match noch für sich entscheiden zu können. Als die Brasilianer am Ende begannen, mit ihnen Katz und Maus zu spielen, schienen die Engländer, die ihrerseits im Angriff glücklos blieben, endgültig demoralisiert. Später in der Kabine waren besonders Charlton, Flowers und Armfield - über das Turnier betrachtet die besten englischen Auswahlspieler - den Tränen nahe. Sie hatten sich mehr erhofft. Ein kleiner Trost blieb jedoch: Die favorisierten Sowjets, die Deutschen und auch die Ungarn mussten mit ihnen nach Europa zurückkehren.

Brasilien war jetzt auf dem besten Wege, die Form der vergangenen WM zu erreichen und die Vorschusslorbeeren auch in Erfolg umzumünzen. Im Hinblick auf die wenige Tage später anstehende Begegnung mit dem Gastgeber war es von Vorteil, dass die Brasilianer nach dem Abpfiff unter Sambaklängen eine Ehrenrunde mit der chilenischen Fahne in den Händen drehten.

Für den Fall, dass der Gastgeber ins Halbfinale einziehen würde, stand bereits nach den Gruppenspielen fest, dass sein Vorschlussrundenspiel nicht, wie nach dem Spielplan angesetzt, in Viña del Mar, sondern in Santiago stattfinden würde. Der aufgrund wirtschaftlicher Erwägungen vollzogene Tausch der Spielorte war zwar nachvollziehbar, aber doch umstritten, nicht nur bei den Fans von Brasilien und Chile, die bereits auf Verdacht Tickets für die Halbfinalbegegnung im Estadio Sausalito erworben hatten, sondern auch bei denen, die der FIFA und ihren variantenreichen Regularien grundsätzlich nicht trauten. Die Brasilianer störte die Verlegung indes nicht besonders, sie gaben an, dass sie ihr Hotel in Viña del Mar mit den guten Trainingsbedingungen in der Umgebung nicht verlassen wollten, sondern die gut 100 Kilometer zum nächsten Spielort mit dem Bus zu überbrücken gedachten.

Vava bejubelt den Sieg seiner Mannschaft – Brasilien erreicht das Halbfinale.

Brasilien:

Gilmar	sah beim Gegentreffer nicht gut aus – sonst ein sicherer Rückhalt seiner Mannschaft.
D. Santos	überzeugte gegen den schnelleren Charlton keineswegs.
Mauro	sprang immer ein, wenn ein Engländer die brasilianischen Außen überlaufen hatte.
Zózimo	war einige Male der Retter in der Not.
N. Santos	fiel wenig auf - hatte teilweise Mühe, die schnellen Briten zu halten.
Zito	unterstützte Didi beim Aufbau und half auch hinten häufig aus.
Garrincha	spielte trickreich und schnell - an allen drei Toren beteiligt und nicht nur durch sein 3:1 der Mann des Tages.
Didi	übernahm trotz verletzungsbedingter Einschränkungen erfolgreich die Rolle des Spielmachers.
Vava	erzielte den Treffer zum 2:1 und tat viel für den Aufbau.
Amarildo	wurde durch die englische Härte ein wenig an der Entfaltung gehindert – teilweise überhastete Aktionen.
Zagalo	zog sich beim Umschalten von 4-2-4 auf 4-3-3 geschickt ins Mittelfeld zurück.

England:

Springett	war trotz des Fehlers beim 2:1 einer der Besten seines Teams.
Armfield	ackerte in der Defensive und brachte anfangs trotzdem die Sturmspitzen in Position.
Wilson	war mit Abwehraufgaben vollauf ausgelastet.
Moore	konnte, fest an Didi gebunden, diesen selten ausschalten.
Norman	sah einige Male schlecht gegen Garrincha aus - sonst ein Fels in der Brandung.
Flowers	bereitete einige Angriffe vor, trug aber auch Mitschuld am zweiten Treffer der Brasilianer.
Douglas	brachte über rechts nicht die erhofften Impulse - der Ausfall im englischen Spiel.
Greaves	konnte zu Beginn einige Male für Gefahr im brasilianischen Strafraum sorgen.
Hitchens	versiebte den Führungstreffer für England, dafür war er beim Ausgleich zur Stelle – insgesamt aber enttäuschend.
Haynes	setzte im englischen Spiel nur wenige Akzente.
Charlton	stand oft allein auf weiter Flur, wenn er schnelle Gegenstöße vorgetragen hatte – bester Angreifer der Briten.

Tschechoslowakei - Ungarn 1:0 (1:0)

Mit drei Treffern in Halbfinale

Als Adolf Scherer in der 14. Minute den Führungstreffer für die CSSR erzielte, hatten die Experten bereits eine Ahnung, wie der Rest des Spieles verlaufen würde. Die Tschechoslowaken waren schließlich das am besten organisierte Team dieser WM. Alles ging Hand in Hand, wie die im Stamm aus Spielern von Dukla Prag bestehende Elf mehrfach demonstriert hatte. An ihrer kompakten Abwehr waren in der Vorrunde die Spanier und Brasilianer fast verzweifelt. Hart aber fair spielten die Tschechoslowaken den defensivsten Fußball aller WM-Teilnehmer. Am Ende dieser Begegnung sollten sie mit nur drei erzielten Toren unter den letzten Vier stehen.

Ein Angriff der Ungarn – Sofort kommen fünf abwehrbereite Tschechoslowaken zurück.

Ihr osteuropäischer Nachbar hatte sich mit dem Gruppensieg in Rancagua gerade erst wieder in die Herzen des weltweiten Publikums gespielt, und viele trauten ihm zumindest das Halbfinale zu. Fröhlich und voller Zuversicht war die Stimmung im ungarischen Lager. Selbst der sonst eher ernste Trainer Baroti sah über die Ausgelassenheit seiner Mannschaft hinweg. Nach seinen Ambitionen vor der WM („..ich glaube, dass wir bis zum Beginn der Spiele in Rancagua noch eine bedeutende Formverbesserung erreichen können. Ich bin auch fest davon überzeugt, dass wir zumindest unter die letzten Acht kommen können.“) war die Pflicht getan. Alles weitere wäre Kür für die Mannschaft gewesen, die bis dahin den schönsten Angriffsfußball bei dieser WM gezeigt hatte. Allgemein wurde erwartet, dass nach dem Abpfiff der Viertelfinalbegegnungen Brasilien, die Bundesrepublik Deutschland, die Sowjetunion und eben Ungarn noch einige Tage in Chile würden bleiben können. Ein Halbfinale Ungarn-BRD hätte sicherlich im Hinblick auf die acht Jahre zurückliegende Begegnung in Bern einen großen Reiz gehabt. Doch nicht nur für die Deutschen kam es anders als erhofft...

Im Vergleich zum letzten Gruppenspiel hatten die Magyaren auf drei Positionen gewechselt. Wieder mit dabei war Albert, Göröcs fiel dagegen verletzungsbedingt aus. Damit liefen die Ungarn in der gleichen Aufstellung wie beim Auftaktsieg über England auf.

Die CSSR-Auswahl war nach der Niederlage gegen Mexiko in der Offensive umgestellt worden. Neu dabei waren Kadraba und Pospichal für Adamec und Stibranyi, Jelinek kehrte für Masek in die Mannschaft zurück.

Beide Teams liefen in 4-2-4-Formation auf. Die Tschechoslowaken spielten das System zunächst offen und flexibel, später rein defensiv. Die Ungarn waren von Beginn an auf Offensive eingestellt und setzten die CSSR sofort gewaltig unter Druck.

Unmittelbar nach dem Anpfiff startete Albert einen seiner gefürchteten Sololäufe. Schrojf konnte nur mit letztem Einsatz retten, indem er dem ungarischen Stürmer den Ball per Hechtsprung vom Fuß riss. Bald darauf versuchte Albert es mit einem 18-Meter-Schuss, den Schrojf mit einer Glanzparade aus dem Winkel fischte. Dann schmetterte Tichy nach Flanke von Solymosi einen Kopfball auf den Kasten der CSSR, doch es wurde nur ein Lattentreffer daraus. Den Nachschuss verzog Tichy zur Erleichterung der Tschechoslowaken.

Der bis dahin in die Abwehr eingeschnürte Gruppenzweite aus Viña del Mar versuchte, sich mit Kontern aus der Umklammerung zu befreien und war bald erfolgreich: Ein Steilpass von Masopust auf Scherer wurde von den ungarischen Abwehrspielern als Abseitsstellung interpretiert, doch die Pfeife von Schiedsrichter Latichev aus der UdSSR blieb zur allgemeinen Überraschung stumm, so dass Scherer nahezu ungehindert in die rechte Ecke des ungarischen Tores einschießen konnte. Ungarns Torhüterlegende Grosics sah dabei im letzten WM-Spiel seiner Karriere nicht allzu gut aus, da er es versäumt hatte, bei Scherers Schuss den Winkel zu verkürzen. Aus heiterem Himmel waren die Tschechoslowaken in Führung gegangen, und sollten sie bis zum Ende nicht mehr hergeben. Doch bis dahin war es noch ein langer Weg voller Kampf auf Seiten der CSSR-Auswahl und vergebener Chancen der Magyaren.

Obwohl die Ungarn sichtlich geschockt waren, versuchten sie sofort wieder die Herrschaft über das Mittelfeld zu gewinnen, was bei der Spieleinstellung der CSSR nicht allzu schwer war. Die wenigen guten Möglichkeiten, die die defensive Mittelfeldachse Popluhár-Masopust-Pluskal noch zuließ, konnten nicht genutzt werden. Mészöly, der mit in den Angriff gegangen war, gelang es nicht, aus wenigen Metern das Tor zu treffen. Sipos vermochte es freistehend aus acht Metern ebenfalls nicht, Schrojf zu überwinden. Besonders viel Pech hatte allerdings wiederum Tichy, als er nach etwa einer halben Stun-

Tschechoslowakei – Ungarn 1:0 (1:0)
10. Juni 1962, 14.30 Uhr, Rancagua, Estadio Braden

CSSR: Schrojf – Lala, Novák (k), Pluskal, Popluhár – Masopust, Pospichal – Scherer, Kvasnák, Kadraba, Jelinek

Ungarn: Grosics (k) – Mátrai, Sárosi, Solymosi, Mészöly – Sipos, Sándor – Rákosi, Albert, Tichy, Fenyvesi

Tor: 1:0 Scherer (14.) – **SR:** Latichev (UdSSR) – **LR:** Rumenchev (Bulgarien), Buergo (Mexiko) – **ZS:** 11.690 (47%)

de Spielzeit einen 20-Meter-Freistoß unter die Latte setzte, und der Ball knapp vor der Torlinie aufprallte. So sah es jedenfalls der Unparteiische, und er schien Recht damit zu haben. Die Ungarn allerdings waren sichtlich erregt über so viel „Parteinahme" des sowjetischen Referees.

In der zweiten Hälfte wurden die Aktionen der Magyaren zunehmend fahriger. Mit jeder Minute, die der Abpfiff näher rückte, wurden sie nervöser. Die Verteidigung der CSSR hatte den ungarischen Innensturm mit Tichy, Albert und Rákosi jetzt voll im Griff. Nur noch wenige große Chancen ließ das Abwehrbollwerk zu. Kurz nach Wiederbeginn hatte Sipos eine gute Möglichkeit gehabt, doch sein strammer Schuss war von Schrojf ebenso gehalten worden wie zehn Minuten später ein Distanzschuss von Solymosi in den Winkel. Der Ungar versuchte es bald darauf noch ein Mal mit einem 35-Meter-Schuss, diesmal in die untere Ecke. Auch den erreichte Schrojf noch rechtzeitig.

Das Spiel war eines der besseren dieser WM. Es prallten zwei grundverschiedene Spielweisen aufeinander, die die jeweiligen Teams sehr gut zu interpretieren wussten. Nicht alle Fußballfans waren allerdings froh darüber, dass sich die defensivere schließlich hatte durchsetzen können. CSSR-Auswahltrainer Vytlacil entgegnete den Kritikern: „Einmal haben wir offensiv gespielt. Sofort haben wir 1:3 gegen die Mexikaner verloren." Ohne den in Bestform befindlichen Torwart Schrojf hätte das Ergebnis sicher anders ausgesehen. So wurde er als großer Held und Vater des Sieges von den eigenen Mannschaftskameraden, Ersatzleuten und Betreuern vom Platz getragen, als hätte er bereits für den Gewinn des Cups gesorgt. Doch da waren zunächst noch die starken Jugoslawen, die zeitgleich die westdeutsche Auswahl besiegt hatten und am folgenden Mittwoch der nächste Gegner der Tschechoslowaken sein sollten.

Ein ums andere Mal bewahrte Torwart Schrojf sein Team vor einem Gegentreffer – Hier gegen Ungarns Rákosi.

Tschechoslowakei

Schrojf	hielt an diesem Tage alles, was auf sein Tor kam – sensationell!
Lala	hatte keine Mühe, Fenyvesi auf dem Flügel zu neutralisieren.
Novák	schaltete seinen Gegenspieler Sándor aus.
Pluskal	war der zuverlässigste „Ausputzer" in der Abwehrkette.
Popluhár	organisierte die Defensive mit Routine und Übersicht.
Masopust	spielte wie immer stark - variabel in der Abwehr und im Mittelfeld.
Pospichal	bildete mit Scherer eine zweite Reihe hinter dem eigentlichen Sturm.
Scherer	schoss das Tor des Tages, blieb sonst in der Offensive zurückhaltend.
Kvasnák	tauchte nur selten vorne auf – spielte zurückgezogen auf einer Linie mit Masopust.
Kadraba	spielte in der vorderen Offensivlinie gemeinsam mit Jelinek.
Jelinek	hatte vorn nicht viel auszurichten - wirkte müde.

Ungarn:

Grosics	sah beim Gegentreffer nicht gut aus - hatte sonst im ganzen Spiel nichts zu tun.
Mátrai	wirkte besonders beim Tor von Scherer etwas behäbig.
Sárosi	hatte in der Defensive fast nichts zu tun.
Solymosi	versuchte es einige Male mit Schüssen – zeigte großen Einsatz.
Mészöly	hatte eine hundertprozentige Chance - war sonst eher unauffällig.
Sipos	war zu langsam und vergab gute Möglichkeiten.
Sándor	schnell und technisch stark - trieb das Spiel vom rechten Flügel aus nach vorne.
Rákosi	rückte oft zu spät in die Spitze auf - trotzdem eine gute Leistung im Mittelfeld.
Albert	hatte gute Chancen zu Beginn, blieb später wirkungslos.
Tichy	erreichte wenig Effektivität – zu viele Schnörkel, zu wenig gute Pässe.
Fenyvesi	lief sich in der inneren tschechoslowakischen Abwehr fest, statt sich auf dem linken Flügel anzubieten.

Das Endturnier - Halbfinale

Brasilien - Chile 4:2 (2:1)

Das vorgezogene Endspiel

Es war die WM-Begegnung, die wohl von der größten Welle der Euphorie begleitet wurde: Der Gastgeber gegen den Titelverteidiger und haushohen Favoriten. Selbstverständlich war das Estadio Nacional bei dieser Konstellation erstmals bis auf wenige abwesende Abonnenten randvoll, was zugleich den WM-Zuschauerrekord darstellte. Die chilenische Auswahl war aus Arica in die Hauptstadt zurückgekehrt und mit Begeisterung empfangen worden. Eigentlich war dieses Semifinalspiel in Viña del Mar angesetzt worden, doch die FIFA hatte sich auf einen umstrittenen Tausch eingelassen.

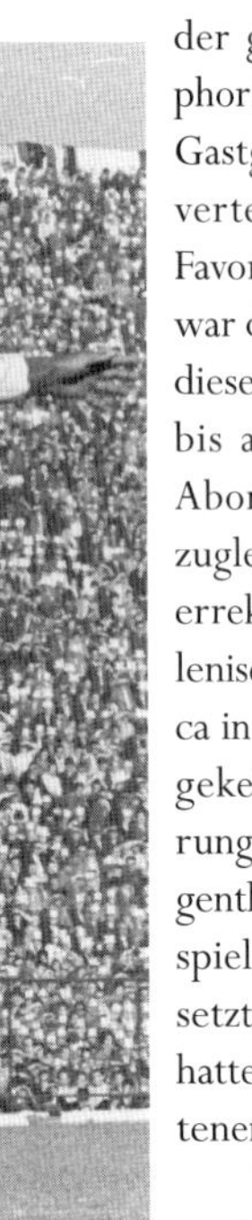

Raul Sánchez (Mitte) klärt vor dem kopfballstarken Vava (links) und Garrincha.

Um in Santiago am Nachmittag genügend Reserven für die Fernsehübertragung zu haben, hatte man bereits am Vormittag die Stromversorgung ausgesetzt. Die meisten Büros und Geschäfte waren zur Mittagszeit geschlossen worden. Am Nachmittag saß die ganze Nation an den Radio- und TV-Geräten. Ein chilenischer Zuschauer wurde vom ostdeutschen Sportecho folgendermaßen zitiert: „Wenn unsere Mannschaft heute gewinnt, werden die Seismographen in Europa ein neues, diesmal aber vom Siegestaumel ausgelöstes Erdbeben registrieren."

Das Estadio Nacional glich, wie nicht anders zu erwarten war, einem Tollhaus. Die üblichen, stakkatohaften Anfeuerungsrufe für die Heimmannschaft endeten mit einem kräftigen „Viva Chile!". Das Stadion war ein Meer von roten Flaggen, die tausende Zuschauer nach einer Aufforderung im Rundfunk mitgebracht hatten, um ihre Verbundenheit mit den in roten Trikots gekleideten chilenischen Kickern zu demonstrieren. Einige brasilianische Fans, die sich eingefunden hatten, gingen im allgemeinen Getöse beinahe unter. Auch Chiles Staatspräsident Alessandri besuchte mit Mitgliedern seines Kabinetts die Veranstaltung.

Brasilien spielte in der bewährten Aufstellung, mit Amarildo für den noch nicht wieder genesenen Pelé, deckte allerdings seine Karten über das tatsächliche Spielsystem noch nicht auf. Chile brachte Rodríguez für den verletzten Navarro, Chiles Fußballer des Jahres 1961, und setzte wie gegen die UdSSR auf eine defensivere Grundaufstellung, in der Ramírez und Landa zunächst etwas zurückgezogen agieren sollten.

Die Brasilianer überließen den Chilenen allerdings gleich das Mittelfeld, worauf die Rothemden mit offenem Spiel reagierten und forsch ihre Chance suchten. Garrincha, der Superstar des Turniers, eröffnete gleichwohl in der neunten Minute den Torreigen auf der anderen Seite. Mit einem Linksschuss aus 16 Metern ins Dreieck nach einer scharfen Hereingabe von Zagalo, die Amarildo mit einem artistischen Fallrückzieher verlängert hatte, überwand er Torhüter Escuti. Die Chilenen brauchten einige Zeit, um den Schock zu verdauen. Erst in der 20. Minute kam die Heimelf zu einer Chance, doch Rojas traf nur den Pfosten. Erfolgreicher waren erneut die Brasilianer. Nach einer guten halben Stunde erzielte Garrincha per Kopfball das 2:0 für die Titelverteidiger. Diesmal hatte Zagalo die Vorlage per Eckstoß gegeben. Kurz vor der Pause konnte Toro für Chile durch einen direkt verwandelten Freistoß aus 20 Metern ins rechte obere Eck auf 1:2 verkürzen, und im weiten Rund keimte neue Hoffnung auf.

Erst zwei Minuten waren in der zweiten Hälfte gespielt, als Garrincha eine Ecke hereinbrachte, die Vava mit dem Kopf zum 3:1 verwandelte. Die Zuversicht der eben noch tobenden Menge erstickte allmählich, da die Chilenen erkennen musste, dass die Brasilianer ihre Mannschaft zwar mitspielen, im entscheidenden Moment aber nicht an der Abwehr vorbei ließen. Dennoch: Nach einer 15minütigen Drangperiode erzielte der verehrte „Nationalheld" Leonel Sanchez per Handelfmeter den erneuten Anschlusstreffer für Chile. Zozimo hatte zuvor eine Flanke von Tobar mit dem Unterarm abgefangen. Das Publikum hoffte nun wieder auf eine Sensation, die Vava nach einer Ecke von Zagalo

Brasilien – Chile **4:2 (2:1)**
13. Juni 1962, 14.30 Uhr, Santiago, Estadio Nacional

Brasilien: Gilmar – Djalma Santos, Mauro (k), Zózimo, Nilton Santos – Zito, Garrincha, Didi, Vava – Amarildo, Zagalo

Chile: Escuti – Eyzaguirre, Contreras, Raul Sánchez, Rodríguez – Toro (k), Rojas, Ramírez, Landa – Tobar, Leonel Sánchez

Tore: 1:0 Garrincha (9.), 2:0 Garrincha (32.), 2:1 Toro (42.), 3:1 Vava (47.), 3:2 Leonel Sánchez (62., HE), 4:2 Vava (78.) – **SR:** Yamasaki (Peru) – **LR:** Ventre (Argentinien), Marino (Uruguay) – **ZS:** 76.594 (99%) – **Platzverweise:** Landa (80., wegen grober Unsportlichkeit), Garrincha (83., nach Tätlichkeit gegen Rojas)

durch ein Kopfballtor zum 4:2 in der 78. Spielminute endgültig verhinderte.

Anschließend ging es hoch her. Zunächst musste Landa nach einem Vergehen an Zito (angeblich hatte er ihn bespuckt) den Platz verlassen, was die Chancen für den Gastgeber weiter schmälerte. Daran konnte auch der zweite Platzverweis des Spiels, diesmal für Garrincha, der sich völlig ohne Not an Rojas revanchiert hatte, nichts ändern. Durch Garrinchas unüberlegtes Handeln bestand nun die Gefahr, dass seine Mannschaft im Finale außer auf Pelé noch auf einen weiteren Star würde verzichten müssen. Garrincha wurde trotz der Attacke von seinen chilenischen Gegenspielern fair verabschiedet. Er erfuhr, genauso wie zuvor auch Landa von den Brasilianern, Trost von seinen Kontrahenten.

Als die Brasilianer nach ihrem Sieg eine Ehrenrunde drehten, taten sie das mit einer großen chilenischen Fahne. Die Unterlegenen folgten ihnen unter tosendem Beifall des Publikums. So endete eine insgesamt faire Begegnung mit einer versöhnlichen, freundschaftlichen Geste, von denen es bei diesem Turnier nicht allzu viele gegeben hatte. Die Chilenen durften sich tatsächlich als zweiter Sieger fühlen, denn häufig waren sie dem Ausgleich näher gewesen als die Brasilianer der Entscheidung. Die Gastgeber waren zweifelsohne ein ebenbürtiger Gegner für die Fußballartisten vom Zuckerhut gewesen.

Nach einhelliger Meinung war dieses Halbfinale das schönste Spiel der WM. Dabei hatten die Weltmeister von 1958 nicht mehr ganz so spritzig, dafür aber abgeklärter gewirkt. Niemand bezweifelte inzwischen noch ernsthaft, dass sie auch 1962 den Titel erringen würden. Brasiliens Linksaußen Zagalo äußerte sich gegenüber dem „Kicker“: „Das war ein Sieg der Mannschaft. Die Chilenen haben uns alles abverlangt. Schade, daß die beiden südamerikanischen Mannschaften schon im Semifinale zusammentreffen mußten und nicht das Finale bestreiten konnten.“

Der brasilianische Co-Trainer Amaral tröstet den des Feldes verwiesenen Chilenen Landa.

Brasilien:

Gilmar	musste sich nicht allzu häufig strecken – wenn er wirklich gefordert war, hielt er meistens sicher.
D. Santos	konnte diesmal durch Cleverness im Abwehrverhalten glänzen.
Mauro	spielte nicht so stark wie seine anderen Abwehrkollegen.
Zózimo	ließ den gegnerischen Angreifern kaum eine Chance zum Durchkommen.
N. Santos	dirigierte routiniert die Abwehrreihe.
Zito	wurde durch den chilenischen Offensivwirbel an der Mitwirkung im Aufbauspiel gehindert.
Garrincha	tanzte seine Gegner wie gewohnt aus und erzielte die ersten zwei Tore.
Didi	war der gewohnt souveräne Ballverteiler im Mittelfeld.
Vava	bezauberte durch sein Kopfballspiel und seine zwei Treffer.
Amarildo	spielte quirlig und kombinierte glanzvoll mit Garrincha.
Zagalo	hielt sich wieder etwas zurück, um als hängender Flügelspieler unerwartet und wirksam nach vorne zu stoßen.

Chile:

Escuti	hätte ein bis zwei Treffer der Brasilianer verhindern können.
Eyzaguirre	hatte einen sehr guten Tag – mit einigen Sprints bis vor das brasilianische Tor.
Contreras	zeigte ein gutes Spiel aus der zweiten Reihe nach vorn - manchmal unbeherrscht.
Raul Sánchez	mühte sich meist erfolgreich gegen den brasilianischen Ansturm.
Rodríguez	konnte Garrincha einige Male aufhalten und sich trotzdem noch in den Angriff einschalten.
Toro	spielte mit Rojas herrliche Kombinationen bis in den brasilianischen Strafraum hinein – schöner Freistoßtreffer.
Rojas	war der geniale Partner von Toro und Contreras im Mittelfeld und sorgte für viel Gefahr.
Ramírez	bestach durch schönes Flügelspiel und bot sich überdies für Torschüsse an.
Landa	dribbelte unermüdlich nach vorn, fand aber häufig in Zózimo seinen Meister.
Tobar	konnte im Angriff nicht überzeugen und war einige Male im Zweikampf überfordert.
Sánchez	spielte wieder die starke kämpferische Rolle im Angriff.

Tschechoslowakei - Jugoslawien 3:1 (0:0)

Unter Ausschluss der Öffentlichkeit

Wann war in der Geschichte der Weltmeisterschaften ein Halbfinalspiel je so schlecht besucht worden? Nur 5.890 Menschen in der fußballerisch so traditionsreichen Doppelstadt Viña del Mar / Valparaíso wollten es trotz wunderschönen Wetters sehen. Es war die geringste Zuschauerresonanz bei einem Vorschlussrundenspiel in der gesamten WM-Geschichte! Eine Besucherzahl im vierstelligen Bereich hat es in dieser Phase einer Weltmeisterschaft sonst nur 1950 in Brasilien in der Finalrunde der letzten Vier gegeben (ein Halbfinale gab es seinerzeit nicht). Zum Spiel Uruguay gegen Schweden kamen damals nur 7.987 Zuschauer.

Die CSSR kehrte nach dem kurzen Intermezzo in Rancagua zurück ins Estadio Sausalito, wo sie bereits die Gruppenspiele absolviert hatte. Dort war die Resonanz allerdings auch bei den Spielen mit tschechoslowakischer Beteiligung durchschnittlich doppelt so groß gewesen. Was also war, außer den hohen Preisen, der Grund für diesen schwachen Zuschauerzuspruch? War es das kurzfristig ins Nationalstadion von Santiago verlegte Semifinale der Chilenen, das eigentlich an diesem Ort hätte stattfinden sollen (Kartenbesitzern in Viña del Mar wurde nach Protesten ein Tausch offeriert) oder war es das bis dato für die Zuschauer nicht sonderlich attraktive Defensivspiel der CSSR? Vermutlich eine Mischung aus beidem, zumal die Jugoslawen auch nicht gerade den Ruf hatten, auf dem Platz Samba zu tanzen.

Nach Sekularacs Torjubel beim 1:1 für Jugoslawien muss das Tornetz repariert werden.

Das Team vom Balkan wechselte nach dem Sieg im Viertelfinale - der in den Straßen Belgrads und Zagrebs begeistert gefeiert worden war - ihr Quartier. Sie wohnten nun im Hotel O'Higgins in Viña del Mar, wo zuvor die bereits abgereisten Mexikaner logiert hatten.

Beide Trainer vertrauten auf die erfolgreichen Aufstellungen aus den Viertelfinalspielen. Mit einer Ausnahme: Bei den Jugoslawen kam Sijakovic für Kovacevic in die Mannschaft. Obwohl Kvasnák wie schon gegen Ungarn als Dirigent in die Abwehr zurückgezogen wurde, kam die CSSR-Auswahl zur allgemeinen Verwunderung im Verlauf des Turniers erstmals mit einer offensiven Grundhaltung auf den Platz.

In der torlosen ersten Spielhälfte gelang es die Jugoslawen einige Male (Sijakovic 10., Galic 22. und Jerkovic 24. Minute), frei vor Schrojfs Gehäuse zum Schuss zu kommen. Der Schlussmann von Slovan Bratislava wusste jedoch einen Torerfolg der „Blauen" zu verhindern und parierte auch einen gefährlichen 20-Meter-Schuss von Sekularac. Gegenüber im Kasten der Jugoslawen konnte Soskic die Distanzschüsse der tschechoslowakischen Angreifer ebenso sicher abwehren. Die größte Möglichkeit der CSSR vereitelte allerdings in der 42. Minute die Latte, als Kadraba einen Fallrückzieher aus zehn Metern an ihre Oberkante setzte.

In der zweiten Halbzeit hatte er dann mehr Glück, als er den Ball nur drei Minuten nach Wiederanpfiff zum 1:0 für die Tschechoslowaken in die Maschen drückte. Ein Alleingang von Pospichal mit anschließendem Zuspiel hatte dem Torschützen den Weg geebnet. Soskic hatte den ersten Schussversuch nicht festhalten können und im Nachsetzen war der tschechoslowakische Mittelstürmer zur Stelle.

Die Jugoslawen reagierten nervös auf den Rückstand. Als das Spiel nach der Führung der CSSR härter zu werden drohte, rief der gute Referee Dienst (der später das WM-Endspiel 1966 leitete) die beiden Mannschaftsführer zu sich, um brutale Auswüchse von vornherein zu unterbinden.

Es dauerte eine Weile, bis sich die Jugoslawen gefangen hatten und wieder ein organisiertes Angriffsspiel aufzogen. Chancen, die sich daraus für Galic, Jerkovic und Skoblar (Lattentreffer) ergaben, blieben indessen zunächst ungenutzt. Erst in der 69. Minute traf der hoch aufgeschossene Mittelstürmer Jerkovic per Kopfball nach einem Stellungsfehler von Schrojf zum Ausgleich. Es war bereits sein vierter WM-Treffer. Sekularac sprang daraufhin in seiner Begeisterung so ungestüm in die Maschen des Gehäuses, dass das Tornetz geflickt werden musste, bevor die Partie weitergeführt werden konnte.

Anschließend wollten die Olympiasieger gegen eine massive Abwehr der CSSR-Auswahl die Entscheidung erzwingen. Die Schützlinge von Trainer Vytlacil verstanden es dagegen, mit ih-

Tschechoslowakei – Jugoslawien 3:1 (0:0)
13. Juni 1962, 14.30 Uhr, Viña del Mar, Estadio Sausalito

CSSR: Schrojf – Lala, Novák (k), Pluskal, Popluhár – Masopust, Pospichal – Scherer, Kvasnák, Kadraba, Jelinek

Jugoslawien: Soskic – Durkovic, Jusufi, Radakovic, Markovic – Popovic, Sijakovic – Sekularac, Jerkovic, Galic (k), Skoblar

Tore: 1:0 Kadraba (48.), 1:1 Jerkovic (69.), 2:1 Scherer (80.), 3:1 Scherer (84., HE) – **SR:** Dienst (Schweiz) – **LR:** Jonni (Italien), Steiner (Österreich) – **ZS:** 5.890 (17%)

rer Abwehrkette sofort auf Angriff umzuschalten, um die Jugoslawen ganz plötzlich und massiert in Bedrängnis zu bringen. So entstand in der 80. Spielminute ein Gegenangriff durch Scherer, der erst Jusufi sowie anschließend Markovic aussteigen ließ und schließlich auch noch Torhüter Soskic mit einem Schuss aus 18 Metern überwandt. Bald darauf erhielt Scherer die Gelegenheit, seinen dritten Turniertreffer zu markieren, als Markovic im Strafraum den Ball mit der Hand berührte. Die Folge war ein Strafstoß, der sicher zur 3:1-Entscheidung zugunsten der CSSR verwandelt wurde.

Wie in vielen ähnlichen Begegnungen der WM 1962 gab es mit den Jugoslawen eine optisch überlegene Mannschaft, die den Ball im Mittelfeld und am gegnerischen Strafraum gefällig hin und her schob, letztlich aber zumeist an einer rustikalen Defensivkette scheiterte. Die technische Überlegenheit der Jugoslawen glichen die Tschechoslowaken durch Geradlinigkeit aus und gewannen daher verdient.

Der entscheidende Elfmeter zum 3:1-Endstand wird von Scherer sicher verwandelt.

Tschechoslowakei:

Schrojf war wiederum der beste Mann auf dem Platz und sicherte seiner Mannschaft trotz des Patzers beim 1:1 den Sieg.

Lala lieferte eine solide Abwehrleistung und ließ die jugoslawischen Angreifer selten zur Geltung kommen.

Novák konnte gelegentlich durch robuste Abwehrarbeit auf sich aufmerksam machen.

Pluskal brachte eine ausgezeichnete Leistung, mit guten Vorlagen auf die Spitzen.

Popluhár war meistens die Endstation der gefälligen jugoslawischen Spielzüge.

Masopust konnte als Hauptinitiator der CSSR-Offensive erneut Maßstäbe setzen.

Pospichal wurde häufig von Masopust geschickt und attackierte das jugoslawische Tor.

Scherer fiel durch direktes Zuspiel in die Spitze, gute Dribblings und gefährliche Schüsse sehr positiv auf.

Kvasnák verstärkte die Deckung, ging aber auch dynamisch mit nach vorn.

Kadraba hatte einige Chancen und war an diesem Tag in Topform.

Jelinek bewirkte einige gefährliche Situationen in der jugoslawischen Hälfte.

Jugoslawien:

Soskic gehörte trotz der Gegentore zu den Stärkeren im Team.

Durkovic fiel am ehesten durch derbes Einsteigen auf.

Jusufi spielte hervorragend, bis er sich bei einem Sturz an der Hand verletzte.

Radakovic kurbelte häufig als fünfter Angreifer die Offensive mit an.

Markovic spielte sicher und resolut in der Abwehr, bis er am Ende zweimal spielentscheidend patzte.

Popovic schaltete sich in der zweiten Hälfte mit in den Angriff ein.

Sijakovic kam auf dem linken Flügel kaum zur Geltung.

Sekularac kombinierte weiträumig und ließ nach sehr gutem Beginn am Ende etwas nach.

Jerkovic zeigte eine gute Leistung und war nicht nur bei seinem Tor gefährlich.

Galic hatte einige Möglichkeiten und spielte insgesamt eine recht gute Partie.

Skoblar konnte seine wenigen Chancen nicht nutzen.

Trainer-Zitate (im Deutschen Sportecho)

CSSR-Trainer Vytlacil: „Ich hatte großes Vertrauen zu meiner Mannschaft. Vor Tagen sagte ich ihr: ‚Wir gewinnen!' Unsere Dekkung ist ganz großartig. Doch diesmal erwies sich ihr auch der Angriff ebenbürtig. Wir siegten, weil zur guten Abwehrleistung das verbesserte Angriffsspiel kam. Wir sind glücklich, es ist ein Erfolg, den wir vor Beginn des Turniers nie erwartet hatten."

Jugoslawiens Trainer Ciric: „So ist das im Fußball. Dann, wenn man glaubt, so richtig in Fahrt zu sein, gelingt plötzlich nichts mehr. Heute hatten wir keinen guten Tag. Es klappte im Angriff nichts. Unser Gegner hat klug und überzeugend gespielt. Die CSSR liegt uns einfach nicht. Es war im 26. Spiel unsere 16. Niederlage, bei vier Unentschieden, das sagt wohl alles."

Das Endturnier - Spiel um Platz 3

Chile - Jugoslawien 1:0 (0:0)

Das größte kleine Finale

16. Mai 1962, 16.15 Uhr, Nationalstadion Santiago: Nur wenige Sekunden sind noch zu spielen. Sekularac fängt einen Abschlag von Chiles Torhüter ab. Sofort schießt der Regisseur der Jugoslawen auf das Gehäuse von Godoy, und der Ball streicht wenige Zentimeter über die Latte. Es steht weiterhin 0:0. Sollte das kleine Finale das erste Spiel dieser WM sein, das in die Verlängerung geht? Die Chilenen kommen noch einmal nach vorn. Rojas holt sich den Ball, spielt zwei jugoslawische Abwehrspieler aus und wagt noch einen letzten Versuch, das von Soskic bewachte Tor zu treffen. Nicht hart genug geschossen, verliert der Ball schon an Fahrt, bevor er überhaupt in die Nähe des Zieles kommt. Der jugoslawische Torsteher hat sich bereits in die entsprechende Ecke aufgemacht, als die Kugel plötzlich ihre Bahn ändert, nicht etwa, weil es sich um den umstrittenen Ball der Firma Zamora handelt, sondern weil ein Fuß überraschend ihren Lauf abgefälscht hat. 22 Spieler, drei Unparteiische sowie über 66.700 Menschen auf den Rängen sehen einen hilflosen Keeper und ein aufgepumptes Stück Leder, das trudelnd den Weg in die leere Ecke des Tores findet. Ekstatische Jubelschreie, fliegende Kissen, Schlusspfiff, stehende Ovationen, winkende Taschentücher: Chile ist der „kleine Weltmeister"! Rojas wird in seinem Heimatland aufgrund dieses Treffers und seinem sechs Tage zuvor erzielten entscheidenden Tor zum Einzug ins Halbfinale unvergessen bleiben. Auf Schultern wird der Held des Tages durch das Stadion getragen. „Rie-ra Rie-ra"-Rufe der jubelnden Menge fordern den Trainer auf sich feiern zu lassen und aus den Katakomben zurückzukommen. Als er mit den Ersatzspielern wieder im Stadion erscheint, wird die Arena erneut von tosenden Beifallsstürmen erschüttert. Anschließend warten draußen Zehntausende auf Riera und seine Mannen. Sie umlagern den Mannschaftsbus und verwandeln die Rückkehr der Mannschaft ins Quartier zu einem Triumphzug.

Jugoslawiens Torwart Soskic stand oft im Mittelpunkt - hier muss er wieder einmal vor den Chilenen klären.

Die Spiel um Platz 3 hatte mit Ausnahme der Schlussszene nur wenige Höhepunkte. In der 12. Minute kam Chile erstmals gefährlich durch die starke jugoslawische Deckung. Tobar vergab eine große Chance, als Soskic einen Schuss von Ramírez nur abklatschen konnte. Der Nachschuss ging aus nächster Distanz über die Latte. Zwar spielten die Chilenen weiter munter nach vorn, doch fand sich in der jugoslawischen Abwehr immer jemand, der es nicht zum Äußersten kommen ließ. Die Schüsse aus der Distanz verfehlten meist das Tor von Soskic oder konnten problemlos von ihm gehalten werden. Vermisst wurde vor allem Mittelstürmer Landa, der nach seinem Platzverweis im Halbfinale für dieses Spiel gesperrt worden war. Aber auch die Jugoslawen versäumten es, die wenigen sich ihnen bietenden Möglichkeiten zu nutzen.

Im Tor der Chilenen stand erstmals Godoy, der für den gegen Brasilien schwachen Escuti gekommen war, und im ersten Spielabschnitt kaum etwas zu tun bekam. In der zweiten Hälfte gelang es den Jugoslawen häufiger, den neuen Keeper zu prüfen. Einen Alleingang von Skoblar in der 52. Minute vermochte Godoy im letzten Moment noch zu stoppen. Nach einer Stunde Spielzeit beförderte Galic den Ball dann zwar ins chilenische Gehäuse, jedoch erkannte Schiedsrichter Gardeazabal auf Abseits. Die Chilenen rannten daraufhin wieder munter auf das jugoslawische Tor an, ehe dann die ganz in weiß gekleideten Europäer in den letzten zehn Minuten noch ein paar Mal versuchten, ihrerseits zum Erfolg zu kommen. Mit dem eingangs geschilderten Ergebnis!

Das lange Zeit torlose Spiel hatte mit Chile einen verdienten Sieger gefunden, der einmal mehr die Vorzüge des 4-2-4-Systems vorzutragen wusste. Im Verlauf des Turniers hatte sich die chilenische Auswahl gesteigert und in der abschließenden Begegnung in allen Mannschaftsteilen überzeugen können. In der Offensive und im Zusammenspiel im Mittelfeld hatte sie den

Chile – Jugoslawien **1:0 (0:0)**

16. Juni 1962, 14.30 Uhr, Santiago, Estadio Nacional

Chile: Godoy – Eyzaguirre, Cruz, Raul Sánchez, Rodríguez – Toro (k), Rojas – Ramírez, Campos, Tobar, Leonel Sánchez

Jugoslawien: Soskic – Durkovic, Svinjarevic, Radakovic – Markovic, Popovic – Kovacevic, Sekularac, Jerkovic, Galic (k), Skoblar

Tor: 1:0 Rojas (90.) – **SR:** Gardeazabal (Spanien) – **LR:** Dusch (BRD), Dorogi (Ungarn) – **ZS:** 66.697 (87%)

Die Entscheidung: Rojas (links) erzielt in letzter Minute das 1:0 und Chile ist WM-Dritter.

Jugoslawen gegenüber klare Vorteile, obwohl sie über weite Strecken mit reduzierter Schlagkraft auf dem Feld stand. Neben Toro hatten Campos und Rodríguez mit verletzungsbedingten Einschränkungen zu kämpfen. Die Europäer wussten diesen Vorteil nicht auszunutzen, da ihnen an diesem Tage die nötige Dynamik im Angriff fehlte.

Das gestanden auch die beiden Betreuer der jugoslawischen Auswahl ein und lobten das Spiel des Gastgebers. Voller Stolz zeigte sich anschließend dessen Trainer Riera. Seine Mannschaft hatte sich den dritten Platz wahrlich verdient, lediglich den Brasilianern und den Westdeutschen hatte sie sich geschlagen geben müssen. Der Schatten des Sieges gegen Italien konnte durch die Fairness im weiteren Turnierverlauf überstrahlt werden.

Die Feiern in dieser Samstagnacht in Santiago und anderen Orten des Landes überstiegen alles bisher Dagewesene. Einer haderte indes mit seinem Schicksal: Jugoslawiens Stopper Markovic fühlte sich schuldig an den beiden letzten Niederlagen, die eine durchaus mögliche bessere Platzierung für sein Land zunichte gemacht hatten. Im Halbfinalspiel gegen die CSSR war er es gewesen, der den entscheidenden Elfmeter zum 3:1 durch ein Handspiel verursachte, nachdem er zuvor schon vom tschechoslowakischen Stürmer Scherer beim 2:1 ausgespielt worden war. Gegen Chile war er es nun, der den entscheidenden Ball in der 90. Minute unhaltbar für seinen eigenen Schlussmann in die andere Ecke ablenkte.

Chile:

Godoy	war nicht sicherer als Escuti, hielt jedoch die wenigen jugoslawischen Schüsse aufs Tor.
Eyzaguirre	schaltete blitzschnell von Abwehr auf Angriff um und Skoblar über weite Strecken aus.
Cruz	war stets zur Stelle, wenn Gefahr drohte.
R. Sánchez	glänzte durch kompromisslosen Einsatz.
Rodríguez	ließ durch sein facettenreiches Spiel den verletzten Navarro fast in Vergessenheit geraten.
Toro	verletzte sich früh und war anschließend nicht mehr in der Lage, das Spiel zu gestalten.
Rojas	schrieb mit seinem Treffer WM-Geschichte für sein Land – herausragende Leistung.
Ramírez	vermisste über weite Strekken Toro als Passgeber.
Campos	spielte statisch und technisch unausgereift - konnte Landa nicht ersetzen.
Tobar	war bei den Chancen, die sich ihm boten, nicht zwingend genug.
L. Sánchez	entfaltete viel Druck über links – sehr engagiert.

Jugoslawien:

Soskic	bekam mehr zu tun als sein Gegenüber – souverän, beim Gegentor machtlos.
Durkovic	sicherte seinen Außenposten gut ab.
Svinjarevic	ließ selten einen chilenischen Angreifer vorbeiziehen.
Radakovic	wechselte sich mit Sekularac in der Offensive ab, wurde aber meist hinten eingeschnürt.
Markovic	zeigte eine gute Leistung, sehr kopfballstark – der Pechvogel beim Gegentor.
Popovic	stand fest und sicher im Zentrum der Verteidigung.
Kovacevic	trieb das Spiel nach vorn - wirkte aber bei seinen Einschussversuchen unkonzentriert.
Sekularac	war spielerisch der Beste auf dem Platz – sorgte durch gute Zuspiele für Torszenen.
Jerkovic	spielte gefällig mit, aber ohne zündende Ideen - im Abschluss zu zaghaft.
Galic	fehlte diesmal der entschiedene Drang nach vorn.
Skoblar	versuchte durch Flanken für Gefahr im chilenischen Strafraum zu sorgen.

Der dritte Platz war der größte Erfolg in der Geschichte des Gastgeberlandes und blieb es auch bis heute. Das „kleine Finale" wurde 1962 nicht als Nebensache betrachtet. Bis dahin hatte der Gastgeber aber auch immer das Endspiel (bzw. 1950 das entscheidende letzte Finalrundenspiel) erreicht, wenn er unter die letzten Vier gekommen war. Die gleiche Konstellation ergab sich später noch einmal, als bei der WM 1990 Gastgeber Italien den Einzug ins Endspiel im Elfmeterschießen gegen Argentinien knapp verfehlte. Bei den Tifosi überwog die Enttäuschung über die verpasste Finalteilnahme. Der dritte Platz löste bei ihnen längst nicht die Begeisterung wie 1962 in Chile aus. Die Azzurri waren inzwischen allerdings schon drei Mal Weltmeister und einmal Vize gewesen.

Brasilien bestätigt Vorherrschaft

Brasilien - Tschechoslowakei 3:1 (1:1)

Vor dem Spiel

Ein unerwartetes Finale stand der Fußballwelt bevor. Gegner des Favoriten und Titelverteidigers Brasilien war nicht etwa Argentinien, Uruguay, Spanien oder Italien, die allesamt nach der Vorrunde hatten abreisen müssen, sondern die Tschechoslowakei.

Die CSSR-Auswahl hatte nach dem Halbfinale in der Militärschule O'Higgins Quartier bezogen, wo bis dahin die Bundesdeutschen gewohnt hatten. Für den der an einer Oberschenkelprellung laborierenden Lala wurde mit Tichy ein frischer Abwehrspieler in die Mannschaft gebracht. Ansonsten vertraute Trainer Vytlacil der siegreichen Stammformation der letzten Begegnungen. Offensichtlich hatten die Tschechoslowaken Respekt vor den Schusskünsten der Südamerikaner - besonders Garrinchas - denn im Abschlusstraining war Torwart Schrojf von seinen Mannschaftskameraden einem Härtetest unterzogen worden. Zur Beruhigung seiner Kollegen hatte er dabei selbst die effetvollsten Schüsse gehalten. Scherer und Kvasnák waren bei dieser Gelegenheit verletzungsbedingt nicht dabei gewesen, standen aber schließlich doch im Aufgebot für das Finale.

Die Brasilianer grüßen nach dem Abspielen der Hymne das Publikum.

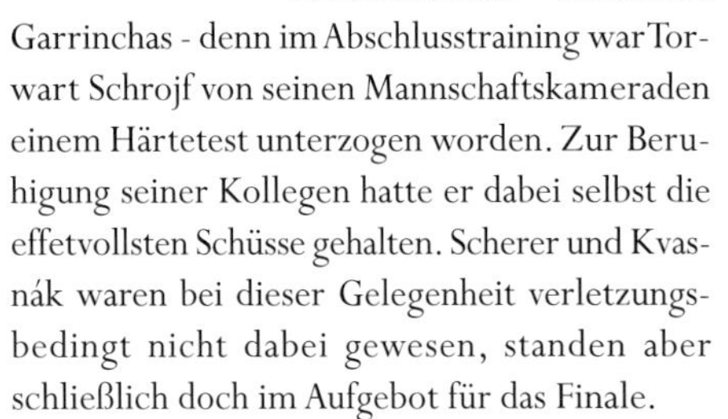

Eine interessante Parallele gab es zum WM-Turnier 1954, bei dem die Finalteilnehmer ebenfalls bereits in der Vorrunde aufeinander getroffen waren. Im Gegensatz zur damaligen deutschen Aufstellung hatte die CSSR im 1962er-Gruppenspiel in Viña del Mar allerdings mit annähernd der gleichen Mannschaft gespielt. Der einzige Überraschungseffekt konnte daher für den Außenseiter in der taktischen Formation liegen.

Nach einigem Hin und Her war es 24 Stunden vor dem Endspiel zur bitteren Gewissheit geworden: Pelé würde nicht mitwirken können. Seine Verletzung war noch zu stark, als dass es das Risiko wert gewesen wäre, ihn auflaufen zu lassen. Die zweite Unsicherheit bezüglich der Mannschaftsaufstellung löste sich hingegen positiv: Der Platzverweis von Garrincha im Halbfinalspiel gegen Chile führte nicht zu der erwarteten Sperre. Die Brasilianer hatten sich erfolgreich für eine Begnadigung eingesetzt. So konnte der Titelverteidiger mit seiner erfolgreichen und eingespielten Formation antreten. Trainer Moreira hatte großen Respekt vor der defensiven Spielart der CSSR. Trotzdem äußerte er sich vor dem Spiel sehr zuversichtlich, die tschechoslowakische Abwehrmauer durchbrechen zu können. Das sollte mit einer Aufstellung gelingen, aus der nicht eindeutig her vor ging, ob Brasilien mit dem gewohnten 4-2-4 oder dem neuen 4-3-3-System agieren würde.

Das Stadion war nicht ganz ausverkauft, was für ein WM-Finale eigentlich enttäuschend war, jedoch in Anbetracht der Erfahrungen der letzten Wochen keine Überraschung darstellte. Die Stimmung in Santiago war zudem noch von den Siegesfeiern der Gastgeber überdeckt, die die ganze vorangegangene Nacht angedauert hatten.

Bei strahlendem Sonnenschein konnte an diesem Sonntagnachmittag nach einigem Zeremoniell endlich der letzte Akt beginnen. Auf der Ehrentribüne hatte die Crème-de-la-crème des Weltfußballs Platz genommen, und mit ihr der chilenische Präsident sowie einige andere hochrangige Politiker. Lautstark begleitet von etwa 2.000 brasilianischen Fans trat der Titelverteidiger in seinem traditionellen Dress (blaue Hosen und grün abgesetzte gelbe Trikots) ins Stadion. Viele tausend Chilenen bekundeten ihre Sympathie mit Fahnen in den gleichen Farben. Doch das Wohlwollen der Einheimischen verteilte sich spätestens, als die Tschechoslowaken die Arena mit einer großen chilenischen Flagge betraten.

Brasilien – Tschechoslowakei 3:1 (1:1)

17. Juni 1962, 14.30 Uhr, Santiago, Estadio Nacional

Brasilien: Gilmar – Djalma Santos, Mauro (k), Zózimo, Nilton Santos – Didi, Zito – Garrincha, Vava, Amarildo, Zagalo

CSSR: Schrojf – Tichy, Popluhár, Novák (k) – Pluskal, Masopust – Pospichal, Scherer, Kvasnák, Kadraba, Jelinek

Tore: 0:1 Masopust (15.), 1:1 Amarildo (17.), 2:1 Zito (69.), 3:1 Vava (78.) – **SR:** Latichev (UdSSR) – **LR:** Davidson (Schottland), Horn (Niederlande) – **ZS:** 68.679 (89%)

Brasilien war nach 1934 und 1938, als Italien jeweils Weltmeister geworden war, der zweite Verband, der den Titel verteidigen konnte. Allerdings glückte ihnen dieses Kunststück im Gegensatz zu den Azzurri mit einer nahezu unveränderten Mannschaft. Routine war 1962 der Schlüssel zum Erfolg. Je länger das Finale andauerte, desto deutlicher konnte der Titelträger seine Überlegenheit ausspielen. Als die Brasilianer die Begegnung mit ihren Toren in der zweiten Hälfte entschieden, waren die Tschechoslowaken schon längst nicht mehr ebenbürtig.

Der Spielfilm

14.32 Uhr Ortszeit: Das Endspiel um die 7. Fußballweltmeisterschaft wird von Nikolai Latichev aus der UdSSR angepfiffen. Die in roten Hosen und weißen Hemden spielenden Tschechoslowaken haben Anstoß.

2. Minute: Erster Vorstoß der CSSR durch Kvasnák, der versucht, einen klugen Pass von Pospichal im Strafraum zu erreichen. Gilmar ist zur Stelle.

3. Minute: Kvasnák setzt einen Schuss aus 18 Metern knapp über das brasilianische Tor. Amarildo und Vava tragen einen Gegenangriff nach vorn. Zito erhält den Ball und schießt aus 20 Metern neben Schrojfs Kasten.

7. Minute: Garrincha spielt Novák aus und flankt sechs Meter vors Tor, wo Vava einschussbereit steht. Seine Direktabnahme trifft nur den Pfosten.

8. Minute: Wieder steht Vava frei vor dem Tor. Eine Flanke von Zagalo kann er mit dem Kopf in Richtung Torecke bugsieren. Schrojf muss sich erstmals strecken.

11. Minute: Eine gelungene Kombination der Brasilianer wird von Vava abgeschlossen, doch Schrojf hält den für ihn kaum auszumachenden Aufsetzer. Im Gegenzug gibt es Eckball für die Tschechoslowaken. Pospichal führt aus und Kvasnák verlängert den Ball am linken Torpfosten vorbei.

12. Minute: Garrincha lässt einen Gegenspieler nach dem anderen aussteigen. Sein Zuspiel an Vava wird erwidert, doch der Stürmerstar verpasst zum Glück für die CSSR den Ball.

15. Minute: 1:0 für die Tschechoslowaken. Masopust ist von Rechtaußen Pospichal „in die Gasse" bedient worden. Der zur Überraschung der brasilianischen Abwehr weit vorn aufgetauchte Mittelfeldstratege lässt sich diese Chance nicht nehmen. Er platziert einen schönen schulmäßigen Treffer flach in die rechte Ecke.

17. Minute: Brasilien dreht wieder auf. Über links läuft Amarildo nach Zuspiel von Zagalo im Strafraum der CSSR fast bis zur Toraus-Linie. Alle rechnen mit einem Zuspiel nach innen, doch Amarildo fasst sich ein Herz und hält mit dem linken Außenrist drauf. Torwart Schrojf steht zu weit vor seinem Kasten. Er bekommt den scharf getretenen Ball nicht mehr zu fassen. Ein toller Treffer des Jungstars zum **1:1**.

22. Minute: Zagalo tritt einen Freistoß am seitlichen Strafraum direkt auf das tschechoslowakische Tor. Schrojf muss den gefährlichen Schuss unter Aufbietung seines ganzen Könnens zur Ecke abwehren.

27. Minute: Zagalo prüft Schrojf mit einem Schuss aus über 25 Metern. Der Schlussmann der CSSR muss den Ball aus dem Winkel holen. Gleich darauf kombinieren die Tschechoslowaken mit langen Spielzügen wieder nach vorn. Linksaußen Jelinek erhält den Ball und zieht ihn von weit außen auf das Tor von Gilmar. Der pariert gekonnt den harten Schuss.

Das 1:0 durch Masopust – Zózimo kommt zu spät, Djalma Santos kann nur noch zusehen.

28. Minute: Das Spiel wogt hin und her. Auf der anderen Seite erhalten die Brasilianer einen Freistoss, den Didi technisch perfekt auf den Kasten zirkelt. Erst im Nachfassen kann Schrojf die Gefahr bannen.

34. Minute: Jelinek flankt aus abseitsverdächtiger Position. Didi versucht den Ball fortzuschlagen, doch das Leder landet beim vier Meter vor dem Tor postierten Kvasnák. Der Mittelstürmer köpft nur knapp am Pfosten vorbei.

37. Minute: Querpass von Didi auf Amarildo, der aus 25 Metern knapp das Tor verfehlt.

41. Minute: Steilpass der Tschechoslowaken, die in der Schlussphase der ersten Hälfte noch einmal alles versuchen. An der Strafraumgrenze kann Nilton Santos vor dem einschussbereit herannahenden Pospichal klären.

Pelé muss zuschauen.

Beim Stande von 1:1 werden die Seiten gewechselt. Wie im überaus ansehnlichen ersten Spielabschnitt beginnen beide Teams die zweite Hälfte sehr engagiert und suchen ihre Chance. Zunächst springt jeweils nichts Zwingendes dabei heraus.

59. Minute: Zagalo bringt einen Eckball von links herein. Vava erwischt den Kopfball nicht voll und Schrojf kann mit der Faust klären.

64. Minute: 20 Meter-Schrägschuss von Jelinek auf das Tor von Gilmar. Der holt den gefährlichen, von Didi noch abgefälschten Ball mit

Dass es zwischen den beiden Finalisten außergewöhnlich fair zuging – jedenfalls im Vergleich mit den meisten anderen Auseinandersetzungen dieser WM – wurde bereits bei ihrem Aufeinandertreffen in der Vorrunde deutlich, was folgende Anekdote verdeutlicht:
„Urplötzlich ließ der berühmte Pelé einen seiner unnachahmlichen Scharfschüsse los, den Popluhár mit dem Kopf ‚nahm' und im gleichen Augenblick wie von einem klassischen K.O.-Schlag hingestreckt, am Boden lag.
Sofort raste Pelé zu dem am Boden Liegenden und beugte sich so lange über ihn, bis er sicher war, dass Popluhár keinen ‚schwerwiegenden' Schaden genommen hatte. Dann lief er mit breitem fröhlichem Lächeln wieder auf seinen Posten zurück.
Wenig später verletzte er sich bei einem ähnlichen Scharfschuss selbst. Der Arzt konstatierte Muskelzerrung. Völlig gehandicapt humpelte Pelé nun auf dem rechten Flügel herum, bekam plötzlich einen Ball zugespielt. Popluhár stürzte los, um ihm das Leder abzujagen. Da bemerkte er, welche Schwierigkeiten sein schwarzer Gegenspieler hatte, blieb jäh stehen und wartete, bis Pelé den Ball unter Kontrolle hatte. Doch der kennt die Gesetze des Kampfes mit dem Ball, die geschriebenen wie auch die ungeschriebenen, wusste Popluhárs Geste genau zu deuten. Ruhig und verständnisvoll lächelnd schob er den Ball aus dem Stand über die Außenlinie. Vorteil für die gegnerische Mannschaft." (Quelle: Deutsches Sportecho Nr. 95, 1962)

Vava trifft nach Schrojfs Patzer zum alles entscheidenden 3:1 für Brasilien.

einem Hechtsprung aus der Ecke.

69. Minute: CSSR-Popluhar misslingt eine Ballannahme. Amarildo, der in der Nähe lauert, übernimmt das Leder und dribbelt auf die Grundlinie zu. Dort angekommen flankt er weich und platziert auf Zito, der aus drei Metern nur noch mit der Brust ins leere Tor einzuschieben braucht. Schrojf hatte versucht, Amarildo entgegen zu laufen. Sein Stellungsfehler machte den Brasilianern den Weg zum **2:1** frei.

73. Minute: Jelinek verpasst knapp den Ausgleich. Sein Schuss aus acht Metern wird von Djalma Santos' Hand aufgehalten. Da der Unparteiische dies nicht als aktive Bewegung des Armes wertet, bleibt der Elfmeterpfiff aus.

78. Minute: Djalma Santos schlägt einen weiten Pass in Richtung des tschechoslowakischen Tores. Schrojf ist auf dem Posten, doch offensichtlich von der Sonne geblendet, rutscht ihm der Ball wieder aus den Händen. Sofort ist Vava zur Stelle und kann zum **3:1** abstauben. Das Spielfeld wird von Fotografen überflutet. Vollkommen unvermittelt ist die Vorentscheidung gefallen.

Bis zum Schlusspfiff passiert nicht mehr viel. Die Tschechoslowaken versuchen vergeblich, noch einmal zum Erfolg zu kommen, doch die Brasilianer stehen massiert in der Deckung und wehren die letzten verzweifelten Vorstöße ab. Nach gut zehn Minuten fast überheblichen „weltmeisterlichen Ballgeschiebes" dürfen die Südamerikaner endlich jubeln. Brasilien ist zum zweiten Mal nach 1958 Fußballweltmeister.

Die Analyse

Die CSSR-Auswahl ging die Partie sehr offensiv an, was sich auch in der Aufstellung ausdrückte. Erstmals in diesem Turnier spielte Masopust die Rolle des Mittelfelddirigenten in einem sehr variablen System, das weit entfernt von dem Mauerfußball der vergangenen Wochen war.

Die Brasilianer begannen überaus flexibel. Sie verschoben blitzartig und geschickt die massierte Deckung nach vorn und sorgten mit dieser Taktik von Beginn an für Gefahr im tschechoslowakischen Strafraum.

Niemand glaubte zunächst, dass die Außenseiter gegen die Copacabana-Kicker eine Chance hätten, umso erstaunlicher war die tschechoslowakische Führung nach einer Viertelstunde. Bezeichnenderweise besorgte sie Josef Masopust - einer der Besten dieses Turniers.

Bis dato hatte bei den vorangegangenen WM-Endspielen fünf Mal der spätere Verlierer geführt. Auch das Glücksmoment der Tschechoslowaken, sich in Anbetracht des zwischenzeitlichen Spielstandes als Weltmeister fühlen zu können, dauerte nicht lange an. Jungstar Amarildo glich bereits zwei Minuten später für den Weltmeister aus. Er düpierte den tschechoslowakischen Torwart Schrojf mit einem Schuss aus spitzem Winkel, der durchaus haltbar schien.

Die Tschechoslowaken beorderten den anfangs zurückgezogenen Mittelstürmer Kvasnák daraufhin nach vorn. Lange durften sie sich noch Hoffnung auf den Ausgleich machen, bis Zito in der 69. und Vava in der 78. Minute den 3:1-Endstand herstellten. An beiden Treffern war wiederum Schrojf nicht ganz schuldlos. So wurde der sonst so sichere Schlussmann im wichtigsten aller Spiele zur tragischen Figur. Insgesamt ließ im Team der CSSR in den letzten 25 Minuten die Konzentration sehr nach. Es hatte den An-

Brasilien:

Gilmar	Der Schlussmann zeigte eine hervorragende Leistung. Mehrere Male musste er in höchster Not retten, beim Gegentreffer war er machtlos.
D. Santos	Der rechte Verteidiger hatte Jelinek fest im Griff, wenn er nicht andernorts beschäftigt war, und der tschechoslowakische Linksaußen dadurch vereinzelt zum Abschluss kam.
N. Santos	Der linke Verteidiger, Senior des Teams, strahlte wieder große Ruhe aus und verhütete mehrfach das Eindringen der gegnerischen Außenstürmer in die Gefahrenzone.
Zito	Der rechte Läufer zeigte häufig die Tendenz, in die Spitze zu gehen. Er wechselte mit Didi sofort die Rolle, wenn der sich in den Angriff einschaltete und bot eine starke Leistung als Verbinder zwischen Abwehr und Angriff, den er meist über links einleitete.
Mauro	Der Kapitän fungierte in der zentralen Defensive als Stopper und fing mit dem Kopf die meisten Flanken der Tschechoslowaken ab.
Garrincha	Der quirlige Rechtsaußen war nicht ganz so effektiv wie in den vorangegangenen Spielen, weil Novák ihn einige Male stoppen konnte. Er nutzte aber die scharfe Deckung, um Freiräume für seine Mitspieler zu schaffen.

Zózimo	Der linke Läufer mit stärkerer Tendenz zur Defensive fiel besonders durch die effektive Bewachung von Scherer auf. Ansonsten war er fester Bestandteil der brasilianischen „Viererkette".
Didi	Der halbrechte Angreifer bildete eigentlich, wie auf der anderen Seite Pluskal und Masopust, mit Zito ein geniales Mittelfeld-Duo. Er machte ein ausgezeichnetes Spiel als Gestalter, der die Situation bereits vor der Ballannahme deutete und daher meist schon vorher wusste, wohin er den nächsten Pass spielen würde.
Vava	Der Mittelstürmer sorgte wie gewohnt für einigen Wirbel im Strafraum. Das musste er auch, denn mit dem Kopf konnte er in diesem Spiel nicht so viel bewirken, da er in Popluhár einen langen Gegenspieler hatte. Besonders in der Anfangsphase bot er eine starke Leistung und prüfte den CSSR-Torwart mehrfach.
Amarildo	Der „Pelé-Ersatz" spielte halblinks und zeigte oft die Tendenz, sich tiefer in die Mitte fallen zu lassen, wo er sich mit Masopust und Pluskal auseinandersetzen musste, die ihn häufig ausschalten konnten. Bei Gefahr ging er bis in die eigene Abwehr zurück. Er absolvierte ein großes Pensum und war maßgeblich an zwei Treffern beteiligt.
Zagalo	Der Linksaußen spielte zurückhängend und ließ sich ebenfalls häufig ins Mittelfeld zurückfallen, um dort Didi und Zito im Aufbau zu unterstützen. Die Freiräume, die durch sein variables Spiel entstanden, konnten dann andere überfallartig nutzen, wie Amarildo bei seinem Treffer zum 1:1. Hervorragend waren abermals seine Eckbälle, Freistöße und Distanzschüsse, die häufig für Gefahr im tschechoslowakischen Strafraum sorgten.

schein, dass ihre aufreibende Spielweise am Ende ihren Tribut forderte und die Kräfte immer stärker nachließen.

Das Finale war taktisch, spielerisch und technisch eines WM-Endspieles würdig, qualitativ vergleichbar mit dem von 1958. Die im Vergleich zu jener Begegnung teilweise geringere Schnelligkeit der Brasilianer erklärte sich schon dadurch, dass acht Spieler, die vier Jahre zuvor gegen Schweden mitgewirkt hatten, um genau jene Zeitspanne gealtert gegen Chile wieder mit von der Partie waren. Immerhin konnte der frischgebackene Vizeweltmeister CSSR, im Gegensatz zu den 1958 unterlegenen Schweden, das Finale lange offen und spannend halten.

Brasiliens Trainer Moreira wertete: „Die CSSR war ein überraschend starker Gegner – wir haben nur aufgrund unserer größeren Erfahrung gewonnen, die auf dem Endspiel von Stockholm basierte."

Nach dem Spiel

Ein schlichtes Zeremoniell beendete die 7. Fußballweltmeisterschaft. FIFA-Präsident Sir Stanley Rous und der Chef des FIFA-Organisationskomitees Ernst Thommen schritten gemeinsam mit Juan Goni, dem Nachfolger von Carlos Dittborn als chilenischem Organisationschef, zum Siegerpodest, wo Rous dem Kapitän der Brasilianer, Mauro, den Coupe Jules Rimet überreichte. Eine Kadetten-Kompanie begleitete diesen letzten Akt, als schließlich unter den Klängen der chilenischen Nationalhymne die 16 Flaggen der Teilnehmerländer eingezogen wurden. Der Jubel im Stadion war bald verklungen, denn die Chilenen hatten ihre große Feier schon gehabt. Übrig blieben die brasilianischen Anhänger, die begeistert und ausgelassen ihre Helden über das Spielfeld trugen.

In der Heimat hatten jeweils hunderte von Anhängern das Finale vor den damals noch seltenen Fernsehgeräten verfolgt. In Brasilien konnte im Gegensatz zu Europa direkt übertragen werden. Wer keinen Platz vor einem TV-Apparat ergatterte, hörte die Übertragung im Radio. Überall im Land wurde mit Hilfe verschiedenster Mittel das Zwischenergebnis verkündet, die Anteilnahme am Spiel der Nationalauswahl im fernen Santiago war gigantisch. Unnötig zu beschreiben, was sich nach dem Schlusspfiff in den Innenstädten von Sao Paulo und Rio de Janeiro sowie im Rest des Landes abspielte.

Der brasilianische Präsident Goulart hatte den Tag nach dem Triumph zum Festtag erklärt und eigens einen „Karneval in Rio" inszenieren lassen. Schon lange vor der Ankunft der Mannschaft wurde in allen Straßen ausgiebig Samba getanzt und gefeiert, um anschließend die an diesem Montag heimkehrenden Weltmeister in Rio de Janeiro stürmisch zu empfangen. In Zentrum der Stadt kam der Verkehr bei der Ankunft der

Torhüter Gilmar wird von brasilianischen Anhängern über den Platz getragen.

Die Schlusszeremonie und gleichzeitige Siegerehrung fällt eher bescheiden aus.

Mannschaft völlig zum Erliegen. Auch in der Tschechoslowakei wurde das Nationalteam leidenschaftlich erwartet, allerdings erst einige Tage nach der WM, da die CSSR-Auswahl noch einen Abstecher nach Uruguay machte, wo sie zwei Tage nach dem Finale etwas übermüdet gegen eine gemischte Auswahl von Peñarol und Nacional Montevideo ein Freundschaftsspiel mit 1:3 verlor. Auf dem Prager Flughafen warteten tags darauf Tausende, um den Vizeweltmeister stürmisch zu empfangen. Ein Triumphzug durch die Stadt schloss sich an, bei der die Spieler mit Ponchos und Sombreros bekleidet die lautstarken Beifallsstürme entgegennahmen, die besonders häufig auch Trainer Vytlacil galten.

Tschechoslowakei:

Schrojf Der Torsteher hatte Licht und Schatten. So tragisch seine Patzer bei den brasilianischen Toren waren, so großartig hielt er viele andere Bälle. Wenn die Tschechoslowakei das Endspiel ohne seine Fehler gewonnen hätte, wäre er sicher als einer der größten Torleute in die Geschichte eingegangen. So blieb ihm nur die Entschuldigung, dass er beim dritten Gegentreffer geblendet war. Er verließ nach Spielschluss unter Tränen die Arena.

Tichy Der rechte Verteidiger war für Lala in die Mannschaft gekommen. Über seine Seite kamen gefährliche brasilianische Angriffe. Er hatte die schwere Aufgabe, das brasilianische Wechselspiel auf dem linken Flügel einzudämmen, was ihm nicht immer gelang.

Novák Der Mannschaftskapitän und linke Verteidiger war der Sonderbewacher von Garrincha. Diese Funktion erfüllte er gewohnt zuverlässig, so dass der brasilianische Dribbelkünstler in seinem Aktionsradius stark eingeschränkt wurde.

Masopust Der vermutlich stärkste Spieler auf dem Platz war diesmal im linken Mittelfeld in einer offensiven Rolle besetzt. Er bestach durch kluge und genaue Pässe aus der Abwehr heraus. Der Spielmacher war überall zu finden, oft auch als sechster Mann im Angriff, in der Rolle, die sonst oft Pluskal eingenommen hatte.

Popluhár Der hochgewachsene Stopper hatte seine Hauptaufgabe darin, Vava an seinen gefährlichen Kopfbällen zu hindern, was ihm meist auch gelang.

Pluskal Der rechte Läufer verstärkte die Abwehr und spielte aus ihr heraus geschickte lange Pässe nach vorn. Diese Rolle übernahm er von Masopust, der diesmal den offensiveren Mittelfeldpart innehatte.

Pospichal Der Rechtaußen spielte eine ausgezeichnete Partie. Ständig sorgte er durch seine schnellen Zuspiele und seine Beweglichkeit für Gefahr im Angriff. Nur wenn er in den Strafraum eindringen wollte, fand er meist in Nilton Santos seinen Meister.

Scherer Der halbrechte Stürmer ging leicht angeschlagen in die Begegnung und sorgte dennoch einige Male für Gefahr. Er wurde von Masopust geschickt, um die Abwehr der Brasilianer aufzureißen. Seine Torschüsse waren jedoch nicht so gefährlich wie in anderen Spielen dieses Turniers.

Kvasnák Der „Mittelstürmer in der Defensive" war der Joker im tschechoslowakischen Spiel. Bei brasilianischem Druck, besonders in der Anfangsphase, war er hinten zu finden, später oft in der Mitte neben Masopust, oder bei Tempo-Gegenstößen in der Spitze. Er war sehr engagiert und hatte dadurch einige Torchancen.

Kadraba Der halblinke Stürmer agierte meist neben Masopust aus der Mitte heraus und ging oft ganz nach vorn, wo er sich vereinzelte Torchancen erarbeitete.

Jelinek Der Linksaußen glänzte ein paar Mal mit gefährlichen Distanzschüssen. Ansonsten blieb er blass, da er in Djalma Santos einen Widerpart besaß, der ihn kaum zum Zuge kommen ließ.

Schiedsrichter Latichev (UdSSR):

Hatte in der sehr fair geführten Begegnung keine besonders konflikthaften Situationen zu überstehen. Wirkte dennoch manchmal etwas nervös und pfiff teilweise erst zeitversetzt, so dass der Eindruck entstand, er habe auf Zuruf entschieden. Umstritten war seine Entscheidung, in der 73. Minute keinen Handelfmeter zu Gunsten der Tschechoslowaken zu geben.

Die Tschechoslowakei

Der Weg ins Finale

Qualifikation

Schottland 4:0, 2:3, 4:2 n.V.
Irland 3:1, 7:1

Mit Schottland hatte die CSSR keinen einfachen Gegner erwischt. Nach dem überraschend hohen Auftakterfolg in Bratislava revanchierten sich die leicht favorisierten Schotten daheim in Glasgow. Da beide Mannschaften den dritten Gruppenteilnehmer Irland deutlich besiegt hatten, kam es am 29.11.1961 zum Entscheidungsspiel in Brüssel. Nur ihren größeren Kraftreserven hatten die Tschechoslowaken es letztlich zu verdanken, dass sie das Match in der Verlängerung für sich entscheiden konnten.

Scherer hat hier im Finale die erste

Gruppenspiele

Spanien 1:0
Brasilien 0:0
Mexiko 1:3

Die Vorrunde in Viña del Mar brachte zunächst den Überraschungserfolg gegen Spanien. Erste Begeisterung machte sich in der Heimat breit, galten die Südeuropäer doch als „heimlicher" Titelaspirant, was den Erfolg der CSSR in ein besonderes Licht rückte. Die Bestätigung für ihren Optimismus erfuhren die Landsleute bereits zwei Tage später, als Topfavorit Brasilien ebenfalls Federn lassen musste.

Jelinek, Tichy, Kadraba, Schrojf, Masopust und Pluskal wehren einen brasilianischen Angriff ab.

Viertelfinale

Ungarn 1:0

Zwei grundverschiedene Spieleinstellungen prallten in Rancagua aufeinander. Die offenbar durch die Erfolge etwas übermütig gewordenen Ungarn liefen ins offene Messer und konnten dem frühen Kontertor der CSSR nichts entgegensetzen.

Halbfinale

Jugoslawien 3:1

Mit nur drei erzielten Treffern war die Tschechoslowakei ins Halbfinale vorgedrungen, insofern hatten alle WM-Beobachter erwartet, dass die CSSR-Auswahl wieder mauern würde. Am Ende mussten sich die technisch überlegenen Olympiasieger dem dynamischen Konterfußball geschlagen geben.

Finale

Brasilien 1:3

Die offensivste CSSR-Formation, die bei dieser WM auflief, sollte für einen Überraschungseffekt sorgen. Gleich nach 15 Minuten konnte sie in Führung gehen. Wäre nicht der unmittelbare Ausgleich des Weltmeisters gefallen...

Trainer Rudolf Vytlacil
geb. am 9. Februar 1912 in Wien
Der Trainer der Tschechoslowaken war lange als Aktiver bei Rapid Wien tätig, auch international konnte er einen Einsatz für Österreich 1936 gegen Italien verbuchen. Mit der CSSR-Auswahl gewann er außer der Vizeweltmeisterschaft in Chile auch 1960 Bronze bei der EM und 1964 die olympische Silbermedaille. Neben diversen Vereins-Engagements begleitete er 1966 die bulgarische WM-Auswahl nach England. Speziell für die Vorbereitung der CSSR-Auswahl für die WM angeheuert, bediente er sich eigentümlicher Methoden: Filmanalyse des Gegners, Ausdauer- und Schnelligkeitstests. Vorbereitungsspiele vernachlässigte er. Sein besonderes Augenmerk galt dem Teamgeist. Er wollte aus lauter Individuen ein Kollektiv formen, das mit Cleverness, Ausdauer und Kraft selbst größte Gegner verblüffen konnte. Die Überraschung war ihm gelungen!
Vytlacil resümierte: „Wir waren alle ein prachtvolle eingeschworene Gemeinschaft in Chile, und ich nehme davon auch unsere Ersatzspieler nicht aus, die ebenfalls das ihre dazu beigetragen haben auf diesem Weg ins Endspiel. Bei uns gab es in all diesen Tagen nicht eine einzige traurige Minute. Immer war Stimmung da, und jeder bemühte sich, sie hochzuhalten. Die große Schwierigkeit in der psychologischen Einstellung unserer Mannschaft, lag vor allen Dingen darin, keinen unangebrachten Respekt vor großen Gegnern aufkommen zu lassen und ihr andererseits kein übersteigertes Selbstvertrauen, das leicht in eine gefährliche Unterschätzung umschlagen kann, einzuflößen. Doch damit sind wir ausgezeichnet fertig geworden."

Im Einsatz waren:

Viliam Schrojf
geb. am 2. August 1931 in Prag
(→ siehe auch: Stars und Sternchen)

Ladislav Novák
geb. am 5. Dezember 1931 in Louny
International war der Verteidiger von Dukla Prag schon 1952 erstmals aufgetreten. Er brachte es bis 1966 auf 75 Einsätze für die CSSR. 1954 und 1958 gehörte er bereits zum WM-Kader seines Landes. Später machte er Karriere als Vereinstrainer in Belgien und der CSSR. Von 1971 bis 1973 gehörte er zum Trainerstab der Nationalmannschaft. In Chile war er Kapitän und verlässlicher Rückhalt seiner Mannschaft.

Jan Popluhár
geb. am 12. September 1935 in Bernolakovo
Der Stopper von Slovan Bratislava war eine der herausragenden Spieler der WM in Chile. Er wechselte später ins Ausland; von 1969 bis 1970 spielte er bei Olympique Lyon. Im gehobenen Alter war er noch von 1972-1979 beim Wiener AC aktiv. 62 Länderspiele konnte der spätere Trainer zwischen 1958 (drei WM-Endrundeneinsätze) und 1967 verbuchen.

Jan Lala
geb. am 10. September 1938 in Prag
Von 1962 bis 1967 war der rechte Verteidiger von Dynamo Prag (das später Slavia Prag hieß) in 37 Spielen für sein Land tätig. In den Jahren von 1969 bis 1971 war er bei Lausanne Sports engagiert. Er zählte auch zum WM-Kader 1958.

Jiri Tichy
geb. am 6. Dezember 1933
Der Verteidiger von Roter Stern Bratislava hatte erst einen WM-Einsatz, als er im Endspiel Lala auf dessen Position als rechter Verteidiger ersetzen musste. Im Verein spielte er dagegen meistens als Stopper. Nach der WM wechselte er zu Sparta Prag. Später betätigte er sich auch als Trainer.

Josef Masopust
geb. am 9. Februar 1931 in Most
(→ siehe auch: Stars und Sternchen)

Svatopluk Pluskal.

Andrej Kvasnák
geb. am 19. Mai 1936 in Košice
Sparta Prag war von 1959 bis 1969 die Heimat des Halblinken, der bei der WM 1962 die Rolle des „fliegenden Mittelstürmers" übernahm. Später wechselte er für drei Jahre zum FC Mechelen nach Belgien. 47 Länderspiele von 1960 bis 1970 (WM-Teilnahme in Mexiko) mit 13 Toren bilden seine internationale Bilanz.

Svatopluk Pluskal
geb. am 28. Oktober 1930 in Zlín
Als vielseitiger Mittelfeldspieler war er bei Dukla Prag und in der Nationalelf die kongeniale Ergänzung zu Masopust, mit dem er schon die WM 1958 bestritten hatte. Bereits 1952 gab er sein Länderspieldebüt und hatte 1954 den ersten von drei WM-Auftritten. Als er 1965 seinen Abschied von der Nationalelf nahm, hatte er 56 internationale Vergleiche absolviert. Später war er bei vielen Vereinen als Trainer tätig.

Vaclav Masek
geb. am 21. März 1941
Der linke Läufer von Sparta Prag konnte beim einzigen WM-Einsatz für sein Land Geschichte schreiben. Nur 16 Sekunden nach dem Anpfiff erzielte er das bisher schnellste Tor der WM-Historie.

Adolf Scherer
geb. am 5. Mai 1938
Erolgreichster Torschütze der CSSR in Chile war der halbrechte Stürmer von Roter Stern Bratislava. Schon 1958 gehörte er zum erweiterten Kreis der Nationalauswahl für die WM in Schweden.

Jozef Jelinek
geb. am 09. Januar 1942
Durch gute Leistungen in der Qualifikation konnte sich der Linksaußen von Dukla Prag in den Kreis der Nationalelf spielen. Doch so schnell sein Stern aufgegangen war, so schnell erlosch er auch wieder. Weder bei der WM noch jemals danach konnte er wieder für seine Farben treffen.

Josef Kadraba
geb. am 29. September 1933
Der halblinke Stürmer von SONP Kladno konnte bei der WM ein Tor für sich verbuchen und trug maßgeblich zum tschechoslowakischen Final-Einzug bei.

Josef Stibranyi
geb. am 11. April 1940
In der Vorrunde bestritt der Rechtaußen von Spartak Trnava alle drei Spiele und konnte gegen Spanien sogar das Siegtor erzielen, das der CSSR zum Einzug ins Viertelfinale verhalf. Danach wurde er von Pospichal abgelöst.

Jozef Adamec
geb. am 26. Februar 1942 in Vrbové
Der Halbstürmer von Dukla Prag (1961-63) war nur in der Vorrunde aktiv. Doch acht Jahre später, bei der WM in Mexiko, war er erneut im Kader der CSSR-Auswahl, wo er bei allen drei Partien mitwirken durfte. In 44 Länderspielen von 1960 bis 1973 schoss der spätere Trainer 14 Tore.

Tomas Pospichal
geb. am 26. Juni 1936 in Pudlov
Der Rechtsaußen und Halbstürmer von Banik Ostrava hatte seinen stärksten Auftritt im Endspiel. Über Sparta Prag (1964-68) wechselte er zum FC Rouen, wo er bis 1971 aktiv war. Von 1956 bis 1965 bestritt er 26 Länderspiele für die CSSR, in denen er acht Tore erzielen konnte. Eine Karriere als Trainer schloss sich an.

Der 1962 vielleicht beste Stürmer der CSSR, **Rudolf Kucera** (geb. am 23. Januar 1941, 7 Länderspiele, 3 Tore, Debüt in der Qualifikation in Irland), konnte wegen einer Meniskus-Verletzung nicht mit nach Chile reisen. 1963 musste er seine Karriere verletzungsbedingt ganz beenden. Sein Sturmpartner bei Dukla Prag, der Nachwuchsstar Jelinek, war daher auf sich allein gestellt. Neben Kucera wurden in der Qualifikation weiterhin eingesetzt:
Titus Bubernik, geb.am 12. Oktober 1933, Läufer von Roter Stern Bratislava, ein WM-Einsatz 1958,
Jiri Hledik, geb.am 19. April 1929, Verteidiger von Dukla Prag, ein WM-Einsatz 1954,
Frantisek Safranek, zwei WM-Einsätze 1954
und Verteidiger Jozef Bomba.

Brasilien beherrscht die Fußballwelt

Zózimo spricht ein Dankgebet für den WM-Titel.

In Brasilien ist der Fußball mehr als nur eine schöne Nebensache. Er ist Philosophie, Politikum, kultureller Ausdruck des eigenen Empfindens. Das kann nicht nur an der Copacabana beobachtet werden, wo bereits Kinder wie Artisten mit dem Ball jonglieren oder sich wie Tänzer mit dem Leder über den Sand bewegen.

Hatten die Brasilianer schon 1950 im eigenen Land kurz vor dem Gewinn ihrer ersten Weltmeisterschaft gestanden, so war es 1958 endlich soweit, dass sie den Coupe Jules Rimet in den Händen halten konnten. Damit verbunden war der Beweis, dass Fußballzauber in der Lage ist, den europäischen Kampffußball zu bezwingen, ihm sogar überlegen ist, wenn er dessen Stärken aufgreift. Das Spiel nach brasilianischer Fasson ist darauf ausgerichtet, dass der Intelligentere, der Kreativere gewinnt, und nicht der physisch Stärkere. Dass dazu aber im internationalen Vergleich auch ein gewisses Maß an Kraft, Schnelligkeit und Mannschaftsgeist gehört, hatte man inzwischen verstanden.

Die Stärke der Brasilianer war ihr in Schweden erstmals angewandtes 4-2-4-System. Dies kam dem Bedürfnis lateinamerikanischer Fußballer, sich nicht einem starren Schema unterordnen zu müssen, entgegen. Gerüchte besagen, dass es weder 1958 noch 1962 feste Trainingsprogramme oder Mannschaftssitzungen gegeben habe. Picardía (spanisch für „Gerissenheit") nannte man diese Vorgehensweise, bei der die spontane Eingebung das Handeln bestimmt. Besonders das Trio Pelé, Garrincha und Vava machte dies zu einem Bestandteil modernen Fußballs. Sie wechselten, für den Gegner kaum ausrechenbar, ständig die Spitzen. Diese Taktik, auch „punta-de-lanza" genannt, wurde schon von Uruguay 1930, damals noch im 2-3-5-System, praktiziert. Beim 4-2-4 sollten die zwei in der Mitte postierten Akteure je nach Spielsituation entscheiden, ob sie sich dem Angriff oder der Abwehr zuordnen. Auch die Stürmer und Verteidiger mussten von Fall zu Fall beurteilen, ob sie sich eher defensiv oder offensiv ausrichten. Deswegen war das System für den brasilianischen Fußball so interessant, denn es erforderte ein hohes Maß an Flexibilität und Spieloffenheit.

Beim Endturnier in Chile trat beinahe die komplette Siegerelf von 1958 an, um ihren Erfolg nahezu unangefochten zu wiederholen. Das Durchschnittsalter betrug 31 Jahre und war das höchste aller teilnehmenden Mannschaften. In Brasilien gab es zu dieser Zeit zahlreiche junge Talente, die ohne weiteres die Weltmeister von 1958 hätten ersetzen können. Der Präsident des brasilianischen Fußballverbandes, João Havelange, meinte vor der WM: „Unser schwerstes Problem ist, die richtige Wahl zu treffen. Wir haben für jeden Posten der Nationalmannschaft fünf gleichwertige Kräfte. Da ist guter Rat teuer." Aimoré Moreira löste kurz vor der WM Vicente Feola als hauptverantwortlichen Trainer ab. Feola hatte sich bis dahin erfolgreich mit seiner Linie, das Team noch nicht zu verjüngen, durchsetzen können. Daran änderte Moreira nichts mehr: Von den lediglich zwölf während der WM eingesetzten Spielern waren acht (mit Pelé neun) bereits im Finale von 1958 dabei. Nur Bellini war durch Mauro sowie Orlando durch Zózimo ersetzt worden. Wenn nicht Altafini (alias Mazzola) und Dino nach Italien ausgewandert wären sowie Orlando nach Argentinien und Moacir nach Spanien, wäre der Anteil der Altweltmeister im Kader wohl noch höher ausgefallen.

Die Feola/Moreira-Schützlinge spielten aber nicht stur ihr 1958 kreiertes System, das inzwischen in ganz Europa nachgeahmt wurde, sie variierten mit dem später weltweit gespielten 4-3-3-System. Dabei zogen die Brasilianer sich nicht, wie viele andere Teams bei dieser WM, in die Defensive zurück. Sie hatten es inzwischen vielmehr gelernt, ihren technisch brillanten Fußball mit Disziplin und Teamgeist zu verbinden, was sie nur schwer besiegbar machte (seit 1956 hatte kein europäisches Team Brasilien schlagen können). Körperlos, trickreich und kraftsparend zogen sie ihr Spiel auf, eine Art Rasenschach kombiniert mit Artistik.

Dabei wussten sie zu Beginn des Turniers überhaupt nicht zu überzeugen. In der Vorrunde kamen sie zu keinem unangefochtenen Sieg und im zweiten Vorrundenspiel gegen den späteren Endspielgegner CSSR nur zu einem torlosen Remis. Anschließend mussten die amtierenden Weltmeister auch noch auf ihren Superstar Pelé verzichten. Der in der Heimat beinahe wie ein Gott verehrte Ballkünstler erlitt in diesem Spiel einen Muskelriss in der Leistengegend. Ein besonderer Umstand: Der "Einstein des Fußballs", wie er in einem Anflug von Personenkult genannt wurde, war als Ersatztorwart für den Fall vorgesehen, dass sich der Torhüter während einer Begegnung verletzte (es durfte 1962 noch nicht gewechselt werden).

Es brauchte ein wenig Zeit, um den Verlust von Pelé wegzustecken, ehe andere in die erste Reihe treten konnten und sich aus dem Schatten des Volkshelden befreiten. Garrincha, der Star

Die Weltmeisterelf von 1962 v.l.n.r., oben: D. Santos, Zito, Gilmar, Zózimo, N. Santos, Mauro, unten: „Medizinmann" Americo, Garrincha, Didi, Vava, Amarildo, Zagalo.

der WM, Zagalo, der spätere Nationaltrainer, der für Pelé neu in die Mannschaft gekommene Amarildo, Vava, Didi, Zito und die anderen siegten auch ohne die „schwarze Perle" souverän.

Der Triumph der Brasilianer wurde in ganz Südamerika als Sieg der Spielfreude und Flexibilität gegenüber dem starren, defensiven europäischen Kraftspiel begrüßt.

Der Weg ins Finale

Als Weltmeister war Brasilien direkt für die Endrunde qualifiziert.

Gruppenspiele
Mexiko 2:0
CSSR 0:0
Spanien 2:1

Gegen die Mittelamerikaner begann der Titelverteidiger mit Ladehemmung, wurde aber von Pelé auf die Siegerstraße geführt. Die Tschechoslowaken ließen dann, begünstigt durch die frühe Verletzung Pelés, erneut Zweifel aufkommen, ob der hohe Favorit überhaupt ins Endspiel würde vordringen können. Gegen Spanien war es dem Newcomer Amarildo zu verdanken, dass nicht schon nach diesem Spiel das vorzeitige Aus kam.

Viertelfinale
England 3:1

Die Briten spielten schön mit, waren aber letzten Endes nicht viel mehr als ein Sparringspartner. Der Weltmeister konnte erstmals im Turnier restlos überzeugen.

Halbfinale
Chile 4:2

Eine brisante Konstellation war dieses Vorschlussrundenspiel in Santiago. Der Gastgeber, unterstützt von seinen begeisterten Anhängern, war über weite Strecken ebenbürtig. Die größere Erfahrung setzte sich aber doch durch. Von Beginn an wurden die tapfer kämpfenden Chilenen in einem der schönsten WM-Spiele auf Distanz gehalten.

Finale
CSSR 3:1

Überraschend offensiv und variabel traten die Tschechoslowaken an. Ganz im Gegensatz zum Vorrundenspiel spielten sie vom Anpfiff an aufs gegnerische Tor. Amarildo konnte die von Masopust erzielte Führung der CSSR jedoch unmittelbar darauf egalisieren. Lange blieb das Spiel offen, und obwohl die Brasilianer in der Spielanlage reifer wirkten, war jederzeit ein Kontertor möglich. Am Ende fehlte den Tschechoslowaken das Glück und die Kraft.

Die Weltmeisterelf

Gilmar dos Santos Neves

geb. am 22. August 1930 in Santos
Torhüter vom FC Santos, 44. Länderspiel im Finale, Weltmeister 1958, WM-Teilnehmer 1966
(→ siehe auch: Stars und Sternchen)

Djalma Pereira Dias Santos

geb. am 27. Februar 1929 in São Paulo
rechter Verteidiger von Palmeiras São Paulo, 75. Länderspiel im Finale (insgesamt 107 von 1952-68) Weltmeister 1958, WM-Teilnehmer 1954 und 1966

Der ballsichere und wendige Defensivkünstler war bereits 1954 wichtiger Impulsgeber und sogar Torschütze. 1958 wartete er allerdings bis zum Endspiel auf seinen ersten Einsatz. Er gewann zahlreiche nationale und internationale Meisterschaften mit seinem Verein. Bei der WM war er ein routinierter Rückhalt und damit besonderer Leistungsträger - mit kleinen Einbrüchen. Santos war später u.a. (ab 1971) Nationaltrainer von Panama.

Ramos de Oliveira „Mauro"

geb. am 30. August 1930 in Pocos de Caldas
Stopper (später: Libero) vom FC Santos, 15. Länderspiel im Finale (insgesamt 28 von 1949-65), WM 1958 ohne Einsatz, WM 1954 im Kader

Einer von drei Endspielteilnehmern in den Reihen der Brasilianer, die 1958 nicht im Finale dabei waren. Der Kapitän von 1958 war Bellini, der für Mauro 1962 den Platz frei machen musste und in Chile nur auf der Bank saß. Die Kapitänsbinde übernahm Mauro gleich mit. In Chile spielte der kopfballstarke Stopper die Rolle des Ausputzers, wenn seine Mitspieler bereits geschlagen waren.

Nilton dos Santos Reis

geb. am 16. Mai 1925 in Ilha do Governador
linker Verteidiger (auch Stopper) von Botafogo Rio de Janeiro, 72. Länderspiel im Finale (insgesamt 83 von 1949-62), WM-Teilnahme 1950 (ohne Einsatz) und 1954, Weltmeister 1958

Der älteste Spieler im Kader und raffinierte Abwehrstratege hatte vor allem durch die von ihm ausgestrahlte Ruhe und Routine seinen festen Platz im Team. 1948 wurde der wegen Kriegsdienstverweigerung zuvor inhaftierte Pazifist zu Botafogo gerufen. Ein Gefängniskommandant hatte sein Talent entdeckt. 1954 endete sein WM-Einsatz im Spiel gegen Ungarn mit einem Ausschluss nach einer Tätlichkeit gegen seinen Gegner Czibor. Der überforderte Magyare hatte Nilton zuvor mit Beleidigungen („Neger") provoziert. 1958 war der ansonsten faire und souveräne Taktiker durchgehend bei allen Spielen dabei. Schon während seiner aktiven Zeit fungierte er als anerkannter Berater für die Aufstellung der Nationalauswahl und 1971 wurde er Trainer bei Botafogo.

Zózimo Alvès Calazans

geb. am 19. Juni 1932 in Salvador/Bahia
Verteidiger (linker Läufer oder Stopper) vom Bangú AC Rio de Janeiro, 33. Länderspiel im Finale, WM-Teilnehmer 1958 ohne Einsatz (als Ersatz für Orlando)

Eine seiner besonderen Stärken war auch in Chile seine Schnelligkeit. Der flexible und variable Defensivspieler spielte 1962 bereits zehn Jahre beim FC Bangu. Während der WM in Chile war er fest in die brasilianische Abwehrkette eingebunden.

José Eli Miranda „Zito"

geb. am 08. August 1932 in Roseira
Mittelfeldspieler (linker Läufer) beim FC Santos, 35. Länderspiel im Finale (insgesamt 55 von 1955-66) Weltmeister 1958, WM 1966 ohne Einsatz

Zito war in Chile in seiner Paraderolle als Verbinder zwischen Abwehr und Angriff tätig und galt als größter Spaßvogel im brasilianischen Team. Bereits ab 1952 spielte er beim FC Santos, zwischenzeitlich auch eine Zeit lang für den FC São Paulo und Audax Italiano. Nach seiner aktiven Laufbahn engagierte er sich bei seinem Stammverein als Funktionär.

Waldir Pereira „Didi"

geb. am 08. Oktober 1928 in Campos
Mittelfeldregisseur (Halbrechter) von Botafogo Rio de Janeiro, WM-Teilnahme 1954, Weltmeister 1958, 74. Länderspiel im Finale
(→ siehe auch: Stars und Sternchen)

Amarildo Tavares da Silveira

geb. am 29. Juli 1939 in Campos
Stürmer (Halblinks) von Botafogo Rio de Janeiro, 7. Länderspiel im Finale (insgesamt 23 von 1962-63, 8 Tore)

Amarildo muss von Trainer und Betreuer gestützt werden.

Der Torschützenkönig von Rio galt als eigensinnig und ballverliebt. In Chile erzielte er, nachdem er Pelé zu ersetzen hatte, für seine Mannschaft wichtige Treffer, die ihn zu einem der Helden dieses Turniers machten. Vom ihm nachgesagten jugendlichen Leichtsinn war nichts zu bemerken. Er passte sich in das Team der Routiniers nahtlos ein. Vielleicht war das eines der Erfolgsgeheimnisse der brasilianischen Auswahl von 1962. Die große Zukunftshoffnung für das Nationalteam erfüllte sich nicht. Amarildo war für die WM 1966 nur noch einmal im erweiterten Kader.

Nachdem er gerade erst 1962 von Flamengo zu Botafogo kam, wechselte er 1963 nach Italien, wo er zunächst vier Jahre beim AC Mailand spielte, anschließend zwei Jahre beim AC Florenz und von 1969 bis 1973 beim AS Rom. Später war er unter anderem Trainer von Botafogo und des Nationalteams von Tunesien (1986).

Manoel Francisco dos Santos „Garrincha"

geb. am 28. Oktober 1933 in Pau Grande
Rechtsaußen von Botafogo Rio de Janeiro, Weltmeister 1958, WM 1966, 37. Länderspiel im Finale (Ò siehe auch: Stars und Sternchen)

Edvaldo Neto Izídio „Vava"

geb. am 12. November 1934 in Recife
Mittelstürmer von Palmeiras São Paulo, Weltmeister 1958, 17. Länderspiel im Finale (insgesamt 22 von 1955-64, 13 Tore)

Der vierfache Torschütze in Chile hatte schon bei der WM in Schweden seine Torgefährlichkeit unter Beweis gestellt, als er fünf Mal erfolgreich gewesen war. Nach der WM 1958 spielte er drei Jahre lang für Atlético Madrid. Kopfballstark und schussgewaltig war er einer der besten Mittelstürmer seiner Zeit. Als der spätere Trainer Anfang 2002 starb, trauerte ganz Brasilien um einen Nationalhelden.

Mário Jorge Lobo „Zagalo"

geb. am 09. August 1931 in Maceio

Stürmer (Linksaußen) von Botafogo Rio de Janeiro, Weltmeister 1958, 25. Länderspiel im Finale (insgesamt 43 von 1958-64, 4 Tore)

Der spätere Nationaltrainer hatte sein Debüt in der brasilianischen Auswahlmannschaft kurz vor der WM 1958 gegeben. Ersatzweise in die Mannschaft gerückt, wurde er spätestens durch die Leistungen bei der WM in Schweden fester Bestandteil des brasilianischen Traumsturms mit Didi, Vava, Garrincha und Pelé. 1958 wechselte er von Flamengo, das er mit Didi zu mehreren Titeln geführt hatte, zu Botafogo, wo inzwischen auch Didi sowie Garrincha spielte. Der Club bildete auch in den Folgejahren den Stamm für das Nationalteam. 1962 in Chile gehörte Zagalo zu den ganz großen Stars, besonders aufgrund seiner taktischen Spielweise und der traumhaften Flanken. Unmittelbar nach seiner aktiven Laufbahn war er von 1966 bis 1968 erfolgreicher Trainer von Botafogo. Daraufhin übernahm El Lobo („Der Wolf") von seinem Mentor Feola die Nationalelf. 1970 war er Coach des Weltmeisters, musste dann aber 1974 nach dem enttäuschenden Abschneiden bei der WM in der BRD seinen Hut nehmen. Weitere Trainerstationen führten ihn rund um die Welt, bis er neben Carlos Alberto Parreira 1991 wieder Verantwortung (Co-Trainer und technischer Leiter) für das brasilianische Nationalteam übernahm, 1994 zum vierten Mal zu Weltmeisterehren gelangte und 1998 als wieder allein verantwortlicher Trainer das Nationalteam ins Endspiel gegen Frankreich führte.

weiterhin aktiv:

Édson Arantes do Nascimento „Pelé"

geb. am 23. April 1940 in Tres Coraóes

Stürmer vom FC Santos, Weltmeister 1958, WM 1966, Weltmeister 1970

Der Spieler, der alle Rekorde brach und 18 Jahre lang für seinen Klub FC Santos spielte (von 1956-74 in 1114 Spielen, in denen er weit über 1000 Tore schoss), gilt bis heute als mit Abstand bester Fußballer aller Zeiten. Bereits 1957 im Alter von 16 Jahren absolvierte er sein erstes Länderspiel, dem bis 1971 noch 92 folgen sollten, in denen er 80 Treffer erzielte. Außer ihm hat es kein Spieler der Welt fertiggbracht, dreimal für sein Land den Weltmeistertitel zu erringen. Von 1975 bis 1977 stand er zum Abschluss seiner Karriere noch bei Cosmos New York unter Vertrag und spielte dort gleichzeitig mit Franz Beckenbauer. Die Auszeichnungen der inzwischen für seinen Verband und als Sportminister seines Landes aktiven „schwarzen Perle" sprengen jeden Rahmen. Bei der WM 1962 ging er als Nummer 1 aller Spieler ins Rennen, musste aber nach guten Leistungen durch eine Verletzung früh aus der Mannschaft ausscheiden.

im Aufgebot:

Carlos José Castilho

geb. am 27. November 1927

Torhüter von Fluminense Rio de Janeiro, WM-Teilnehmer 1954, WM-Teilnehmer 1958 ohne Einsatz

Nur wenige WM-Einsätze (3 bei der WM in der Schweiz) hatte der bereits im Alter von 59 Jahren verstorbene Ersatztorhüter.

Hideraldo Luiz Bellini

geb. am 07. Juni 1930 in São Paulo

Verteidiger (Mittelläufer) vom FC São Paulo, Weltmeister 1958, WM-Teilnehmer 1966

Bellini absolvierte von 1957-66 56 Spiele in der Nationalauswahl. 1958 war er der Kapitän der Weltmeistermannschaft. Zu seiner Enttäuschung wurde er 1962 von Mauro verdrängt, so dass dem einstigen Helden nur der Platz auf der Reservebank blieb. 1966 in England durfte er noch einmal das gelb-grüne Trikot überstreifen, musste allerdings im mittlerweile gehobenen Alter von 36 Jahren nach der enttäuschenden Vorrundenniederlage gegen Ungarn endgültig aus der Nationalmannschaft weichen.

Altair Gomes de Figueired

geb. am 22. Januar 1938

Verteidiger (Vorstopper) vom Fluminense Rio de Janeiro

Bei der WM 1966 hatte Altair Einsätze gegen Bulgarien und Ungarn.

José Marcia „Pepe"

geb. am 25. Februar 1935

Der Stürmer vom FC Santos war bereits WM-Teilnehmer 1958, blieb aber ohne Einsatz.

Trainer Moreira (rechts) und sein Assistent Amaral beglückwünschen sich.

Trainer Aimoré Moreira

geb. am 24. April 1912 in Miracema

Moreira war von 1934 bis 1946 als Torwart bei Botafogo Rio de Janeiro aktiv. Zwischen 1932 und 1940 bestritt er 15 Länderspiele. Nach seiner aktiven Laufbahn machte er 1947 sein Trainerdiplom und betreute anschließend diverse brasilianische Klubmannschaften. Nationaltrainer Brasiliens wurde er erstmals 1959, nachdem er bereits 1953 kurz Mitverantwortung übernommen hatte. Seitdem teilte er sich den Rang des Nationalcoaches in wechselnden Konstellationen mit Trainerlegende Vicente Feola, dem Weltmeistermacher von 1958, der auch das 4-2-4-System etablierte. Kurz vor der WM 1962 wurde der am 12. Dezember 1909 in São Paulo geborene Feola so krank, dass er nicht mit nach Chile reisen konnte. Nach der WM gab Moreira die Verantwortung wieder an Feola allein ab, mit dem er dann 1966 bei der WM in England erneut gemeinsam antrat. Da Feola die Schuld für das schlechte Abschneiden der Brasilianer übernehmen musste, war Moreira dann bis 1969 wieder allein für das Nationalteam zuständig, um das Zepter anschließend an Zagalo zu übergeben. Im Wechsel mit seiner Tätigkeit für den brasilianischen Verband hatte Moreira immer wieder die großen Klubs seines Landes trainiert. 1971 zog es ihn dann ins Ausland. Bei Boavista Porto war er von 1971-73, 1974 beim FC Porto und 1976 bei Panathinaikos Athen. Anschließend kehrte er als Vereinscoach wieder in seine Heimat zurück.

Mannschaftsaufgebote

Die Mannschaftsaufgebote im statistischen Überblick

Rückennummer - Position - Name - Geburtsdatum - Verein z. Zt. der WM - Spiele - Tore

Argentinien

Argentinien hatte große Ambitionen.

Trainer		Juan Carlos Lorenzo	22.10.1922			
1	T	Antonio Roma	30.07.1932	Boca Juniors	2	
2	V	José Manuel Ramos Delgado	26.08.1935	River Plate	1	
3	V	Silvio Marzolini	04.10.1940	Boca Juniors	3	
4	V	Carlos Alberto Saínz	13.12.1937	River Plate	2	
5	M	Federico Sacchi	09.08.1936	Racing Buenos Aires	3	
6	V	Raúl Alberto Páez	26.05.1937	CA San Lorenzo	2	
7	S	Héctor Osvaldo Facundo	02.11.1937	CA San Lorenzo	2	1
8	S	Martin Estéban Pando	26.12.1934	River Plate	1	
9	S	Marcello Pagani	19.08.1941	River Plate	2	
10	S	José Francisco Sanfilippo	04.04.1935	CA San Lorenzo	2	1
11	S	Raúl Oscar Belén	01.07.1931	Racing Buenos Aires	2	
12	T	Rogelio Antonio Domínguez	09.03.1932	River Plate	1	
13	S	Néstor Raúl Rossi	10.05.1925	CA San Lorenzo	1	
14	V	Alberto Mariotti		Chacarita Juniors		
15	V	Rubén Marino Navarro	30.03.1933	Independiente	2	
16	M	Antonio Ubaldo Rattin	16.05.1937	Boca Juniors	1	
17	M	José Rafael Albrecht	23.08.1941	Estudiantes de La Plata		
18	V	Vladislao Cap	05.07.1934	River Plate	2	
19	S	Rubén Héctor Sosa	14.11.1936	Racing Buenos Aires	1	
20	S	Juan Carlos Oleniak	04.03.1942	Racing Buenos Aires	2	
21	S	Ramon Abelardo		Independiente		
22	S	Alberto Mario Gonzalez	21.08.1941	Boca Juniors	1	

Brasilien

Das brasilianische Aufgebot vor seinem Hotel.

Trainer		Aimoré Moreira	24.04.1912			
1	T	**Gilmar** dos Santos Neves	22.08.1930	FC Santos	6	
2	V	**Djalma** Pereira Dias **Santos**	27.02.1929	Palmeiras São Paulo	6	
3	V	Ramos de Oliveira **„Mauro“**	30.08.1930	FC Santos	6	
4	M	José Eli Miranda **„Zito“**	08.08.1932	FC Santos	6	1
5	V	**Zózimo** Alvès Calazans	19.06.1932	Bangú AC	6	
6	V	**Nilton** dos **Santos** Reis	16.05.1925	Botafogo	6	
7	S	Manoel dos Santos **„Garrincha“**	28.10.1933	Botafogo	6	4
8	M	Waldir Pereira **„Didi“**	08.10.1928	Botafogo	6	
9	S	Antonio Honorio **„Coutinho“**		FC Santos		
10	S	Édson Arantes do Nascimento **„Pelé“**	23.04.1940	FC Santos	2	1
11	S	José Marcia **„Pepe“**	25.02.1935	FC Santos		
12	V	**Jair Marinho** de Oliveira		Fluminense		
13	V	Hideraldo Luiz **Bellini**	07.06.1930	FC São Paulo		
14	S	**Jurandir** de Freitas		FC São Paulo		
15	V	**Altair** Gomes de Figueiredo	22.01.1938	Fluminense		
16	M	José Rerreira Franco **„Zequinho“**		Palmeiras São Paulo		
17	S	**Mengalvio** Pedro Figueiro		FC Santos		
18	M	**Jair da Costa**	09.07.1940	Portuguesa de Desportos		
19	S	Edvaldo Neto Izídio **„Vava”**	12.11.1934	Palmeiras São Paulo	6	4
20	S	**Amarildo** Tavares da Silveira	29.07.1939	Botafogo	4	3
21	S	Mário Jorge Lobo **„Zagalo”**	09.08.1931	Botafogo	6	1
22	T	Carlos José **Castilho**	27.11.1927	Fluminense		

Die Bulgaren jubeln nach dem Sieg im Entscheidungsspiel der Qualifikation.

Bulgarien

Nr.	Pos.	Name	Geburtsdatum	Verein		
Trainer		Georgi Panchedjiev	01.03.1916			
Trainer		Krastju Tschakarov	01.09.1927			
1	T	Georgi Naidenov	21.12.1931	ZDNA Sofia	3	
2	V	Kiril Rakarov	24.05.1932	ZDNA Sofia	2	
3	V	Ivan Dimitrov	14.05.1935	Lokomotive Sofia	3	
4	V	Stoyan Kitov	27.08.1938	Spartak Sofia	2	
5	V	Dimitar Kostov	27.07.1936	Slavia Sofia	1	
6	V	Nikola Kovatchev	04.06.1934	ZDNA Sofia	3	
7	M	Todor Dijev	28.01.1934	Sparta Plovdiv	1	
8	M	Dimitar Dimov	13.12.1937	Sparta Plovdiv	1	
9	M	Christo Ilijev	11.05.1936	Levski Sofia	1	
10	M	Ivan Kolev	01.11.1930	ZDNA Sofia	3	
11	S	Dimitar Jakimov	12.08.1941	ZDNA Sofia	1	
12	V	Dobromir Schetschev	12.11.1942	Spartak Sofia	1	
13	S	Petar Velitchkov	08.08.1940	Slavia Sofia	3	
14	S	Geori Sokolov	19.06.1942	Levski Sofia	1	
15	S	Georgi Asparuchov	04.05.1943	Botev Plovdiv	2	1
16	M	Aleksandar Kostov	05.03.1938	Levski Sofia	3	
17	M	Pantelei Dimitrov		ZDNA Sofia		
18	T	Ivan Ivanov		Tscherno More Varna		
19	S	Dinko Dermendijev	02.06.1941	Trakia Plovdiv	2	
20	T	Nikola Parshanov		Spartak Pleven		
21		Panaiot Panajotov		ZDNA Sofia		
22		Georgi Nikolov				

Die bundesdeutsche „22" posiert für den Kicker.

Bundesrepublik Deutschland

Nr.	Pos.	Name	Geburtsdatum	Verein		
Trainer		Josef (Sepp) Herberger	28.03.1897			
1	T	Hans Tilkowski	12.07.1935	Westfalia Herne		
2	V	Herbert Erhardt	06.07.1930	SpVgg Fürth	4	
3	V	Karl-Heinz Schnellinger	31.03.1939	1.FC Köln	4	
4	V	Willibald (Willy) Schulz	04.10.1938	FC Schalke 04	4	
5	V	Leo Wilden	03.07.1936	1.FC Köln		
6	M	Horst Szymaniak	29.08.1934	CC Catania	4	1
7	M	Willi Koslowski	17.02.1937	FC Schalke 04	1	
8	S	Helmut Haller	21.07.1939	BC Augsburg	3	
9	S	Uwe Seeler	05.11.1936	Hamburger SV	4	2
10	S	Albert Brülls	26.03.1937	Borussia M'gladbach	4	1
11	S	Hans Schäfer	19.10.1927	1.FC Köln	4	
12	V	Hans Nowak	09.08.1937	FC Schalke 04	4	
13	V	Jürgen Kurbjuhn	26.07.1940	Hamburger SV		
14	M	Jürgen Werner	15.08.1935	Hamburger SV		
15	M	Willi Giesemann	02.09.1937	Bayern München	2	
16	M	Hans Sturm	03.09.1935	1.FC Köln	1	
17	S	Engelbert (Berti) Kraus	30.07.1934	Kickers Offenbach	1	
18	S	Heinz Vollmar	26.04.1936	1.FC Saarbrücken		
19	S	Heinz Strehl	20.07.1938	1.FC Nürnberg		
20	S	Günther Herrmann	01.09.1939	Karlsruher SC		
21	T	Günther Sawitzki	22.11.1932	VfB Stuttgart		
22	T	Wolfgang Fahrian	31.05.1941	TSG Ulm 46	4	

Chile

Trainer		Fernando Riera	27.06.1920			
1	T	Miguel Escuti	20.12.1926	Colo Colo	5	
2	V	Luis Armando Eyzaguirre	22.06.1939	Universidad de Chile	6	
3	V	Raul Sánchez	26.10.1933	Valparaíso Wanderers	6	
4	V	Sergio Navarro	20.11.1936	Universidad de Chile	4	
5	V	Carlos Contreras	07.10.1938	Universidad de Chile	5	
6	M	Eladio Rojas	08.11.1934	Everton Viña del Mar	6	2
7	S	Jaime Ramírez	14.08.1931	Universidad de Chile	6	2
8	M	Jorge Toro	10.01.1939	Colo Colo	5	2
9	S	Honorino Landa	01.06.1942	Union Española	5	
10	S	Alberto Fouilloux	22.11.1940	Universidad Católica	2	
11	S	Leonel Sánchez	25.04.1936	Universidad de Chile	6	4
12	T	Adán Godoy	26.11.1936	Universidad de Chile	1	
13	V	Sergio Valdes		Universidad Católica		
14	V	Hugo Lepe		Universidad de Chile		
15	V	Manuel Rodríguez	18.01.1938	Union Española	2	
16	M	Humberto Cruz Silvar	08.12.1939	Universidad de Chile	1	
17	M	Mario Ortíz		Colo Colo		
18	S	Mario Moreno	31.12.1935	Colo Colo	1	
19	S	Braulio Musso		Universidad de Chile		
20	S	Carlos Campos Sánchez	14.12.1937	Universidad Catolica	1	
21	S	Armando Tobar Vargas	07.06.1938	Universidad Catolica	4	
22	T	Manuel Astorga		Universidad de Chile		

Die Auswahl des Gastgebers Chile.

Der chilenische Coach Riera an der Seitenlinie.

Das englische Team vor einem WM-Spiel in Viña del Mar.

England

Trainer		Walter Winterbottom	31.03.1913			
1	T	Ronald Springett	22.07.1935	Sheffield Wednesday	4	
2	V	James (Jimmy) Armfield	21.05.1935	Blackpool FC	4	
3	V	Ramon (Ray) Wilson	17.12.1934	Huddersfield Town	4	
4	M	Robert William (Bobby) Robson	18.02.1933	West Brom. Albion		
5	V	Peter Swan	08.10.1936	Sheffield Wednesday		
6	V	Ronald Flowers	28.07.1934	Wolverh. Wanderers	4	2
7	M	John Connelly	18.07.1938	Burnley FC		
8	S	James (Jimmy) Greaves	20.02.1940	Tottenham Hotspurs	4	1
9	S	Reginald (Gerry) Hitchens	08.10.1934	Inter Mailand	2	1
10	S	John Norman (Johnny) Haynes	17.10.1934	Fulham FC	4	
11	S	Robert (Bobby) Charlton	11.10.1937	Manchester United	4	1
12	T	Alan Hodgkinson	29.10.1935	Sheffield United		
13	S	Derek Tennyson Kevan	06.03.1935	West Brom. Albion		
14	M	Stan Anderson	27.02.1934	Sunderland AFC		
15	V	Maurice Norman	08.05.1934	Tottenham Hotspurs	4	
16	V	Robert (Bobby) Moore	12.04.1941	West Ham United	4	
17	M	Bryan Douglas	27.05.1934	Blackburn Rovers	4	
18	S	Roger Hunt	20.07.1938	Liverpool FC		
19	M	Alan Peacock	29.10.1937	Middlesborough FC	2	
20	M	George E. Eastham	23.09.1936	Arsenal FC		
21	V	Donald (Don) Howe	12.10.1935	West Brom. Albion		
22	T	Gordon Banks	04.04.1929	Leicester City		

Italien

Trainer		Paolo Mazza	21.07.1901			
Trainer		Giovanni Ferrari	06.12.1907			
1	T	Lorenzo Buffon	19.12.1929	Inter Mailand	2	
2	V	Giacomo Losi	10.09.1935	AS Rom	2	
3	V	Luigi Radice	15.01.1935	AC Mailand	2	
4	V	Alessandro Salvadore	29.11.1939	AC Mailand	3	
5	V	Cesare Maldini	05.11.1932	AC Mailand	2	
6	V	Giovanni Trapattoni	17.03.1939	AC Mailand		
7	S	Bruno Mora	29.03.1937	Juventus Turin	2	1
8	S	Humberto Maschio	20.02.1933	Atalanta Bergamo	1	
9	S	José Altafini ("Mazzola")	24.07.1938	AC Mailand	2	
10	S	Enrique Omar Sivori	02.10.1935	Juventus Turin	2	
11	S	Giampaolo Menichelli	29.08.1938	AS Rom	2	
12	T	Carlo Mattrel	14.04.1937	US Palermo	1	
13	T	Enrico Albertosi	02.11.1939	AC Florenz		
14	S	Gianni Rivera	18.08.1943	AC Mailand	1	
15	S	Angelo Benedicto Sormani	03.07.1939	AC Mantua	1	
16	V	Enzo Robotti	13.06.1935	AC Florenz	3	
17	S	Ezio Pascutti	01.06.1937	FC Bologna	1	
18	V	Mario David	03.01.1934	AC Mailand	1	
19	V	Francesco Janich	27.03.1937	AC Bologna	1	
20	V	Paride Tumburus	08.03.1939	AC Bologna	1	
21	M	Giorgio Ferrini	18.08.1939	AC Turin	2	
22	M	Giacomo Bulgarelli	24.10.1940	AC Bologna	1	2

Italien vor einem Qualifikationsspiel.

Jugoslawien

Coach		Ljubomir Lovric	28.05.1920			
Trainer		Milovan Ciric	12.02.1918			
Trainer		Prvoslav Mihajlovic	13.04.1921			
1	T	Milutin Soskic	31.12.1936	Roter Stern Belgrad	6	
2	V	Vladimir Durkovic	06.11.1937	Roter Stern Belgrad	6	
3	V	Fahrudin Jusufi	08.12.1939	Partizan Belgrad	5	
4	M	Petar Radakovic	22.02.1937	NK Rijeka	5	1
5	V	Vlatko Markovic	01.01.1937	Dinamo Zagreb	6	
6	M	Vladimir Popovic	17.03.1935	Roter Stern Belgrad	6	
7	S	Andrija Ankovic	16.07.1937	Hajduk Split	1	
8	M	Dragoslav Sekularac	10.11.1937	Roter Stern Belgrad	6	
9	S	Drazan Jerkovic	06.08.1936	Dinamo Zagreb	6	4
10	S	Milan Galic	08.03.1938	Partizan Belgrad	6	3
11	S	Josip Skoblar	12.03.1941	OFK Belgrad	5	1
12	T	Srboljub Krivokuca	14.03.1928	OFK Belgrad		
13	V	Slavko Svinjarevic	06.04.1935	Vojvodina Novi Sad	1	
14	M	Vasili Sijakovic	02.08.1929	OFK Belgrad	1	
15	M	Zeljko Matus	09.08.1935	Dinamo Zagreb	1	
16	S	Muhamed Mujic	25.04.1932	Velez Mostar	1	
17	S	Vojislav Melic	05.01.1940	Roter Stern Belgrad	2	1
18	S	Vladimir Kovacevic	16.01.1940	Partizan Belgrad	2	
19	T	Mirko Stojanovic		Roter Stern Belgrad		
20	V	Zarko Nikolic		Dinamo Zagreb		
21	S	Nikola Stipic		Roter Stern Belgrad		
22		Aleksander Ivos		Sloboda Tucla		

Giesemann beglückwünscht nach dem Viertelfinale Sekularac zum Einzug ins Halbfinale.

Kolumbien

Trainer		Adolfo Pedernera „Maestro“	15.11.1918			
1	T	Efrain Sanchez	26.02.1926	Naciónal Medellin	3	
2	T	Achito Vivas				
3	V	Francisco Zuluaga „Cobo”	04.02.1929	Ind. Santa Fé	1	1
4	V	Anibal Alzate	31.01.1933	Tolima Ibague	2	
5	V	Jaime Gonzalez „Charol“	01.04.1938	CD América Cali	3	
6	V	Ignacio Calle		Naciónal Medellin		
7	M	Carlos Aponte		Ind. Santa Fé		
8	V	Hector Echeverri „Canocho“	10.04.1938	Naciónal Medellin	3	
9	M	Jaime Silva	10.10.1935	Independiente Santa Fé	1	
10	M	Rolando Serrano	13.11.1938	CD América Cali	2	
11	V	Oscar Lopez	02.04.1939	OC Manizales	3	
12	T	Hernando Tovar		Ind. Santa Fé		
13	S	Germán Aceros „Cuca”	30.09.1938	Deportivo Cali	3	1
14	S	Luis Paz		CD América Cali		
15	M	Marcos Coll	23.08.1935	CD América Cali	3	1
16	M	Ignacio Pérez		OC Manizales		
17	S	Marino Klinger	07.02.1936	CD Los Millionarios	3	1
18	S	Eusebio Escobar		CD Pereira		
19	S	Delio Gamboa „Maravilla“	28.01.1936	CD Los Millionarios	1	
20	S	Antonio Rada	13.06.1937	CD Pereira	2	1
21	S	Hector González Garzon „Zipa”	07.07.1937	Independiente Santa Fé	2	
22	S	Jairo Arias „Niño“	02.11.1938	Naciónal Medellin	1	

Mexiko

Trainer		Alejandro Scopelli	12.05.1908			
Trainer		Ignacio Trellez Campos	31.07.1919			
1	T	Antonio Carbajal	07.06.1929	CSD León	3	
2	V	José Jesus del Muro Lopez	30.11.1937	Atlas Guadalajara	3	
3	V	Guillermo Sepúlveda	28.02.1934	CD Guadalajara	3	
4	V	José Villegas „Jamaicon“	20.06.1934	CD Guadalajara	1	
5	V	Raúl Cárdenas de la Vega	30.10.1928	CD Zacatepec	3	
6	M	Pedro Najera	03.02.1929	CF America Mexiko	3	
7	S	Alfredo del Aguila	03.01.1935	CD Toluca	3	1
8	S	Salvador Reyes Monteon	20.09.1936	CD Guadalajara	3	
9	S	Héktor Hernández García	06.12.1935	CD Guadalajara	3	1
10	S	Guillermo Ortíz		CID NecaxaMexiko		
11	M	Isidoro Diaz „Chololo“	14.03.1940	CD Guadalajara	3	1
12	T	Jaime Gomez		CD Guadalajara		
13	V	Arturo Chairez „Curita“	14.03.1937	CD Guadalajara		
14	M	Mata Romero		CD Toluca		
15	V	Ignacio Jauregui „Gallo“	31.07.1938	Atlas Guadalajara	2	
16	M	Salvador Farfán		CD Atlante Mexiko		
17	S	José Ruvalcaba		Oro Jalisco		
18	S	Alfredo Hernández García	18.06.1935	CF Monterrey	1	
19	S	Antonio Jasso Álvarez	11.03.1935	CF America Mexiko	2	
20	M	Mario Velarde Vélasquez	29.03.1940	CID Necaxa Mexiko		
21	S	Alberto Baeza		CID Necaxa Mexiko		
22	T	Salvador Mota Moreno	geb. 1923	Oro Jalisco		

Schweiz

Die Schweizer vor dem Auftaktspiel.

Trainer Karl Rappan			26.09.1905			
1	T	Charles (Karl) Elsener	13.08.1934	Grashoppers Zürich	3	
2	T	Antonio Permunian	32 Jahre	FC Luzern		
3	T	Kurt Stettler	30 Jahre	FC Basel		
4	V	William (Willy) Kernen	06.08.1929	FC La Chaux-de-Fonds		
5	V	Fritz Morf	29.08.1928	FC Grenchen	1	
6	V	Peter Roesch	32 Jahre	Servette Genf		
7	V	Heinz Schneiter	12.04.1935	Young Boys Bern	3	1
8	V	Ely Tacchella	25.05.1936	Lausanne-Sports	3	
9	M	André Grobéty	22.06.1933	Lausanne-Sports	3	
10	M	Fritz Kehl	25 Jahre	FC Zürich		
11	M	Eugen Meier	30.04.1930	Young Boys Bern	1	
12	M	Marcel Vonlanden	29 Jahre	Lausanne-Sports		
13	M	Hans Weber	08.09.1934	FC Basel	3	
14	S	Anton (Toni) Allemann	06.01.1938	AC Mantua	3	
15	S	Charles Antenen	03.11.1929	FC La Chaux-de-Fonds	3	
16	S	Richard Dürr	01.12.1938	Lausanne-Sports	2	
17	S	Norbert Eschmann	19.09.1933	Stade Français Paris	2	
18	S	Philippe Pottier	09.07.1938	Stade Français Paris	1	
19	S	Gilbert Rey	32 Jahre	Lausanne-Sports		
20	S	Roger Vonlanthen	05.12.1930	Lausanne-Sports	2	
21	S	Rolf Wüthrich	04.11.1938	Servette Genf	3	1
22	S	Roberto Frigerio	16.11.1938	FC La Chaux-de-Fonds		

Spanien

Prominenter Teil der spanischen „equipo": del Sol, di Stefano und Peiró.

Trainer Helenio Herrera			17.04.1916			
1	T	José Araguistáin	04.03.1937	Real Madrid	1	
2	T	Salvador Urpi Sadurni		FC Barcelona		
3	T	Carmelo Cedrún Ochandategui	06.12.1930	AC Bilbao	2	
4	M	Enrique Collar	02.11.1934	Atlético Madrid	1	
5	M	Luis Del Sol	06.04.1939	Real Madrid	2	
6	S	Alfredo di Stefano	04.07.1926	Real Madrid		
7	V	Luis Echevarria	24.03.1940	FC Barcelona	1	
8	M	Jesús Garay	10.09.1930	FC Barcelona	1	
9	S	Francisco Gento	21.10.1933	Real Madrid	3	
10	V	Sigfrido Gracia	27.03.1932	FC Barcelona	2	
11	V	Feliciano Rivilla	21.08.1936	Atlético Madrid	1	
12	S	Joaquin Peiró	29.01.1936	Atlético Madrid	2	1
13	V	Enrique Perez (Pachín)	28.12.1938	Real Madrid	2	
14	S	Ferenc Puskás	02.04.1927	Real Madrid	3	
15	S	Eulogio Martinez	11.03.1934	FC Barcelona	1	
16	V	Severino Reija	25.11.1938	Real Zaragoza	1	
17	V	Francisco Rodriguez (Rodri)	08.03.1934	FC Barcelona	2	
18	S	Adelárdo Rodríguez (Adelárdo)	26.11.1939	Atlético Madrid	1	1
19	V	José Santamaria	31.07.1929	Real Madrid	2	
20	M	Juan Segarra	15.11.1927	FC Barcelona	1	
21	M	Luis Suárez	02.05.1935	Inter Mailand	2	
22	M	Martin Vérges	08.03.1934	FC Barcelona	2	

Der Vizeweltmeister Tschechoslowakei.

Trainer Rudolf Vytlacil

Tschechoslowakei

Trainer		Rudolf Vytlacil	09.02.1912			
1	T	Viliam Schrojf	02.08.1931	Slovan Bratislava	6	
2	V	Jan Lala	10.09.1938	Dynamo Prag	5	
3	V	Jan Popluhár	12.09.1935	Slovan Bratislava	6	
4	V	Ladislav Novák	05.12.1931	Dukla Prag	6	
5	M	Svatopluk Pluskal	28.10.1930	Dukla Prag	6	
6	M	Josef Masopust	09.02.1931	Dukla Prag	6	1
7	S	Josef Stibranyi	11.04.1940	Spartak Trnava	3	1
8	S	Adolf Scherer	05.05.1938	CH Bratislava	6	3
9	S	Pavel Molnár	13.02.1936	CH Bratislava		
10	S	Jozef Adamec	26.02.1942	Dukla Prag	3	
11	S	Jozef Jelinek	09.01.1942	Dukla Prag	5	
12	V	Jiri Tichy	06.12.1933	CH Bratislava	1	
13	T	Frantisek Schmucker	28.01.1940	Ruda Hvezda Brno		
14	M	Vaclav Masek	21.03.1941	Sparta Prag	1	1
15	M	Vladimir Kos	26 Jahre	CKD Prag		
16	M	Titus Bubernik	12.10.1933	CH Bratislava		
17	S	Tomas Pospichal	26.06.1936	Banik Ostrava	3	
18	S	Josef Kadraba	29.09.1933	SONP Kladno	3	1
19	M	Andrej Kvasnák	19.05.1936	Sparta Prag	6	
20	M	Jaroslav Borovicka	26.01.1931	Dukla Prag		
21	V	Josef Bomba		Tatran Presov		
22	T	Pavel Kouba		Dukla Prag		

Ungarn

Trainer		Lajos Baróti	19.08.1914			
1	T	Gyula Grosics	04.02.1926	Tatabánya BSC	3	
2	V	Sandor Mátrai	20.11.1932	Ferencváros TC	4	
3	V	Kalman Mészöly	16.07.1941	Vasas Budapest	4	
4	V	Laszlo Sárosi	27.02.1932	Vasas Budapest	4	
5	M	Erno Solymosi	21.09.1940	Dozsa Újpest	4	1
6	M	Ferenc Sipos	13.12.1932	MTK Budapest	4	
7	S	Karoly Sándor	29.11.1928	MTK Budapest	3	
8	S	Janos Göröcs	08.05.1939	Dozsa Újpest	2	
9	S	Florian Albert	15.09.1941	Ferencváros TC	3	4
10	S	Lajos Tichy	21.03.1935	Honvéd Budapest	4	3
11	S	Dr. Mátiasz Fenyvesi	20.09.1933	Ferencváros TC	3	
12	V	Kalman Sóvári	21.12.1940	Dozsa Újpest		
13	V	Kalman Ihasz	21 Jahre	Vasas Budapest		
14	M	István Nagy	14.04.1939	MTK Budapest		
15	M	Ivan Menczel	21 Jahre	Salgótarjáni BTC		
16	S	János Farkas	27.03.1942	Vasas Budapest		
17	S	Gyula Rákosi	09.10.1938	Ferencváros TC	3	
18	S	Tivadar Monostori	24.08.1936	Dorogi AC	1	
19	S	Bela Kuharszki	20.04.1940	Dozsa Újpest	1	
20		Laszlo Bodor		MTK Budapest		
21	T	Antal Szentmihályi	03.06.1937	Vasas Budapest		
22	T	Istvan Ilku	06.03.1933	Dorogi AC	1	

UdSSR

Trainer		Gawril Katchalin	20.03.1911			
1	T	Lew Jaschin	22.10.1929	Dynamo Moskau	4	
2	T	Vladimir Maslatschenko	geb. 1936	Lok Moskau		
3	T	Sergej Kotrikadse	geb. 1944	Dynamo Tiflis		
4	V	Eduard Dubinski	06.04.1935	ZSKA Moskau	1	
5	V	Giwi Tschocheli	27.06.1937	Dynamo Tiflis	3	
6	V	Leonid Ostrowski	17.01.1936	Torpedo Moskau	4	
7	V	Anatoli Masljonkin	26.06.1930	Spartak Moskau	4	
8	V	Albert Schesternjew	20.06.1941	ZSKA Moskau		
9	M	Nikolai Manoschin	geb. 1938	Torpedo Moskau		
10	M	Igor Netto	09.01.1930	Spartak Moskau	4	
11	M	Josef Sabo	01.03.1940	Dynamo Kiew		
12	M	Valerij Woronin	17.07.1939	Torpedo Moskau	4	
13	S	Gennadi Gussarow	11.03.1937	Torpedo Moskau		
14	M	Valentin Iwanow	19.11.1934	Torpedo Moskau	4	4
15	S	Viktor Kanjewski	03.10.1936	Dynamo Kiew	2	
16	S	Alexeij Mamykin	29.02.1936	ZSKA Moskau	2	1
17	S	Michail Meschi	12.01.1937	Dynamo Tiflis	3	
18	S	Slawa Metreweli	30.05.1936	Torpedo Moskau	1	
19	S	Viktor Ponedjelnik	22.05.1937	SKA Rostow-na-Don	4	2
20	S	Viktor Serebrjannikow	geb. 1940	Dynamo Kiew		
21	M	Galimchjan Chusainow	27.07.1937	Spartak Moskau	1	
22	S	Igor Tschislenko	04.01.1939	Dynamo Moskau	3	2

Die Auswahl Uruguays vor dem Vorbereitungsspiel in Deutschland.

Uruguay

Trainer		Juan Lopez	15.03.1908			
Trainer		Juan Carlos Corazzo	14.12.1907			
1	T	Roberto Sosa	14.06.1935	Nacional	3	
2	V	Horacio Troche	14.02.1935	Peñarol	3	
3	V	Emilio Alvarez „Cococho"	10.02.1939	Nacional	3	
4	V	Mario Méndez „Chola"	11.05.1938	Nacional	3	
5	M	Néstor Gonsalves „Tito"	27.04.1936	Peñarol	3	
6	M	Pedro Cubilla		Defensor		
7	S	Domingo Pérez	07.06.1936	Nacional	3	
8	S	Julio Cortez „Pocho"	29.03.1941	CA Cerro	1	
9	S	José Sasia „Pepe"	27.12.1933	Peñarol	3	2
10	M	Pedro Rocha	03.12.1942	Peñarol	2	
11	S	Luis Cubilla	28.03.1940	Peñarol	2	1
12	T	Luis Maidana	24.02.1934	Peñarol		
13		aus Aberglauben nicht nominiert				
14	V	William Martinez	13.01.1928	Peñarol		
15		Ruben Soria		CA Cerro		
16		Edgardo González		Peñarol		
17	M	Ruben González	geb. 1939	Peñarol		
18	V	Eliseo Alvarez	09.08.1940	Nacional	3	
19	M	Ronald Langón	06.08.1939	Defensor	1	
20	S	Mario Ludovico Bergara	01.12.1937	Nacional	1	
21	S	Hector Silva	01.02.1940	Danubio		
22	S	Rubén Cabrera	09.10.1939	Peñarol	2	1
23	S	Guillermo Escalada	24.04.1936	Nacional		

Stars und Sternchen

Garrincha (Brasilien)

Manoel Francisco dos Santos, mit dem Rufnamen „Garrincha", wurde am 28. Oktober 1933 im 1500-Seelen-Urwalddorf Pau Grande, in der Nähe von Rio de Janeiro geboren. Er wuchs unter widrigsten Umständen auf, seine Kindheit war von Armut geprägt. Hinzu kam, dass seine Beine von Geburt an durch eine Kinderlähmung verkrüppelt waren und in mehreren Operationen gerichtet werden mussten. Das rechte Bein blieb aber sechs Zentimeter länger als das linke. Diese Behinderung war es auch, der der Vogelliebhaber Garrincha letztlich seinen Künstlernamen zu verdanken hatte, denn „Garrincha" ist die brasilianische Bezeichnung für einen exotischen Vogel mit einem wippenden Gang. Dos Santos erhielt diesen Beinamen aufgrund seines ganz besonderen Dribbelstils, der an eben dieses Tier erinnerte.

Sein Handicap erwies sich beim Fußballspiel allerdings als hilfreich, machte es Garrincha doch zu einem der besten Dribbler aller Zeiten. Bei der Einleitung einer Bewegung war für den Gegner kaum zu berechnen, was der Stürmer vor hatte. Andererseits stand dem brasilianischen WM-Helden auch oft seine Eigenwilligkeit und Eigennützigkeit im Wege. Seine Trainer waren häufig der Verzweiflung nahe, wenn er sich wieder einmal nicht an die taktische Marschroute hielt und stattdessen lieber seine Alleingänge auf dem Platz zelebrierte. Andererseits zog er so auch immer einige Gegenspieler auf sich, was seinen Mitspielern im Sturmzentrum Raum zum Tore schießen schuf, selbstverständlich nur dann, wenn Garrincha den Ball auch in die Mitte zu flanken bereit war.

Der Rechtsaußen spielte die meiste Zeit seiner Karriere für Botafogo Rio de Janeiro, wohin er 1953 von seinem Heimatklub EC Pau Grande gewechselt war. Dort hatte er mit 13 Jahren das vereinsmäßige Fußballspielen begonnen. Botafogo war zu Garrinchas Zeit der brasilianische Klub, aus dem sich der Kern der Nationalmannschaft rekrutierte. Nilton Santos, Didi, Amarildo und Zagalo waren dort unter einigen anderen Fußballgrößen seine Mitspieler. Der andere Santos war es auch, der Garrincha unter seine Fittiche nahm. Spätestens seit einem Probetraining, bei dem der 1,69 Meter kleine „Krüppel" den 1,81 Meter großen Routinier mehrfach vorgeführt hatte, entwickelte sich zwischen beiden ein enges Verhältnis. 1965 verließ Garrincha das Traumteam von Botafogo, mit dem er 1957, '61 und '62 Meister in der Liga von Rio wurde und zweimal den inoffiziellen Titel des brasilianischen Meisters errang (in Brasilien wurden bis 1970 keine regulären Landesmeisterschaften ausgetragen, als Meister galt der Sieger des Wettstreites zwischen den Besten der Ligen von Rio und São Paulo). Nach einer erneuten Operation an seinen Beinen spielte er bis 1968 für den E. C. Corinthians in São Paulo, ehe er noch einmal für eine Saison nach Rio zurückkehrte, wo er sich Flamengo anschloss. Seine späteren Versuche, im Ausland, u.a. bei Red Star Paris, sein Glück zu machen, scheiterten jedoch. Die vielen Operationen sowie die dauer- und schmerzhafte Belastung seiner Beine forderten letzten Endes ihren Tribut. Den endgültigen Abgang von der Fußballbühne hatte Manó, wie er auch genannt wurde, am 19.12.1973 bei einem Abschiedsspiel im heimischen Maracaná-Stadion.

Garrincha - Der „Paradiesvogel" und Torschützenkönig.

Am 18. September 1955 hatte Garrincha gegen Chile erstmals das gelb-grüne Jersey der Selecção tragen dürfen. In 57 Länderspielen erzielte er 12 Tore. Der Weltmeister von 1958 und WM-Endrundenteilnehmer von 1966 bestritt insgesamt 12 WM-Spiele, das erste in der letzten Vorrundenpartie in Schweden. Als Mitglied des besten Fußball-Ensembles, das Brasilien wohl je aufzubieten hatte, kam er im von Feola betreuten Team auch sogleich zu Meisterehren, wobei er im Finale zwei Treffer vorbereitete. Auf sein erstes eigenes Länderspieltor musste Garrincha allerdings bis zum 29. April 1960 warten. Bei einer Ägyptenreise war er gegen die heimische Nationalauswahl erstmals erfolgreich.

Nach dem Ausscheiden von Pelé war es Garrincha, dem bei der WM 1962 die Rolle des Stars der brasilianischen Mannschaft zukam. In Chile zeichnete er sich als Dribbelkünstler, Flankengeber und Torschütze aus. Mit seinem Teamgefährten Vava sowie Iwanow (UdSSR), Leonel Sánchez (Chile), Albert (Ungarn), und Jerkovic (Jugoslawien) teilte er sich mit vier Treffern die Ehre den Titel des besten Torjägers. Das Losglück bescherte allerdings ihm allein die entsprechende Trophäe. Darüber hinaus kürten ihn Sportjournalisten einhellig zum besten Spieler des Turniers. Sein Heimatdorf wurde daraufhin auf Erlass des brasilianischen Staatspräsidenten in „Garrincha" umbenannt.

Sein letztes Länderspiel bestritt er am 15. Juli 1966 während der WM-Endrunde in England. Die Begegnung ging mit 3:1 an Ungarn und bescherte den Brasilianern nach einer weiteren

Niederlage in der Vorrunde das frühzeitige Aus. Leider hatte Garrincha keine Gelegenheit mehr, diese Scharte auszuwetzen, da er in der Folge nach einer Meniskusoperation nicht mehr auf internationaler Ebene einsatzfähig war.

Der Paradiesvogel war dreimal verheiratet und Vater von zwölf Kindern. Von Alkoholsucht gezeichnet, versuchte er sich in späteren Jahren noch als Talentsucher im Auftrag einer Wohlfahrtsorganisation. Obwohl ihm der Verband bei seinen finanziellen Sorgen half (trotz seiner Pflichten als leiblicher Vater hatte er noch einige weitere Kinder adoptiert), fasste Garrincha nie wieder richtig Fuß. Am 20. Januar 1983 starb der beste Dribbler aller Zeiten, nachdem er ein paar Jahre als verschollen gegolten hatte, frühzeitig im Alter von 49 Jahren nach langer Krankheit in Rio de Janeiro.

Masopust wurde 1962 Europas Fußballer des Jahres.

Josef Masopust (Tschechoslowakei)

Der am 9. Februar 1931 im heutigen Tschechien geborene Masopust wuchs in der Nähe seines Geburtsortes Most, in der kleinen Ortschaft Strimice als Sohn eines Bergmannes auf. Als 19-jährigen verschlug es ihn in die nächste größere Stadt, das zehn Kilometer entfernte Teplice, unweit der deutschen Grenze. Der dortige Erstliga-Verein Vodotechna hatte dem bis dahin bei Baník Most spielenden Masopust 1950 ein Angebot unterbreitet. 1952, im gleichen Jahr, in dem er den Verein mitten in der Saison wieder verließ, wurde Vodotechna in Instav umbenannt. Mit der Einberufung zum Militär war einem tschechoslowakischen Spitzenfußballer jener Zeit zugleich die Mitgliedschaft in einem der großen Armeeklubs beschieden. In Masopusts Fall handelte es sich um den größten von allen: Dukla Prag, das 1952 noch ATK Prag hieß. Dort bildete der inzwischen vom Halbstürmer zum Spielgestalter avancierte Masopust bald mit Pluskal eine hervorragende Mittelfeldachse. Als Dukla gegen Ende der 1950er Jahre das 4-2-4-System übernahm, wurde Borovièka sein Partner im Mittelfeld, da Pluskal in die Abwehrkette rückte. Borovièka hatte ursprünglich auch in Chile zum Einsatz kommen sollen, was eine andauernde Formkrise jedoch verhinderte. Bei der WM 1962 wurde erfolgreich variiert: Mal spielte Masopust eher defensiv gemeinsam mit Pluskal oder Popluhár von Slovan Bratislava, mal stand er im Mittelfeld auf einer Höhe mit Kvasnák von Sparta Prag.

Die Vielseitigkeit gehörte neben dem Improvisationsvermögen zu Masopusts wichtigsten Stärken. Der im Alltagsleben eher unscheinbar wirkende 1,70 Meter große und etwas rundliche Major der CSSR-Armee bewegte sich auf dem Spielfeld voller Eleganz und hatte technisch einiges zu bieten. Häufig dribbelte er seine Gegner aus, um anschließend einen „tödlichen" Pass zu spielen, mit dem kein Kontrahent gerechnet hatte. Zunehmend wuchs der frühere Außenläufer in die Rolle des Mittelfeldstrategen und intelligenten Spielgestalters hinein. Andererseits war er, wie in Chile aufgrund der meist defensiv ausgerichteten Taktik notwendig, auch in der Lage, die Abwehr zu organisieren. Nie gab Masopust ein Spiel verloren, kämpfte und lief bis zum Ende einer jeden Begegnung in für seine Mannschaftskameraden vorbildlicher Weise. Dabei war er auch noch torgefährlich, wofür 79 Treffer in 386 Ligaspielen sprechen. Achtmal konnte er dabei die Trophäe für den tschechoslowakischen Meister mit Dukla Prag erringen, von 1961 bis 1964 sogar viermal hintereinander. 1966 wurde er in seinem Heimatland Fußballer des Jahres (diese Auszeichnung war erst ein Jahr zuvor eingeführt worden), und schon 1962 war er, besonders auch aufgrund seiner Verdienste bei der WM, zu Europas Fußballer des Jahres gekürt worden. Zum Stamm der tschechoslowakischen Nationalelf hatte Masopust bereits 1958 bei der WM in Schweden gehört, wo die CSSR in einem Entscheidungsspiel gegen Wales erst in der Verlängerung unterlag und somit nach der Vorrunde ausschied. Das WM-Finale 1962, in dem er den Führungstreffer erzielte, war sein 50. Einsatz im Nationaltrikot und zugleich das letzte seiner zehn WM-Spiele. Angefangen hatte seine Länderspielkarriere am 24. Oktober 1954 mit einer 1:4-Niederlage gegen die damals übermächtigen Ungarn. 18 Monate vergingen bis zum nächsten von insgesamt 63 Einsätzen (zehn Tore) in der Nationalelf. Neben der Vizeweltmeisterschaft 1962 gehörte der dritte Platz bei der EM 1960 zu seinen größten Erfolgen im Nationaltrikot. Am 18. Mai 1966 verabschiedete sich Masopust mit einer Niederlage gegen die UdSSR von der Länderspielbühne. Die Qualifikation für die WM 1966 hatte die CSSR zuvor knapp verpasst, da sie Portugal den Vortritt hatte lassen müssen.

Neben einer Berufung in die Weltauswahl am 23. Oktober 1963 spielte der bis dato als bester tschechoslowakischer Spieler der Nachkriegszeit geltende Masopust noch mehrmals in anderen Repräsentativ-Mannschaften und war 1964 auch einmal Kapitän der Europaauswahl.

Im tschechoslowakischen Schicksalsjahr 1968 (Prager Frühling) beendete er vorläufig seine Karriere bei Dukla Prag, wohin er nach einem Intermezzo als Spielertrainer beim belgischen Klub Crossing Moolenbek jedoch 1970 zurückkehrte, um in seinem Stammklub als Trainer zu arbeiten. Es folgten noch Engagements als Übungsleiter bei Zbrojovka Brno (1976-81), wo Masopust 1978 zum Meistermacher wurde, und anschließend in Belgien (SC Hasselt), bevor er von 1984 bis 1987 die CSSR-Nationalauswahl 27-mal betreute. 15 Siege, sechs Remis und sechs Niederlagen stellten dabei eine durchaus positive Bilanz dar, doch trieb ihn die Frustration darüber, weder die WM- noch die EM-Endrunde erreicht zu haben, als Trainer nach Indonesien, dessen Auswahl er drei Jahre lang betreute. Anfang der 1990er Jahre trainierte und managte er noch einmal Zbrojovka Brno, ehe es ihn schließlich zum Drittligisten Dìèín verschlug.

Nach dem Ende seiner Trainerlaufbahn zog sich der seit 1954 mit der Handball-Nationalspielerin Vera Nicova verheiratete zweifache Vater als Pensionär nach Prag zurück.

Leonel Sánchez (Chile)

Der größte Star der chilenischen Mannschaft war zweifelsohne der am 25. April 1936 in Santiago de Chile geborene Leonel Sánchez Lineros. Der 1,76 Meter große Linksaußen spielte von 1953 bis 1969 für Universidad de Chile Santiago in der ersten Division. Schon als Kind war er dem Universitätsklub beigetreten. 1970 wechselte er für eine Saison zum Kultverein Colo Colo Santiago und wurde dort prompt Meister, wie schon sechsmal zuvor mit Universidad. Weitere Stationen innerhalb der Hauptstadt führten ihn für jeweils ein Jahr zu Palestino und Ferroviarios, die allerdings Anfang der 1970er Jahre zweitklassig waren.

Gelegentlich übernahm der Linksfuß mit dem harten Schuss auch die Rolle des Spielmachers oder ließ sich halblinks zurückhängen. Der Bankangestellte absolvierte 86 Länderspiele und erzielte dabei 23 Tore. Sein erster internationaler Auftritt im rot-blauen Dress fand 1955 statt. Erst am 28. August 1968 gab er seinen Abschied von der Nationalelf. Neben seinen denkwürdigen Auftritten bei der Weltmeisterschaft im Heimatland nahm er auch an der WM-Endrunde 1966 teil. Dort konnte er noch drei Spiele absolvieren, doch das chilenische Team konnte nicht mehr an seinen großen Erfolg von 1962 anknüpfen, bei dem Sánchez mit vier Treffern und hervorragenden Leistungen zu einer der größten Spielerpersönlichkeiten geworden war. Sein Verhalten im Skandalspiel gegen Italien, als er sich nach kontinuierlichen gegenseitigen Attacken zu einem Faustschlag gegen David hinreißen ließ, der seinem Widerpart einen Nasenbeinbruch einbrachte, hinterließ allerdings einen bitteren Wermutstropfen. Genauso wie der unaufmerksame Schiedsrichter Aston zeigte sich jedoch auch das FIFA-Komitee nachsichtig, so dass Sánchez weder einen Platzverweis noch eine Sperre erhielt. Diese Gnade nutzte er zu weiteren Torerfolgen, und konnte sich schließlich - neben fünf anderen Spielern - mit vier Treffern als erfolgreichster Schütze des Turniers platzieren. Bereits im psychologisch wichtigen Auftaktspiel gegen die Schweiz hatte er sein Team unermüdlich angetrieben und mit zwei Toren wesentlich zum 3:1-Erfolg beigetragen. Auch im Viertelfinale gegen die UdSSR und im Halbfinale gegen Brasilien traf Sánchez. Im Verlauf seiner Karriere kam er auf neun WM-Einsätze, mischte noch bei sieben WM-Qualifikationsbegegnungen mit und spielte 15-mal in der Copa América um die Kontinentalmeisterschaft.

Später qualifizierte er sich zum Trainer und brachte sich in dieser Funktion auch bei dem Klub ein, dem er fast alles zu verdanken hatte: dem chilenischen Meister von 1959, '62, '64, '65, '67 und '69, Universidad de Chile.

Leonel Sánchez galt als bester Spieler im Aufgebot des Gastgebers.

Eladio Rojas (Chile)

Eladio Rojas Díaz, wie er mit vollem Namen hieß, spielte auf Seiten der Chilenen bei der Weltmeisterschaft im eigenen Land eine herausragende Rolle. Im Viertelfinalspiel gegen die Sowjetunion war er der überragende Mann auf dem Platz, leitete das erste Tor ein und erzielte in seinem 18. Länderspiel den entscheidenden Treffer zum 2:1-Endstand durch einen 35-Meter-Schuss. Damit löste er den bis dahin größten Siegestaumel nach einem Fußballspiel in der Geschichte Chiles aus. Im Halbfinale gegen Brasilien konnte er wiederum auf sich aufmerksam machen, und einige Tage später sorgte er erneut für den Ausnahmezustand in Santiago, als er nach einer Energieleistung in letzter Minute den 1:0-Siegtreffer gegen Jugoslawien erzielte. Mit seinen beiden WM-Treffern hatte er maßgeblichen Anteil am Erringen des dritten Platzes, dem größten Erfolg in der chilenischen Fußballgeschichte.

Der linke Läufer wurde am 8. November 1934 in Copiapo im Norden Chiles geboren. Seit 1956 spielte er, zunächst als Mittelstürmer, in Viña del Mar beim Klub Everton, dem er die meiste Zeit seiner aktiven Laufbahn die Treue hielt. Unter Nationaltrainer Riera wurde er 1959 zum Mittelfeldspieler umfunktioniert, was seiner Karriere erheblichen Auftrieb gab. Dem 1,81 Meter großen Motor des chilenischen Spiels war unter anderem der Sieg gegen die Bundesrepublik Deutschland im März 1961 zu verdanken. Bei dieser Gelegenheit konnte er sich auch erstmals als Torschütze für sein Land eintragen lassen. 1966 gehörte er noch zum erweiterten Kreis der Nationalmannschaft, die allerdings ohne den mittlerweile 31-jährigen die Reise nach England antrat, so dass Rojas lediglich die sechs Spiele bei der Weltmeisterschaft im eigenen Land bestreiten konnte.

Rojas erzielte zwei entscheidende Treffer für sein Land.

Schnellinger wird im Spiel gegen die Schweiz verletzt vom Platz geführt.

Karl-Heinz Schnellinger (BR Deutschland)

Der Rheinländer erblickte am 31. März 1939 in Düren das Licht der Welt. Er begann seine Vereinslaufbahn bei Düren 99 und wechselte 1958 zum 1.FC Köln, wo er die Position des linken Verteidigers einnahm. Mit den Geißböcken und ihrem Kapitän Hans Schäfer wurde er 1962 deutscher Meister, was auch für seinen Klub eine Premiere bedeutete. Nach den bei der WM in Chile erfolgten herausragenden Leistungen als Allround-Verteidiger, der selbst im Angriff noch Akzente setzen konnte, wurde er 1962 in der Bundesrepublik zum Fußballer des Jahres gewählt, und auch Anfragen aus dem Ausland ließen nicht mehr lange auf sich warten. 1963 folgte dann der Wechsel nach Italien: Vom AS Rom erhielt der 1,80 Meter große Rotschopf angeblich 350.000 DM für seine Unterschrift, wurde aber zunächst für eine Saison nach Padua ausgeliehen, um im Spieljahr 1964/65 in die italienische Hauptstadt zurückzukehren. Ab 1965 spielte der inzwischen 26jährige für den AC Mailand und errang in den Jahren bis 1974 mit Ausnahme des UEFA-Cups alle sportlichen Titel, die mit einem Verein möglich sind.

Bereits als 19-jähriger war Schnellinger 1958 erstmals in die Nationalmannschaft berufen worden, für die er bis 1971 in 47 Spielen auf dem Platz stand. Der "Italiener" spielte meist nur dann mit, wenn es um Punkte ging, da er sich eher auf seinen Verein konzentrierte, ansonsten hätte er ohne weiteres die magische Grenze von 100 Länderspielen erreichen können. Bei den vier Weltmeisterschaften zwischen 1958 und 1970 bestritt Schnellinger 17 Spiele. Bei seiner ersten WM-Teilnahme in Schweden hatte der Nachwuchsspieler bereits zwei Auftritte. 1962 in Chile wurde er dann nach einhelliger Expertenmeinung zum besten Verteidiger der WM auserkoren (mit ihm ließ die deutsche Abwehr in vier Begegnungen nur zwei Gegentreffer zu), was ihm 1963 auch eine Berufung in die Weltauswahl einbrachte. Seinen größten Erfolg im Nationaldress konnte Schnellinger, der bis heute als einer der besten deutschen Spieler aller Zeiten gilt, mit der Finalteilnahme 1966 in England verbuchen. 1970 war der Vollprofi Abwehrchef des deutschen Teams in Mexiko. Bei dieser WM erzielte er auch den einzigen Treffer seiner Nationalmannschaftskarriere: In der 92. Minute des Halbfinalspiels gegen Italien traf er zum 1:1 und rettete die Deutschen damit in die Verlängerung. Zwar verlor die BRD am Ende mit 3:4, doch diese letzten 30 Minuten im „Spiel des Jahrhunderts" von Mexiko-City gehören wohl zum Spannendsten, was auf der internationalen Fußballbühne je geboten wurde. Nach dem vierten Platz bei der WM 1958 und der Vizeweltmeisterschaft 1966 konnte sich Schnellinger mit dem deutschen Team immerhin noch einmal als Dritter platzieren.

Der Vater dreier Töchter beendete seine Karriere 1974/75 bei Tennis Borussia Berlin und zog sich nach dieser erfolglosen Saison nach Italien zurück, wo er fortan als Geschäftsmann seine nicht unbeträchtlichen Einnahmen aus der Fußballkarriere investierte und vermehrte. Schnellinger lebt heute in Mailand.

Netto war bereits beim Europameisterschafterfolg Kapitän.

Igor Netto (UdSSR)

Bevor er 1966 zum "Held des sowjetischen Sports" erhoben wurde, hatte der am 9. Januar 1930 in Moskau geborene Netto bereits einen langen Weg hinter sich gebracht, der ihn schon in jungen Jahren zu Spartak Moskau führte. Sein Stammklub, für den er viele Jahre spielte und mit dem er fünfmal sowjetischer Meister wurde, wollte ihn zunächst gar nicht haben, weil der 1,77 Meter große Netto mit seinen langen, schlaksigen Gliedmaßen nicht gerade dem Idealbild eines Fußballers entsprach. Zwischen 1952 und 1963 absolvierte Netto 57 Einsätze im Nationalteam, das er seit 1954 als Kapitän und 1956 mit dem Olympiasieg sowie 1960 mit dem Gewinn des erstmals ausgetragenen Europapokals der Nationen (später: EM) zu großen Erfolgen führte. Zweimal nahm er an einer WM teil: 1958 kam das Aus im Viertelfinale gegen Gastgeber Schweden. Netto hatte dabei mit einer Knieverletzung zu kämpfen und konnte nur ein Spiel bestreiten. 1962 ging seine Mannschaft als einer der Topfavoriten ins Rennen. Doch zur allgemeinen Überraschung schied das UdSSR-Team erneut im Viertelfinale aus und wieder war es der Gastgeber, dem es den Vortritt lassen musste.

Netto hatte bis dahin zu den besten Mittelfeldspielern der WM 1962 gehört. Mit seiner großen Übersicht und dem gekonnten, schnellen Umschalten auf Angriff war der hervorragende Taktiker und Techniker ein Wegbereiter des modernen Fußballspiels. Der rechte Läufer hatte das besondere Talent, das Spiel durch genaue Pässe und seine Laufarbeit aufzureißen. Nach einigen Stationen als Trainer im Ausland führte sein Weg zurück nach Moskau, wo er als Wissenschaftler arbeitete, als Nachwuchstrainer bei Spartak mitwirkte und ein Buch mit dem Titel „Das ist Fußball" veröffentlichte. Darin vertrat er die Meinung, dass Fußball nicht zu einer „taktischen Schlacht" verkommen dürfe, sondern in „Virtuosität" (unvermitteltes Umschalten von Ballhalten auf Angriff) und schnellem Passspiel die Zukunft läge.

Dragoslav Sekularac (Jugoslawien)

Dragoslav Sekularac wurde am 10. November 1937 in Split geboren. Anfangs noch als Linksaußen spielend, wurde er später Halbstürmer und auf dieser Position der unbestrittene Star von Roter Stern Belgrad. Schon seit seiner frühen Jugend hatte er als großes Talent gegolten. Zwischen 1953 und 1964 wurde er mit „Crvena Zvezda", wo er einige Jahre zuvor mit dem Fußballspielen angefangen hatte, sechsmal jugoslawischer Meister und dreimal Pokalsieger. „Scheki", wie seine Fans ihn nannten, galt schon 1957 in Belgrad als „Fußballgott" und war ein gefeierter Star.

1958 bestritt er seine ersten drei WM-Spiele, bevor sein Team im Viertelfinale an Deutschland scheiterte. Zwischen 1956 und 1966 trat Sekularac insgesamt 40-mal für sein Land an und erzielte dabei sechs Tore. Das nur 1,68 Meter große Naturtalent war aber auch das „enfant terrible" des jugoslawischen Fußballs, und sorgte immer wieder durch übertrieben hartes Einsteigen sowie durch Auseinandersetzungen mit Schiedsrichtern für Schlagzeilen. 1960 wurde er Europameisterschafts-Vize und im gleichen Jahr für 18 Monate gesperrt, weil er den Beinbruch eines Gegenspielers verschuldet hatte. Nach seiner noch während der Qualifikation für Chile erfolgten Begnadigung veränderte er sein Verhalten, es gelang ihm, sein Temperament zu zügeln und wurde schließlich bei der WM sogar Kapitän der Nationalelf. Hatte er früher für die Galerie gespielt, so stellte der „Pelé Europas" sein Können 1962 auch in den Dienst der Mannschaft und war in Chile als Halbrechter der Antreiber des jugoslawischen Spiels.

Es dauerte jedoch nicht lange, bis „Scheki" wieder in seine Launen verfiel: Nachdem er einen Schiedsrichter niedergeschlagen hatte, erhielt er dafür in Jugoslawien eine Sperre von einem Jahr, was ihn nach Deutschland abwandern ließ. In der Saison 1966/67 trat er mit wenig Erfolg für den Karlsruher SC in der Bundesliga an (17 Spiele, 2 Tore).

Sekularac war ein brillanter Techniker mit viel Fußballverstand, der sein wahres Potential aber nie richtig ausschöpfte. Beim Karlsruher SC soll er, wenn das Training härter wurde, immer Gründe gefunden haben, in die Umkleidekabine zu flüchten. Dabei hatte er vor seinem Engagement anlässlich eines Probetrainings noch gesagt: „Entweder nützt mir diese Art von Training etwas für meine Karriere, oder ich bleibe auf der Strecke." In Karlsruhe hatten sie die Alleingänge des exzentrischen Lebemanns, der unter anderem als Stammgast in der Spielbank von Baden-Baden von sich reden machte, bald satt. Im Februar 1967 verließ der Star den KSC nach einer Leistenverletzung, um bezeichnenderweise gleich anschließend ein Engagement bei den St. Louis Stars in den USA anzunehmen, für die er jedoch lediglich acht Spiele bestritt und ein Tor erzielte. OFK Belgrad von 1967 bis 1970, Indepediente Santa Fé (1970-72) und Millionarios Bogota (1972-75) in Kolumbien sowie der FC Paris (1975-76) bildeten seine weiteren Stationen als aktiver Profi. Anschließend verdingte er sich unter anderem noch als Trainer der Nationalelf Guatemalas (1984) und bei Roter Stern Belgrad (1989).

Sekularac, der geniale Spielmacher mit Launen.

Florian Albert (Ungarn)

Geboren am 15. September 1941 als Sohn eines Bahnarbeiters in Hercegszántó nahe der jugoslawischen Grenze, brachte es der antrittsschnelle Mittelstürmer mit dem großen Torinstinkt in seiner Karriere auf drei Einsätze in der Weltauswahl und war bei zwei Weltmeisterschaften mit von der Partie. 1962 konnte er im Spiel gegen Bulgarien drei Tore erzielen und platzierte sich damit, samt einem weiteren Treffer zum 2:1-Sieg gegen England, an der Spitze der Torjägerliste. Und das, obwohl Ungarn es nur auf vier WM-Spiele brachte, wovon Albert sogar nur drei bestritt. Das Ausscheiden im Viertelfinale gegen die CSSR hatte ihn keineswegs kalt gelassen. Er empfand das ungarische Spiel dem des späteren Vizeweltmeisters als überlegen und betrachtete das Fehlen seines verletzten Angriffspartners Göröcs als spielentscheidenden Nachteil.

1966 konnte der 1,80 Meter große, kopfballstarke Ungar zwar keine Tore erzielen, trug durch eine starke spielerische Leistung jedoch maßgeblich zu dem Sieg über Brasilien in der Vorrunde bei. Das abermalige Scheitern im Viertelfinale (diesmal gegen die UdSSR) bedeutete nach insgesamt sieben Einsätzen schließlich auch das Ende seiner WM-Endrunden-Karriere, da die Ungarn sich weder für 1970 noch 1974 qualifizieren konnten.

Dabei dauerte Alberts Laufbahn in der Nationalelf noch bis 1974, nachdem sie 1959 ihren Anfang genommen hatte. 75 Länderspiele, davon elf als Kapitän, und 31 Tore hatte Albert am Ende vorzuweisen. 1967 wurde er in Europa zum Fußballer des Jahres gewählt, eine Ehre, die ihm im eigenen Land 1966 und 1967 zuteil wurde. Er gewann die Bronzemedaille bei der Olympiade 1960 (an den ungarischen Olympiaerfolgen 1964 und 1968 war er nicht beteiligt) und nahm an den Europameisterschaftsendrunden 1964 und 1972 teil.

„Császár" (Kaiser), wie man ihn in der Heimat aufgrund seiner bisweilen überheblich und lässig wirkenden Spielweise (nach einer dauerhaften Knieverletzung musste er sich allerdings

Albert, die ungarische Hoffnung der 1960er Jahre.

seit 1969 auch schonen) nicht ohne einen kritischen Unterton bezeichnete, blieb von 1952-74 dem Ferencvárosi TC in Budapest treu, errang mit dem Klub vier nationale Meisterschaften und 1965 den Vorläufer des UEFA-Cups, den Messe-Pokal. Nach seiner Laufbahn als Spieler ging Albert als Trainer nach Libyen und Saudi-Arabien, kehrte in den 1980ern in der Position eines technischen Direktors zu Ferencvárosi zurück und konnte sich auch im Sportjournalismus einen Namen machen. Sein privates Glück hatte der zweifache Familienvater bereits 1962 gefunden, als er die Schauspielerin Eve Balint heiratete.

Alfredo di Stefano kam zu keinem einzigen WM-Einsatz.

Alfredo di Stefano (Spanien)

Di Stefano Lauthe, wie sein vollständiger Name lautet, wurde am 4. Juli 1926 als Sohn eines italienischen Einwanderers in Argentinien geboren. Vater Alfredo war Viehzüchter und selbst als Fußballer bei River Plate Buenos Aires aktiv gewesen. In der Nähe der argentinischen Hauptstadt lag auch di Stefanos Heimatdorf Barracas, wo sich der junge Alfredo auf der Straße austobte, bevor er in einen kleineren Fußball-Verein geschickt wurde. Ab 1942 spielte er dann, unterbrochen von einem Intermezzo bei Huracán, als Halbstürmer für River Plate, wo er 1947 Meister wurde. Als ein wegen der Unterbezahlung der Profis durchgeführter Streik den Spielbetrieb lahm legte, sah sich sein Klub veranlasst, den „blonden Pfeil" 1948 nach Kolumbien zu den finanzstarken „Millionarios" in Bogota weiterzugeben. Dort konnte er drei Meisterschaften erringen und in 292 Spielen 259 Tore erzielen.

Diese beeindruckende Erfolgsbilanz rief 1953 die spanischen Spitzenklubs Real Madrid und FC Barcelona auf den Plan: Beide konkurrierten um die Gunst di Stefanos und nach einigem finanziellen Hin und Her, in das sich sogar Diktator Franco einmischte, gelang es schließlich Real, den südamerikanischen Star für sich zu gewinnen. Die Investition eines Betrages im höheren sechsstelligen Bereich zahlte sich aus: Die „Königlichen" holten zwischen 1956 und 1960 fünfmal hintereinander den Europapokal der Landesmeister; eine bis heute einmalige Serie, an der der Argentinier maßgeblichen Anteil hatte: In 60 Europapokalspielen erzielte „Don Alfredo", nunmehr als Mittelstürmer, 49 Tore, und auch den 1960 erstmals ausgetragenen Weltpokal konnte Real mit di Stefanos Hilfe gewinnen.

Sein Länderspieldebüt für Argentinien hatte er bereits 1947 gegeben und prompt im gleichen Jahr die südamerikanische Meisterschaft errungen. Weitere internationale Erfolge auf Länderebene blieben dem Fußballer Europas von 1957 und 1959 allerdings versagt. Zwar folgten den sechs Berufungen in die Nationalmannschaft seines Geburtslandes noch 31 Einsätze im spanischen Nationaltrikot, das er nach der Einbürgerung von 1957 bis 1961 trug, doch sprangen dabei keine allzu großen Erfolge mehr heraus. Spanien scheiterte in der Qualifikation für die WM 1958 und machte auch 1962 unter Trainer Herrera keine besonders gute Figur. Zudem litt ihr Fußball-Genie, in das die Spanier soviel Hoffnung für diese WM gesetzt hatten, zu jenem Zeitpunkt an einer Knieverletzung, die letzten Endes verhinderte, dass di Stefano, der vielen Experten als größter Fußballer aller Zeiten nach Pelé und Maradona gilt, überhaupt je ein WM-Spiel bestreiten konnte.

Dafür wurde dem Ballzauberer, der nur selten einen anderen Spielgestalter neben sich duldete (so saß beispielsweise Didi bei Real in der Saison 1958/59 nur auf der Bank), 1963 noch die Ehre des Spielführers der Weltauswahl zuteil. Seine Laufbahn beendete der hervorragende Techniker bei Español Barcelona, um anschließend noch als Trainer (u. a. der argentinischen Nationalauswahl) und Berater (u. a. bei Real) von sich reden zu machen.

Didi bei einer artistischen Einlage im Trainingslager.

Didi (Brasilien)

Waldir Pereira, wie sein richtiger Name lautet, kam am 8. Oktober 1928 in Campos zur Welt. Er war Mittelfeldspieler (Halbrechter) bei Botafogo Rio de Janeiro, nahm bereits an der WM 1954 teil und wurde 1958 und 1962 Weltmeister. Zwischen 1952 und 1962 absolvierte er 74 Spiele für Brasilien (15 WM-Einsätze) und erzielte dabei 20 Tore.

1958 in Schweden erhielt der dunkelhäutige Ballkünstler den Beinamen „Belafonte des Fußballs" . Brasilien hatte damals, mit dem Ausnahmesturm Garrincha-Pelé-Vava-Zagalo, der von Didi angetrieben und bedient wurde, eines der besten Teams aller Zeiten. Der herausragende Regisseur war sich nicht zu schade, auch für das Team zu „arbeiten". Nach einem - aufgrund der Konkurrenzsituation mit Di Stefano - wenig erfolgreich verlaufenen Engagement bei Real Madrid von 1958-60 kehrte er zum Klub Botafogo nach Rio zurück, der seinerzeit das Gerüst der Nationalmannschaft bildete.

Bei seiner dritten WM-Teilnahme 1962 überzeugte Didi vor allem durch Übersicht und Technik. Obwohl seine Schnelligkeit nachgelassen hatte, war er der überzeugendste Spielgestalter der WM, das Gehirn des brasilianischen Angriffsspiels. Gefürchtet waren auch seine mit viel Effet platzierten Freistöße. Sie waren in Brasilien als „folka seca" (welkes Blatt) bekannt, weil sie sich hinter der Mauer plötzlich wie fallendes Herbstlaub senkten.

Mit seiner zweiten Weltmeisterschaft nahm Didi Abschied von der internationalen Bühne und wechselte nach der WM zum FC São Paulo. Anschließend begann er eine Trainerlaufbahn, die ihn durch ganz Lateinamerika und zu Fenerbahce Istanbul führte. Unter anderem betreute er die Auswahl von Peru und scheiterte mit ihr bei der WM 1970 erst im Viertelfinale an Brasilien, nachdem in der Qualifikation überraschend Argentinien hatte ausgeschaltet werden können. Später lebte der Vater von drei Kindern als Geschäftsmann von der Dividende seiner früheren Einkünfte.

Torhüter

Aufgrund der defensiven Ausrichtung vieler Mannschaften verlagerte sich das Spielgeschehen in Chile häufig auf den unmittelbaren Aktionsbereich der Schlussleute. Besonders wenn es galt, eine Führung über die Runden zu bringen, wurden sie zum ausschlaggebenden Faktor für Erfolg oder Misserfolg. Legenden wie Grosics bei den Ungarn oder Jaschin im Gehäuse der Sowjets wurden mitunter von weniger namhaften Torhütern beziehungsweise denjenigen der weniger erfolgreichen Teams in den Schatten gestellt. Nach der Vorrunde galten Naidenov (Bulgarien), Elsener (Schweiz), Carbajal (Mexiko) und Soskic (Jugoslawien) als die Besten ihres Faches. Im weiteren Verlauf des Turniers spielte sich Schrojf (CSSR) in den Mittelpunkt, nach seinen gravierenden Fehlern im Endspiel musste er allerdings den Rang des besten Torwarts des Turniers aus der Sicht vieler Fachleute an den beständigeren Gilmar (Brasilien) abtreten.

Elsener hatte alle Hände voll zu tun.

Charles (Karl) Elsener (Schweiz)

Der am 13. August 1934 geborene Schlussmann von den Grashoppers Zürich galt viele Jahre als sicherer Rückhalt der Eidgenossen und hatte maßgeblichen Anteil an der geglückten Qualifikation der Schweiz. Trotz seines selbstlosen, risikofreudigen Einsatzes kam sein Team bei der Endrunde in Chile jedoch zu keinem einzigen Punktgewinn. Auch 1966 in England stand der mittlerweile bei Lausanne-Sports aktive Keeper wieder zweimal zwischen den Pfosten.

Viliam Schrojf (CSSR)

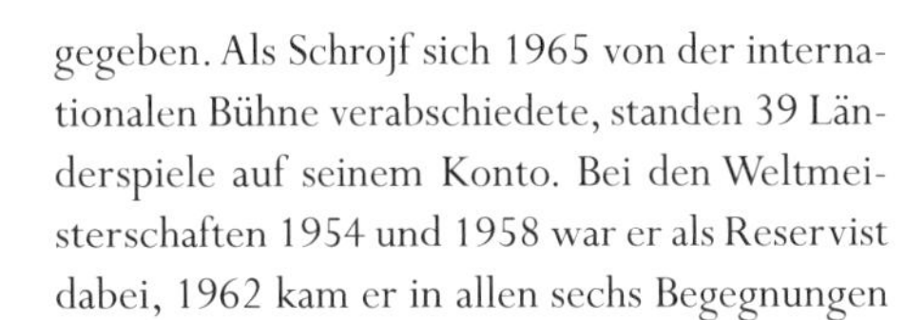

Von 1955 bis 1965 stand der am 2. August 1931 in Prag geborene Tscheche im Gehäuse von Slovan Bratislava. 1962 hätte er aufgrund seiner fabelhaften Turnierleistung zur Torhüterlegende werden können, wenn ihm im Endspiel nicht entscheidende Fehler unterlaufen wären. Sein Debüt in der CSSR-Auswahl hatte er bereits 1953 gegeben. Als Schrojf sich 1965 von der internationalen Bühne verabschiedete, standen 39 Länderspiele auf seinem Konto. Bei den Weltmeisterschaften 1954 und 1958 war er als Reservist dabei, 1962 kam er in allen sechs Begegnungen der CSSR zum Einsatz.

Schrojf galt bis zum Endspiel als bester Keeper.

Antonio Carbajal (Mexiko)

Ausgerechnet an seinem 33. Geburtstag sorgte der am 7. Juni 1929 in Guanajato geborene mexikanische Volksheld mit seinen Paraden im Vorrundenspiel gegen die CSSR für den ersten Sieg seines Landes bei einer WM-Endrunde. Im Verlauf seiner fünf WM-Teilnahmen von 1950 bis 1966 (ein Rekord, der erst 1998 von Lothar Matthäus eingestellt wurde) blieb es in 11 Einsätzen jedoch der einzige doppelte Punktgewinn für Carbajal, der bereits 1948 an den olympischen Spielen in London teilgenommen hatte. Der langjährige Torwart des FC León bestritt zwischen 1947 und 1968 insgesamt 86 Länderspiele. Er galt als fangsicher, sprungstark und glänzte darüber hinaus durch ein hervorragendes Stellungsspiel.

Gilmar (Brasilien)

Gilmar dos Santos Neves wurde am 22. August 1930 in Santos geboren und heuerte zunächst in São Paulo beim S. C. Corinthians als Schlussmann an. 1953 feierte er sein Debüt in der Nationalelf, stand allerdings zunächst noch im Schatten von Castilho, den er jedoch bei seinen ersten beiden WM-Teilnahmen 1958 und 1962 jeweils auf die Reservebank verdrängen konnte. Nach dem Erfolg von 1958, bei dem er bis zum Halbfinale 368 Minuten ohne Gegentor geblieben war, galt Gilmar als feste Größe im brasilianischen Tor. Schlechte Ergebnisse (besonders gegen Argentinien) bei anschließenden Südamerikameisterschaften kosteten ihn allerdings den Stammplatz, worauf er 1961 zum FC Santos wechselte. Die Luftveränderung machte sich bezahlt, seine Leistungen konsolidierten sich, was ihm schließlich die Rückkehr in die Nationalelf einbrachte. In Chile zeichnete sich Gilmar vor allem durch Fangsicherheit und Übersicht aus. Trotz der Schwankungen in seiner Karriere (1966 in England wurde ihm die Vorrundenniederlage gegen Ungarn angelastet) bestritt der reaktionsschnelle Keeper bis 1969 insgesamt 100 Länderspiele (davon 14 WM-Einsätze), in denen er 13 Elfmeter hielt.

Drei Spielergenerationen gaben sich in Chile ein Stelldichein. Auf der einen Seite standen die alternden Stars, die in jenen Jahren ihren Abgang von der Fußballbühne erlebten, wie Santamaria, di Stefano und Puskás in den Reihen der Spanier, Didi und Nilton Santos bei den Brasilianern, Schäfer und Erhardt im deutschen oder Grosics und Sándor im ungarischen Kader.
Weiter gab es eine Reihe von populären Spielern im besten Fußballeralter: Sivori und Altafini (Italien), Gento und Peiró (Spanien), Haynes, Flowers und Hitchens (England), Szymaniak und Seeler (BRD), Sanfilippo (Argentinien). Sie brachten bereits (WM-)Erfahrung mit, konnten jedoch häufig die in sie gesetzten Erwartungen nicht erfüllen, da sie zu unflexibel waren, sich in eigene neue Spielsysteme einzugliedern bzw. sich auf die der Gegner einzustellen. Bessere Noten in der Fachpresse erhielten: Suárez (Spanien), Saínz (Argentinien), Iwanow, Ponedjelnik und Metreweli (UdSSR), Tichy (Ungarn), Radakovic, Sekularac und Jerkovic (Jugoslawien), Losi und Maldini (Italien), Armfield (England), Sánchez, Rojas und Navarro (Chile) sowie Vava und Garrincha (Brasilien), die - ebenfalls zwischen 25 und 30 Jahre alt -, durchaus den Erwartungen entsprechen konnten.
Schließlich kam eine auffällig junge Garde von Spielern hinzu, die - teilweise auch schon mit der Erfahrung einer WM im Rücken - zu den Hoffnungsträgern für die Zukunft avancierten: Schnellinger und Haller (BRD), Moore, Greaves und Charlton (England), Jusufi, Galic, Skoblar (Jugoslawien), Marzolini (Argentinien), Lala und Stibranyi (CSSR), Göröcs, Albert und Solymosi (Ungarn), Toro (Chile) sowie nicht zuletzt Pelé und sein Vertreter Amarildo (Brasilien). Ein großes Talent war darüber hinaus der 18jährige Halbstürmer Rivera (Italien), der unverständlicherweise lediglich zu einem WM-Einsatz kam..

Zeit des Wandels

1962 war eine WM des Umbruchs, bei der verschiedene Spielsysteme und Spielerpersönlichkeiten in einem nie da gewesenen Maße aufeinander trafen. Von einem Generationswechsel oder gar einer Wachablösung zu sprechen, wäre aber dennoch übertrieben. So konnten einige der Newcomer von Chile die in sie gesetzten Hoffnungen später nicht erfüllen (beispielsweise Amarildo oder Solymosi), umgekehrt gelang es dem einen oder anderen älteren Spieler in der Folgezeit sehr gut, mit den Veränderungen zurechtzukommen (zum Beispiel Seeler). Außerdem hatten erfahrene brasilianische Spieler um Didi demonstriert, dass man durchaus mit Spielwitz und Balltechnik Weltmeister werden konnte, wenn auch Kraft und Schnelligkeit bei anderen Teams ausgeprägter waren. Was Chile allerdings brachte, war die Geburt eines neuen Spielertyps, dem des Lückenschließers in der Abwehr. Maldini, Schnellinger, Santamaria und Schneiter (Schweiz) interpretierten diese Rolle des „fünften Verteidigers" am deutlichsten. In den Reihen der Tschechoslowaken waren einige Mittelfeldspieler (bzw. Läufer im damaligen Jargon) wie Masopust, Pluskal und Kvasnák ebenfalls in der Lage, zeitweise als fünfter oder gar sechster Verteidiger zu agieren. Auch die Brasilianer zeigten sich innovativ: Besonders Zagalo ließ sich häufig am linken Flügel zurückfallen und verstärkte dann als dritter Akteur das Mittelfeld. Die Brasilianer schufen damit einen fließenden Übergang vom 4-2-4 zum 4-3-3-System. Das Ausscheiden einiger favorisierter Teams im Viertelfinale darf nicht als Beleg für die Überlegenheit der Spielweise ihrer jeweiligen Gegner gewertet werden: Ungarn hatte neben Brasilien den attraktivsten Fußball geboten und war nur sehr unglücklich an der CSSR gescheitert. Die Sowjets litten unter dem verletzungsbedingten Ausfall des wichtigen Abwehrspielers Dubinski, und vier Jahre nach ihrer unerwarteten Niederlage gegen Chile zog die UdSSR mit einer ähnlichen Formation ins Halbfinale ein, während die Chilenen bereits nach der Vorrunde die Koffer packen konnten. Die DFB-Auswahl hatte ein wenig Pech gehabt, jedoch fehlte auch im Angriff die Unterstützung, da Trainer Herberger die Mittelfeldspieler vornehmlich in die Defensive einband.

Die Spiele dieser WM wurden maßgeblich von der Konkurrenz der Spielweisen und ***Systeme geprägt***. Es wurde viel experimentiert und "gepokert". So ließ sich aufgrund der verkündeten Aufstellung auch nie genau sagen, welche Rolle die einzelnen Spieler tatsächlich innehaben würden. Die Sport-Journalisten notierten die Positionen dann meist noch im Rahmen des WM-Systems.

Lediglich England war noch nicht so weit. Seine Spieler hatten sich noch nicht vom „kick-and-rush" gelöst und erhielten, trotz guter eigener Leistung, von den Brasilianern eine Lektion in Sachen Technik und Taktik.

Am Ende der WM standen die Teams ganz vorne, die in 4-2-4-Formation aufgelaufen waren: Sei es in der defensiven Variante, wie bei der CSSR und Jugoslawien, oder auch offensiver ausgerichtet, wie bei den beiden südamerikanischen Mannschaften aus Brasilien und Chile. Catenaccio-Einflüsse gingen bei einigen Mannschaften (BRD, Italien, Bulgarien, Schweiz) stark zu Lasten der Durchschlagskraft der Angreifer.

Nach der WM gab es besonders in Europa zahlreiche Forderungen nach einer Erneuerung des Offensivspiels, nach stärkerem Flügelspiel, nach mehr Distanzschüssen etc. Doch das war nur theoretische Fachsimpelei, denn die eigentliche Erkenntnis bestand darin, dass das Spiel aus einer sicheren Defensive und einem gut gestaffelten Mittelfeld mit gezielten Angriffsaktionen die Zukunft ausmachen würde. Technische Perfektion, sicheres Kombinationsspiel und starke Kondition sollten die Grundpfeiler des Fußballs werden. Die Art von Flügelspiel, die im veralteten WM-System noch betont wurde, basierte auf einer Manndeckung, die sich aus der starren und symmetrischen Grundaufstellung ergab. Jede gut harmonierende Abwehr konnte in einem flexiblen Spielsystem eine solche Spielweise mit geradlinigen, schnellen Kontern durch die Mitte beantworten und hätte im Angriff ein plötzliches Übergewicht gehabt, ohne die Deckung dabei aufgeben zu müssen.

Am Ende der Spiele in Chile stand insofern eine gewisse Unsicherheit und Sorge darüber, wie sich der Fußball weiter entwickeln würde. Viele verschiedenartige neue Ansätze hatte die WM gebracht. Würde der Spielertyp der Zukunft der Verteidiger sein, der bis in die Spitze geht (wie es Schnellinger in Ansätzen zeigte), der technisch überlegene Einzelkönner im Angriff vom Format eines Albert oder doch eher der offensive Mittelfeldspieler vom Schlage Pelés...?

Chile 1962 hatte eine Phase der offenen und variablen Spielsysteme eingeleitet. England wurde 1966 mit einem sehr auf die Athletik der Briten zugeschnittenen 4-3-3-System Weltmeister. Zweite wurden im gleichen Jahr die Bundesdeutschen mit einer anderen Variante des 4-3-3, bei der der neue Spielertyp des Libero vor der Abwehr von Beckenbauer erstmals überzeugend dargeboten wurde.

1966 in England zeigte sich, dass die Mannschaftskader von Spanien, Italien, Argentinien, England und der Schweiz personell stark verändert worden waren. Die Spanier hatten zwar noch ihre Topstürmer mitgenommen, aber die Abwehr komplett ersetzt. Die Schweizer gingen demgegenüber daran, in der Offensive neue personelle Akzente zu setzen. England tauschte seine Stammelf mit Ausnahme der Youngsters (Moore, Bobby Charlton, Greaves) komplett aus. Auch die Italiener ließen nicht viele Federn am gerupften Stamm ihrer Azzurri und Argentinien behielt nur die jüngeren Stammspieler von 1962 im Aufgebot für 1966. Zweifelsohne hatten damit die größten Verlierer der WM in Chile ihre Konsequenzen gezogen.
13 Mannschaften von 1962 konnten sich auch wieder für die WM 1966 qualifizieren. Kolumbien, Jugoslawien und die Tschechoslowakei waren nicht mehr dabei. Mit den letztgenannten mussten ausgerechnet zwei Mannschaften zu Hause bleiben, die 1962 mitverantwortlich für die Entwicklung neuer Standards in punkto Taktik gewesen waren.

Übergangsmannschaft oder Neuaufbau?

Trainer Herberger bezeichnete die Mannschaft, die 1958 in Schweden den vierten Platz errang, einmal als die beste, die er je betreut hatte. Er meinte, dass sie selbst im Verhältnis zur 1954er Auswahl Vorteile aufwies, die vor allem in der verbesserten Abwehrleistung und in der Existenz eines neuartigen, rochierenden Stürmertyps namens Uwe Seeler bestanden. Zudem war der Kern des Teams von 1954 erhalten geblieben. Weder auf Fritz Walter noch auf Helmut Rahn und Hans Schäfer hatte der "Chef" verzichtet. Am 26. Oktober 1960 bestritt dann eine im Vergleich zu 1958 neu formierte bundesdeutsche Elf - der verbliebene Kern der Mannschaft bestand aus Erhardt, Seeler, Schnellinger und Szymaniak - in Belfast gegen Nordirland das erste Qualifikationsspiel für die WM 1962 . Es war die vermeintlich schwerste Aufgabe in der deutschen Gruppe, in die darüber hinaus noch Griechenland als Gegner gelost worden war. Herbergers Team gewann in einem harten Fight mit 4:3 und legte damit gleich im ersten Spiel den Grundstein für die WM-Teilnahme.

Vier Wochen später sprang in Athen in nahezu unveränderter Besetzung ein 3:0-Sieg heraus, der die Herzen der deutschen Fans höher schlagen ließ. In den anschließenden Testländerspielen konnte die deutsche Mannschaft jedoch nicht überzeugen: Bulgarien gelang es beim 2:1 in Sofia erstmals, eine DFB-Auswahl zu bezwingen, und in Frankfurt gab es gegen Belgien nur einen knappen, enttäuschenden 1:0-Sieg. Es folgte eine 3:1-Niederlage in Chile, gewissermaßen schon ein Klimatest für die WM. Doch so weit war es noch nicht. Zunächst mussten noch die zwei Heimspiele in der WM-Qualifikation über die Runden gebracht werden.

Das Erste fand am 10. Mai 1961 im ausverkauften Berliner Olympiastadion gegen Nordirland statt. Durch Treffer von Brülls und Kreß konnte das deutsche Team den Platz als 2:1-Sieger verlassen. Nach zwei sicheren Siegen in Freundschaftsspielen, in Düsseldorf gegen Dänemark (5:1) und in Warschau gegen Polen (2:0), sahen die deutschen Kicker dem nur noch statistischen Wert besitzenden Rückspiel gegen Griechenland gelassen entgegen. Demgegenüber waren die Griechen aufgrund der aus ihrer Sicht etwas zu hoch ausgefallenen Hinspielniederlage hochmotiviert. Dennoch war es das deutsche Team, das mit zwei Toren von Seeler das größere Glück auf seiner Seite hatte. Nach dem Anschlusstreffer der Griechen offenbarten die Deutschen jedoch Schwächen. Besonders im Falle von Erhardt, der konditionell nicht mehr auf der Höhe zu sein schien, führte das zu einer Zwischenkrise. Bis zum einzigen WM-Vorbereitungsländerspiel im Frühjahr 1962 gegen Uruguay gab es Zeit genug für Spekulationen aller Art...

Der „Chef" bespricht mit Haller die Einkleidung – Seeler (links) ist bereits fündig geworden.

Herberger spielte im Vorfeld der WM tatsächlich mit dem Gedanken, Fritz Walter (41) und Helmut Rahn (32) noch in sein Aufgebot zu holen. Bei einem eigentlich unbedeutenden Spiel zwischen dem 1.FC Köln und SC Enschede waren Anfang Februar 20.000 Zuschauer anwesend, darunter befanden sich neben DFB-Präsident Peco Bauwens auch Helmut Schön und Sepp Herberger.

Zu Beginn des Jahres 1962 wählten die Kicker-Leser die sogenannte **„Mannschaft des Volkes"**:

Hans Tilkowski	Westfalia Herne	Tor
Hans Nowak	Schalke 04	rechter Verteidiger
K.-H. Schnellinger	1.FC Köln	linker Verteidiger
Willi Giesemann	Bayern München	rechter Läufer
Leo Wilden	1.FC Köln	Stopper
Horst Szymaniak	CC Catania	linker Läufer
Helmut Haller	BC Augsburg	Halbrechts
Albert Brülls	Bor. M'gladbach	Halblinks
Helmut Rahn	SC Enschede	Rechtsaußen
Uwe Seeler	Hamburger SV	Mittelstürmer
Gert Dörfel	Hamburger SV	Linksaußen

Aufstellungen - Qualifikation

Nordirland – BRD 3:4

26. Oktober 1960, Belfast
Tilkowski – Erhardt (k), Wilden, Schnellinger – Giesemann, Szymaniak – Kreß, Brülls (1), Seeler (1), Herrmann, G. Dörfel (2)

Griechenland – BRD 0:3

20. November 1960, Athen
Tilkowski – Lutz, Erhardt (k), Schnellinger – Giesemann, Szymaniak – Kreß, Haller (1), Brülls (1), Seeler, G. Dörfel (1)

BRD – Nordirland 2:1

10. Mai 1961, Berlin
Tilkowski – Erhardt (k), Wilden, Schnellinger – Werner, Szymaniak – Kreß (1), Herrmann, Seeler, Stürmer, Brülls (1)

BRD – Griechenland 2:1

22. Oktober 1961, Augsburg
Tilkowski – Nowak, Erhardt (k), Schnellinger – Schulz, Giesemann – Kreß, Herrmann, Seeler (2), Haller, Brülls

Bei einer Weltmeisterschaft darf Werbung nicht fehlen.

In der Bundesrepublik wurde, wie bereits 1954 und 1958, die Meisterschaftsendrunde wegen der Weltmeisterschaft verkürzt. In den zwei Gruppen traten die vier Mannschaften nur einmal gegeneinander an, ein Rückspiel fand nicht statt. Die beiden Gruppensieger trafen am 12. Mai in Berlin aufeinander. Der 1.FC Köln unter Trainer Zlatko Cajkovski (und mit den Chile-Fahrern Schäfer, Schnellinger, Wilden und Sturm) setzte sich mit 4:0 gegen den 1.FC Nürnberg durch und wurde erstmals deutscher Meister.

berger. Der Hintergrund: Bei Enschede spielte Helmut Rahn mit, und die Diskussion um seine mögliche WM-Teilnahme war brandaktuell. Letztlich konnte er aber niemanden richtig überzeugen, hatte er doch in den vier Jahren seit Schweden einige Pfunde zugelegt. Ein Wadenbeinbruch, den er sich anschließend zuzog, beendete schließlich auch die letzten Spekulationen. Obwohl Rahn Ende März, zum Zeitpunkt eines WM-Testspieles der A- gegen die B-Formation der Nationalelf, wieder einsatzbereit war, wurde er von Herberger nicht mehr berücksichtigt. Dagegen konnte sich der mittlerweile 34-jährige Schäfer bei dieser Gelegenheit empfehlen und kehrte beim letzten Länderspiel vor der WM gegen Uruguay nach drei Jahren wieder in den Kreis der DFB-Mannschaft zurück. Während der WM in Chile avancierte er dann sogar zum Kapitän und löste in dieser Funktion den anderen „Alt-54er" Erhardt (31) ab.

Als der DFB Mitte April 1962 das zunächst 40 Namen umfassende Aufgebot für Chile bekannt gab, war Rahn nicht mit dabei. Gert Dörfel, der in der Qualifikation noch einige Male getroffen hatte, war nur noch im erweiterten Kreis zu finden. Von der vorläufigen 22er-Auswahl fehlten in Chile dann Angreifer Rolf Geiger vom VfB Stuttgart, Verteidiger Werner Olk von Bayern München sowie Läufer Ferdinand Wenauer vom 1.FC Nürnberg. Werner, Vollmar und Strehl rückten dafür nach.

Das letzte Vorbereitungsspiel fand am 11. April 1962 in Hamburg statt. Die Tore beim 3:0-Erfolg gegen Uruguay erzielten Koslowski, Haller und Schäfer. Herberger hatte in diesem letzten großen Test auf folgende Formation gebaut: Fahrian – Schnellinger, Wenauer, Kurbjuhn – Schulz, Szymaniak – Koslowski, Haller, Seeler, Brülls, Schäfer. Der Sieg löste noch einmal allgemeine Zuversicht aus und erhöhte die Erwartungen der bundesdeutschen Fußballöffentlichkeit immens. Auch die ausländische Presse war voll des Lobes für die deutsche Mannschaft, besonders Fahrian, Haller, Szymaniak, Schäfer und Brülls erhielten gute Noten. Bei der Beurteilung der Abwehrleistung mussten allerdings, mit Ausnahme von Schnellinger, Abstriche gemacht werden. Diesen Mannschaftsteil nahm Herberger dann auch in der Folgezeit noch besonders unter die Lupe.

Torhüter Wolfgang Fahrian hatte den Bundestrainer dagegen restlos überzeugt. Geradezu sensationell war dabei die Tatsache, dass Fahrian erst zwei Jahre zuvor vom Feldspieler zum Torhüter umgesattelt hatte und noch dazu bei einem unterklassigen Klub, der TSG Ulm, aktiv war. Anlässlich eines Meisterschaftsspiels der Amateurliga Nordwürttemberg hatte ihn Herberger erstmals gesehen und daraufhin zu Lehrgängen eingeladen, die Einsätze in der süddeutschen Juniorenauswahl und in weiteren Auswahlmannschaften nach sich zogen.

Bei der WM-Endrunde stand Fahrian dann bei allen Begegnungen im Tor der deutschen Mannschaft, obwohl der Bundestrainer ursprünglich Tilkowski den Einsatz in Chile zugesichert hatte. Gerüchte besagten, dass der Stammtorhüter der Jahre zuvor sich mit Abwanderungsgedanken nach Italien beschäftigt habe, was für Herberger der Anlass für den Torwartwechsel gewesen sei. Andere Stimmen gingen davon aus, dass Tilkowskis Auslandspläne erst nach der WM infolge seiner Nichtberücksichtigung geschmiedet wurden. Jedenfalls war er über den Vorzug Fahrians so erregt, dass er in Chile das Mobiliar seines Zimmers zertrümmerte und offen den Konflikt mit Herberger suchte. Nach der WM trat Tilkowski aus der Nationalmannschaft zurück, und kehrte erst zu Herbergers Abschied wieder für Fahrian ins deutsche Tor zurück. Eine solche Rebellion, noch dazu gegen den „Chef", wäre in den 1950ern undenkbar gewesen. Handelte es sich um erste Anzeichen einer sich wandelnden Welt?

Tatsächlich war bereits am äußerlichen Auftreten der Spieler abzulesen, dass eine neue Epoche ihren Anfang nahm. Die aktuelle Mode ging auch an ihnen nicht spurlos vorüber, so erschienen sie zu den Vorbereitungseinheiten beispielsweise häufig in Jeans. Hinzu kam eine Haltung, die verstärkt materielle und konsumorientierte Bedürfnisse in den Mittelpunkt rückte, was sich nicht zuletzt in Forderungen nach höherer Bezahlung ausdrückte. Der „Chef" hingegen dul-

Auszüge aus einem Brief von Sepp Herberger (August 1962) an Fritz Walter, von diesem veröffentlicht als ***„Herbergers Plan"***:

„Lieber Fritz!
Die Weltmeisterschaft in Chile ist vorüber. Es ist schon viel darüber geredet und geschrieben worden. Eines aber wissen nur wir beide allein: Ich hätte Sie gern dabei gehabt! Nicht als Zuschauer, nicht als Berichterstatter oder sonst was – nein, als Spieler!
In Santiago, als so manches in unserem Angriff gar nicht klappen wollte, hab ich mir die bittersten Vorwürfe gemacht. Warum hatte ich mein Vorhaben nicht in die Tat umgesetzt? (...)
Sie hatten ohnehin vor, nach Santiago zu fliegen. Und ich wollte eigentlich nur 20 Spieler mit nach drüben nehmen. In diesem Fall hätte ich Sie leicht als 21. Mann nominieren können. Dabei hätten wir nichts riskiert. Doch der DFB bestand darauf, mit 22 Mann zu reisen. Dadurch blieb kein Spielraum mehr für "Sicherungsmaßnahmen". Und Sie ganz offiziell als Nummer 22 melden? Dann wären schon, bevor es überhaupt losging, die ewigen Besserwisser auf der Bildfläche erschienen und über uns beide hergefallen. (...) Und dann kam plötzlich Hans Schäfer so groß heraus. Ich überlegte: So viele ‚Alte'? Auch Erhardt war ja nicht mehr der Allerjüngste. (...) Mein Freund Karl Rappan sagte (...), er würde einen Fritz Walter trotz seiner 41 Jahre noch bedenkenlos in seine Mannschaft einbauen.
Ich hätte es auch getan.
Sie haben es nicht gewollt..."

dete keine „Starallüren". Sein noch ganz von der Adenauer-Ära geprägtes Weltbild begann die Balance zwischen Trainer und Mannschaft zu bedrohen. Herberger war gezwungen, sich umzuorientieren, doch fiel seine Antwort auf die Veränderungen abwartend und kompromisshaft aus. Mit Sicherheitsfußball bei gleichzeitiger Betonung des Kollektivgedankens versuchte er, sich dem internationalen Trend anzupassen und trotzdem die alten Werte zu bewahren.

Von englischen Beobachtern wurde die Spielweise der DFB-Auswahl während der WM als Catenaccio bezeichnet. Wenn die taktische Formation Herbergers auch nicht ganz identisch mit der von Helenio Herrera bei Inter Mailand war und Raum für Interpretationen bot, so kann jedenfalls festgehalten werden: Herberger ließ auf totale Defensive spielen. Das belegt auch ein Dokument, in dem er kurz vor der WM die taktische Ausrichtung für das erste Vorrunden-Spiel gegen Italien aufgezeichnet hatte: „Ziel und Aufgabe: Zu Null!" und darunter: „Überlassung des Mittelfeldes an den Gegner." und weiter „Auffangen des gegnerischen Angriffes mit der Annäherung an den Strafraum..."

Da auch der zweite Gruppengegner, die Schweiz, für ihren Abwehrriegel bekannt war, der deutsche Trainer Angst hatte, ausgekontert zu werden und überdies nicht allzu viel Zutrauen zu seinen eigenen Angriffsspielern hatte, kreierte er für die WM eine betont defensive Spielweise. Mit wenigen wirbelnden Spitzen sollte der Torerfolg gesucht werden. Dafür fehlte dann allerdings häufig die Unterstützung aus dem Mittelfeld. Darauf angesprochen klagte Herberger, dass es in Deutschland keine Spielerpersönlichkeiten wie in Südamerika gäbe und es daher darauf ankäme, über eine geschlossene Mannschaftsleistung zum Erfolg zu kommen. In seinen Äußerungen jener Tage schwang immer die Sehnsucht nach Spielern vom Schlage Fritz Walters mit. Dabei hatte Herberger sich seine neuen „Lieblinge", die in die Fußstapfen der legendären „Berner Elf" treten sollten, inzwischen herangezogen. In Haller, Schnellinger, Szymaniak, Seeler und Brülls sah er die neuen Stützen für sein Fußball-Konzept. Sie irritierten ihn jedoch durch ihre Abwanderungsgedanken nach Italien und ließen damit Zweifel in ihm aufkeimen, ob er ihnen überhaupt so große Verantwortung zutrauen könne.

Die ständig beschworene Harmonie war längst nicht mehr vorhanden, doch versuchte Herberger, der Verfechter der „Einer für alle - Alle für einen - Ideologie", wenigstens nach außen noch den Schein zu wahren. Journalisten, die in Chile zugegen waren, nahmen die Atmosphäre in der Militärschule als gereizt und depressiv wahr. Auch war von einigen Spielern zu vernehmen, sie fühlten sich kaserniert, während andere sich entsetzt über die protzige Art und Weise zeigten, mit der einzelne inzwischen besser Verdienende ihr Geld zur Schau stellten. Angeblich sollen auch einige deutsche Kicker nach dem siegreichen Spiel gegen die Schweiz Ausgang begehrt und dann das Nachtleben in Santiago in vollen Zügen genossen haben. Von Herberger wurden sie nach der WM, auf entsprechende Vorwürfe hin, weiter gedeckt.

Nach dem Erfolg gegen den Gastgeber Chile und dem damit verbundenen Gruppensieg und Einzug ins Viertelfinale waren trotz der beschriebenen Spannungen viele in der deutschen Delegation und besonders in der bundesdeutschen Öffentlichkeit guter Dinge und von der Möglichkeit überzeugt, in diesem Turnier etwas ausrichten zu können. Umso unverhoffter kam das Ausscheiden gegen Jugoslawien. Noch defensiver als in der Vorrunde war die DFB-Auswahl diese Begegnung angegangen. Statt ihre Chance verstärkt im Angriff zu suchen, sollte die Mannschaft auf Geheiß Herbergers noch besser verteidigen, als es der Gegner mit einem defensiven 4-2-4-System bereits tat. Die bittere Pille mussten seine Mannen kurz vor Schluss mit dem zu diesem Zeitpunkt nicht mehr erwarteten Gegentreffer zum 0:1 schlucken. Ein Aufbäumen oder gar ein schnelles Umstellen des gesamten Teams auf bedingungslose Offensive war in den verbleibenden Minuten nicht mehr möglich. Ein Glücksschuss hatte die Jugoslawen ins Halbfinale befördert.

Die Container des DFB werden nach Chile verschifft.

Unter Tränen verließen einzelne deutsche Spieler anschließend das Stadion. Auch in der Kabine wollten sie nicht trocknen. Besonders betroffen zeigte sich Erhardt, der im Halbfinale sein 50. Länderspiel hätte bestreiten können. Bei der **Rückkehr** empfingen nur wenige hundert Menschen ihre „Idole" am Flughafen. Die Stimmung zwischen Freiburg und Flensburg war angespannt. Mit Überraschung registrierte Herberger, dass das Abschneiden der DFB-Auswahl, das er keineswegs als Misserfolg wertete, in der Heimat nicht honoriert wurde. Fortan sah er sich mit für ihn ungewohnter Kritik konfrontiert. In der Presse fanden Herbergers Äußerungen zur Richtigkeit seiner taktischen Maßnahmen ein geteiltes Echo. Neben zustimmender Solidarität mit dem Weltmeistermacher von 1954 wurden auch Forderungen nach seinem Rücktritt laut.

Nach der WM äußerte sich **Helmut Haller** in der *„Augsburger Allgemeinen"* sehr kritisch über die Stimmung und den Zusammenhalt der Mannschaft. Einzelnen Teamkameraden warf er vor, gegenüber Herberger „Hochrad zu fahren", z.B. indem sie „aus 15 bis 20 Metern hinspritzten, um ihm den Mantel zu halten". Seine eigene, teilweise schlechte Verfassung entschuldigte er mit dem Nichtvorhandensein eines Konzeptes für die Offensive. Auch zitierte er die sich ständig wiederholende Order von Herberger: „Du darfst dich nicht nur im Mittelfeld aufhalten und mußt hinten aushelfen." Weiter sagte Haller: „Sepp Herberger war sich meines Erachtens beim taktischen Unterricht selbst nicht mehr recht klar, wie er uns spielen lassen sollte. Von einer Stunde auf die andere warf er den Plan um. (...) Ich habe Herberger noch nie so zerfahren erlebt, wie in Chile..."

Nach dem Ausscheiden in Chile muss Erhardt von Betreuer Deuser getröstet werden.

Die Nation war genauso gespalten wie die deutsche Mannschaft untereinander. Letztere stellte sich überwiegend hinter ihren Chef. Die Ausnahme bildeten Haller, Tilkowski sowie einige Ersatzspieler. Dabei betonte Haller nach der Rückkehr, dass seines Erachtens die Äußerungen einiger Kollegen im Widerspruch zu ihrem Verhalten in Santiago stünden. Sepp Herbergers letzte Weltmeisterschaft war ebenso wie die Zeit bis zu seinem Rücktritt am 7. Juni 1964 durch seine hartnäckige Überzeugung geprägt, in jedem Fall richtig gehandelt zu haben. Gegen alle Widerstände vertrat er die Auffassung, die bestmögliche Mannschaft für Chile aufgestellt und die bestmögliche Taktik angewandt zu haben. Auf das 4-2-4-System angesprochen, erklärte er, dass alle neuen Versuche letztlich nur dem Zweck dienten, den Allroundspieler zu finden, der sowohl Abwehr als auch Angriff spielen könne. Noch vor der WM 1962 hatte Herberger in einem Interview gesagt: „Die Mannschaft ist jung. Schauen sie doch einmal auf die Geburtsdaten. Damit kann ich schon weiterplanen. Nach der WM gibt's keine Ruhe, sondern neue große Aufgaben warten auf uns. Alles bleibt in Fluß, so, als ginge es bereits morgen wieder um eine Weltmeisterschaft."

Von sich aus wäre Herberger wohl frühestens nach der WM 1966 abgetreten. Es lag ihm viel daran, den Zeitpunkt seiner Demission selbst zu bestimmen. Er hatte sich bereits ein Konzept überlegt, das er seinem Assistenten Schön in einer gemeinsamen Übergangszeit mit auf den Weg geben wollte, und in dem die seit Mitte 1962 nicht mehr für die Nationalmannschaft berücksichtigten „Italiener" (Brülls, Haller, Szymaniak, später auch: Schnellinger) wieder eine Rolle spielten. Eine Indiskretion seitens des DFB-Schatzmeisters Coenen, der 1963 die Erkundigung eines Journalisten, ob die Frage nach dem Zeitpunkt für Herbergers Rücktritt zulässig sei, mit einem Ja beantwortete, veranlasste den amtierenden Bundestrainer, seinen sofortigen Abschied zu erklären, der jedoch nach einer Entschuldigung des neuen DFB-Präsidenten Gösmann noch einmal verschoben wurde. So einigte man sich schließlich auf das Länderspiel im Mai 1964 gegen Schottland in Hannover als letzten Auftritt von Herberger. Mit den Worten „Ich trete jetzt zurück in Eure Reihen, wo ich hergekommen bin" verabschiedete sich die Legende von seinem Publikum. Das unbefriedigende Ergebnis von 2:2 führte jedoch dazu, dass der Rücktritt noch ein weiteres Mal aufgeschoben wurde. Am 7. Juni 1964 sorgte die deutsche Mannschaft schließlich mit einem 4:1-Sieg in Finnland für einen würdigen Abschluss von Herbergers Laufbahn.

Resümierend kann die 1962er Elf als Übergangsmannschaft betrachtet werden. Mit Haller, Schnellinger, Schulz und Seeler kamen zwar bereits einige Spieler zum Einsatz, die die erfolgreichen Teams von 1966 und 1970 prägen sollten, jedoch hatte kein fundamentaler Neuaufbau stattgefunden. In der Stammformation standen mit Schäfer (34) und Erhardt (31) sogar noch zwei Spieler aus der „Wundertruppe" von 1954, und vom 1958er Aufgebot waren zusätzlich Seeler, Szymaniak, Schnellinger, Sturm und Ersatztorwart Sawitzki mit von der Partie.

Schäfer beendete nach der WM 1962 seine internationale Karriere, Erhardt ein Jahr später, Szymaniak kurz vor der WM 1966. Brülls wurde als Italien-Legionär zunächst nicht mehr berücksichtigt, ehe er 1966 wieder zur Mannschaft stieß. Mit ihm standen aus der Chile-Auswahl bei der WM in England noch Tilkowski, Haller, Seeler, Schulz und Schnellinger im Aufgebot. Die vier Letztgenannten kamen auch 1970 in Mexiko noch zum Zuge. Erst 1974 im eigenen Land präsentierte sich der Weltmeister dann ohne jeden Spieler aus dem 1962er-Kader.

Der langjährige Nationaltrainer hatte ursprünglich nicht Helmut Schön, sondern Fritz Walter als seinen **Nachfolger** auserkoren. Da der Pfälzer jedoch keine Signale in diese Richtung gab, zog der noch amtierende Herberger zunächst Dettmar Cramer und Hennes Weisweiler in Betracht, so dass Schön nur die vierte Wahl war, wenngleich er sich, als er schließlich den Posten übernahm, doch der Unterstützung seines Mentors Herberger sicher sein konnte. Letzterer hatte guten Grund, bei der Auswahl seines Nachfolgers mitbestimmen zu wollen, denn auch nach seinem Rücktritt versuchte er noch, Einfluss auf die Aufstellung der Nationalmannschaft zu nehmen und den weiteren Aufbau des Teams in seinem Sinne zu gestalten. Mitunter tat er das sehr zum Leidwesen seines Nachfolgers. So äußerte sich Schön beispielsweise im August 1966 einmal in Ansätzen kritisch über den Zustand der Mannschaft, die ihm Herberger 1964 hinterlassen hatte. Daraufhin erhielt er einen wütenden Brief des „Alt-Bundestrainers", in dem dieser sich darüber ausließ, dass die meisten Akteure, die Schön bei der WM in England eingesetzt hatte, schon im Rahmen seiner eigenen WM-Vorbereitung zur Mannschaft gehört hätten oder von ihm entdeckt worden seien (Beckenbauer). Auch im Hinblick auf die WM 1970 gab Herberger keine Ruhe und veröffentlichte bereits 1968 seine Vorstellungen hinsichtlich der Mannschaftsaufstellung. Selbst 1974 mischte er sich noch in die Entscheidung ein, ob Overath oder Netzer als Regisseur auflaufen sollte. Herberger plädierte für Overath, während Schön Netzer favorisierte. Das Ergebnis ist bekannt!

Das DFB-Team im Porträt

Josef (Sepp) Herberger

geboren am 28. März 1897 in Mannheim
Trainer

Der „Chef" war selbst dreifacher Nationalspieler gewesen und hatte dabei zwei Tore geschossen. Der „große Zauberer", wie er im Ausland genannt wurde, war bereits von 1936 bis 1942 als Nachfolger von Otto Nerz, dem er zuvor assistiert hatte, Reichstrainer und wurde nach dem Krieg der erste Bundestrainer. Bei der WM 1938 scheiterte er mit der „großdeutschen Elf" bereits im Achtelfinale an der Schweiz. Der Vater des Weltmeisterschaftstriumphes 1954 führte die deutsche Mannschaft 1958 zu einem ebenfalls bejubelten vierten Platz bei der WM in Schweden. Das Ausscheiden im Viertelfinale in Chile wurde ihm aufgrund seiner Defensiv-Taktik angelastet. 1964 nahm er als Bundestrainer seinen Hut. Herberger starb am 28. April 1977.

Helmut Schön

geboren am 15. September 1915 in Dresden
Co-Trainer

Der „Mann mit der Mütze" wurde zwischen 1931 und 1941 in 16 Länderspielen eingesetzt, in denen er als Halbstürmer 17 Tore erzielte. In seiner aktiven Zeit spielte er für den Dresdner SC. 1949 wurde er erster Auswahltrainer der DDR (zu diesem Zeitpunkt noch Ostzone). Anfang der 1950er siedelte der Sachse in den Westen über und wurde bald Trainer der Saar-Auswahl. Ab 1956 fungierte er als Assistent des Bundestrainers Herberger. Nach dessen Ausscheiden übernahm er die Nationalelf, führte sie in England 1966 zur Vizeweltmeisterschaft, 1970 in Mexiko zum dritten Platz und errang mit ihr den Europameistertitel 1972 sowie die Weltmeisterschaft 1974. Nach der erfolglosen WM 1978 in Argentinien übergab er sein Amt an seinen Assistenten Derwall. Am 23. Februar 1996 starb Helmut Schön.

1 - Hans Tilkowski

geboren am 12. Juli 1935
Torwart bei Westfalia Herne
6 WM-Einsätze 1966
18 Länderspiele bis zur WM 1962; 1,83 m; Kaufmännischer Angestellter

Seit 1957 spielte Tilkowski für die Nationalelf, wurde bei der WM in Schweden allerdings nicht eingesetzt. Er zeigte eine herausragende Leistung, als er 1960 in der Qualifikation gegen Griechenland beim 3:0 in Athen mehrfach die griechische Führung verhinderte. Sein gutes Reaktionsvermögen, die weiten Abwürfe und seine starke Strafraumbeherrschung ließen ihn nach Chile wieder zum deutschen Stammtorwart werden. Bei der WM 1966 war er der sichere Rückhalt der deutschen Elf. Der Fußballer des Jahres 1965 spielte von 1963-67 für Borussia Dortmund und anschließend bis 1969 für Eintracht Frankfurt. 1967 beendete er seine Länderspielkarriere mit seinem 39. Spiel. Nach Beendigung seiner aktiven Laufbahn war er bei diversen Bundesligisten als Trainer tätig.

2 - Herbert Erhardt

geboren am 6. Juli 1930 in Fürth
Verteidiger bei der SpVgg Fürth
6 WM-Einsätze 1958, 4 WM-Einsätze 1962
45 Länderspiele bis zur WM 1962; 1,74 m; Kaufmännischer Angestellter

Das BRD-Team vor dem Viertelfinalspiel gegen Jugoslawien (v.l.n.r.) oben: Schulz, Haller, Seeler, Szymaniak, Giesemann, Schnellinger, unten: Erhardt, Fahrian, Schäfer, Brülls, Nowak.

Bei der WM 1954 noch Ersatzspieler, war Erhardt in Schweden 1958 bei allen Begegnungen mit von der Partie. Der Stopper, Verteidiger und Außenläufer galt als unerbittlicher Zweikampfspieler mit einem großen Aktionsradius. Trotz Zweifeln an seiner konditionellen Verfassung konnte er in Chile überzeugen und nach Schnellinger die besten Noten vorweisen. Abgesehen vom Spiel gegen die Schweiz rechtfertigte er seine Aufstellung jeweils zu 100 Prozent, war sicherer Organisator der Abwehr und zeigte sich sehr kopfballstark. Mit dem Revanchespiel gegen Jugoslawien, das die bundesdeutsche Auswahl unmittelbar nach der WM 1962 mit 3:2 in Belgrad gewann, nahm Erhardt nach genau 50 Länderspielen von 1953 an seinen Hut als Nationalspieler. Anschließend war er noch zwei Jahre für Bayern München aktiv.

3 - Karl-Heinz Schnellinger

geboren am 31. März 1939 in Düren
Verteidiger beim 1.FC Köln
2 WM-Einsätze 1958, 4 WM-Einsätze 1962, 6 WM-Einsätze 1966, 5 WM-Einsätze 1970
19 Länderspiele bis zur WM 1962; 1,80 m; Vertreter

Der Weltklasseverteidiger und brillante Techniker glänzte durch ein hervorragendes Stellungsspiel sowie große Kondition und wurde gemeinhin zu den Allerbesten dieser WM gezählt. (→ siehe auch Stars und Sternchen)

4 - Willibald (Willy) Schulz

geboren am 4. Oktober 1938 in Günnigfeld
Verteidiger beim FC Schalke 04
4 WM-Einsätze 1962, 6 WM-Einsätze 1966, 3 WM-Einsätze 1970
8 Länderspiele bis zur WM 1962; 1,82 m; Gastwirt

Der beispielhafte Kämpfer, der notfalls auch Stopper spielen konnte, fiel in Chile durch seine Zuverlässigkeit auf. In der Defensive gab es keinen besseren und beharrlicheren Läufer als ihn. Er hatte leichte Probleme beim Zuspiel in die Spitze, taktische Aufgaben löste der spätere Libero dagegen fehlerlos. Ab 1962 wurde er zur festen Größe in der deutschen Nationalelf und bestritt von 1959 bis zum „Jahrhundertspiel" bei der WM 1970 gegen Italien insgesamt 66 Spiele, in denen er auch 20-mal die Mannschaftsführerbinde trug. Als er bereits für den Hamburger SV spielte (1965-73), wurde er 1968 auch einmal in die Weltauswahl berufen.

5 - Leo Wilden

geboren am 3. Juli 1936
Verteidiger beim 1.FC Köln
Kein WM-Einsatz
6 Länderspiele bis zur WM 1962; 1,80 m;Vertreter

Der gute Kopfballspieler und hartnäckige Manndecker brachte es von 1960 bis '64 auf 15 Länderspiele. Wurde in den zwei Qualifikationsspielen gegen Nordirland eingesetzt, verlor seinen Platz aber an Nowak.

6 - Horst Szymaniak

geboren am 29. August 1934
Läufer bei CC Catania
6 WM-Einsätze 1958, 4 WM-Einsätze 1962 (1 Tor)
33 Länderspiele bis zur WM 1962; 1,78 m; Profifußballer

„Schimmi" spielte zunächst für die SpVgg Erkenschwick, dann für den Wuppertaler SV und den Karlsruher SC, bevor er 1961 als erster bedeutender deutscher Profi nach Italien wechselte. Inter Mailand, FC Varese und Tasmania Berlin waren weitere Stationen des Weltklasseläufers, der von 1956 bis '66 43 Länderspiele bestritt.

In Chile erreichte er nicht seine beste Form, gerade im Viertelfinalspiel gegen Jugoslawien machte sich das Fehlen seiner weiten, genauen Pässe bemerkbar. Auch wirkte er konditionell und vom taktischen Verhalten her nicht so stark, wie man es von ihm erwartet hatte. Zu zaghaft waren seine Versuche im Offensivbereich, allerdings hatte Herberger den starken Techniker mit dem sehr guten Stellungsspiel, der in Italien auch oft Halbstürmer spielte, auch für Defensivaufgaben „verplant".

7 - Willi Koslowski

geboren am 17. Februar 1937
Stürmer beim FC Schalke 04
1 WM-Einsatz 1962
1 Länderspiel bis zur WM 1962; 1,71 m; Angestellter

Der schnelle und fleißige Rechtsaußen, der auch als Mittelstürmer eingesetzt werden konnte, galt als „giftiger Spieler, der sich von niemandem die Butter vom Brot nehmen lässt". Auch wurde er als ehrgeiziger Draufgänger mit ständigem Zug zum Tor und Prototyp eines Angriffsspielers charakterisiert. In Chile wurde er bei seinem einzigen Einsatz gegen die Schweiz kaum ins Spiel gebracht. Nach der WM durfte er noch ein letztes Mal gegen Jugoslawien antreten und kam somit auf insgesamt drei Länderspiele.

8 - Helmut Haller

geboren am 21. Juli 1939 in Augsburg
Halbstürmer beim BC Augsburg
3 WM-Einsätze 1962, 5 WM-Einsätze 1966 (6 Tore), 1 WM-Einsatz 1970
16 Länderspiele bis zur WM 1962; 1,78 m; Schlosser

Haller wechselte nach der WM 1962 nach Italien, wo er zunächst beim FC Bologna, und dann von 1968-73 bei Juventus Turin (Meister 1972 und '73) aktiv war. Anschließend kehrte er nach Augsburg zurück, und spielte für den dortigen FC noch einige Zeit in der zweiten Liga . Zwischen 1958 und 1970 absolvierte Haller, der einer der besten Fußballer war, die der DFB je aufzubieten hatte, 33 Länderspiele Diese geringe Zahl hing mit seinem Engagement in Italien zusammen, da er nach seinem Wechsel über die Alpen zunächst nicht mehr berücksichtigt wurde und später nur noch wichtige Spiele für die Bundesrepublik bestritt. Der begnadete Techniker kam in Chile nicht so zum Zuge, wie er selbst sich das gewünscht hatte. Zwar zeigte er das ganze Repertoire seines Könnens (Dribblings, öffnende Pässe), doch fehlte ihm die Bindung an die Mannschaft. Gegen Jugoslawien sollte er den gegnerischen Läufer markieren. Das ging teilweise über seine Kraft, andererseits fehlte ihm auch die Einsicht in diese Maßnahme. Böse Zungen behaupteten nach der WM, sein Spiel hätte nur dem Zweck gedient, sich italienischen Spähern zur Schau zu stellen. Wenn in Chile während eines Spiels der Torwart verletzt worden wäre, hätte übrigens Haller das Tor hüten müssen.

9 - Uwe Seeler

geboren am 5. November 1936 in Hamburg
Mittelstürmer beim Hamburger SV
5 WM-Einsätze 1958 (2 Tore), 4 WM-Einsätze 1962 (2 Tore), 6 WM-Einsätze 1966 (2 Tore), 6 WM-Einsätze 1970 (3 Tore)
30 Länderspiele bis zur WM 1962; 1,70 m; Kaufmann

„Uns Uwe" bestritt sein erstes Länderspiel 1954 im Alter von 17 Jahren. Nach der WM in Mexiko hatte er 1970 nach 72

Länderspielen mit 43 Toren seinen letzten Einsatz im Dress des Nationalteams. Bei seinen Einsätzen trug der Fußballer des Jahres 1960, '64 und '70 auch 40-mal die Kapitäns-Binde. Der heutige Ehrenspielführer der deutschen Nationalmannschaft stand 1963 in der FIFA-Auswahl. Trotz größten Interesses ausländischer Klubs blieb der „Dicke" dem HSV von 1944 bis '72 immer treu, was nicht zuletzt der Einmischung Herbergers zu verdanken war.

Die Spielweise in Chile kam Seeler nicht sehr entgegen, da er als kopfballstarker und entschlossener Vollstrecker eigentlich ein Spieler war, der in der Spitze auf Bälle wartete, nun jedoch häufig selbst für Ballnachschub sorgen musste. Obwohl er nicht wie gewohnt glänzen konnte, war der oft doppelt markierte Mittelstürmer einer der stärksten im deutschen Team. Immerhin schoss er zwei von insgesamt vier Toren, wenngleich seine besten Kopfbälle und Schüsse nur an den Pfosten, die Latte und knapp neben oder über das Tor gingen.

10 - Albert Brülls

geboren am 26. März 1937
Mittelstürmer bei Borussia Mönchengladbach
4 WM-Einsätze 1962 (1 Tor), 2 WM-Einsätze 1966
18 Länderspiele bis zur WM 1962; 1,69 m; Tankstellenbesitzer

Seit seinem Debüt anno 1959 fehlte der gute Techniker bis zur WM in keinem der folgenden Spiele in der Nationalelf. Er konnte in der Offensive auf allen Positionen eingesetzt werden und war auch sehr gut in der Lage, seine Mitstürmer zu bedienen. Diese Fähigkeiten setzte er in Chile allerdings nur sehr begrenzt ein. Ihm schien die nötige Frische zu fehlen, und wenn sein Können kurz aufblitzte, schien es, als spiele er ebenso wie Haller in erster Linie für bestimmte Leute auf der Tribüne. Nach der WM wechselte Brülls dann auch zum AC Mantua, ging drei Jahre später zum AC Brescia und spielte von 1968-70 für Young Boys Bern. 1966 wurde er wieder in die Nationalelf berufen und machte vor seinem verletzungsbedingten Ausscheiden bei der Vorrunde der WM in England sein letztes von 25 Länderspielen (9 Tore).

11 - Hans Schäfer

geboren am 19. Oktober 1927 in Köln
Linksaußen oder Halblinker beim 1.FC Köln
5 WM-Einsätze 1954 (4 Tore), 6 WM-Einsätze 1958 (3 Tore), 4 WM-Einsätze 1962
35 Länderspiele bis zur WM 1962; 1,74 m; Tankstellenbesitzer

Bei seiner dritten Weltmeisterschaft war Schäfer bereits 34 Jahre alt. 1954 noch einer der besten Linksaußen der WM, war der frisch gekürte Kapitän des 1.FC Köln, für den er von 1948-66 spielte, mittlerweile auch zu einem umsichtigen Spielgestalter geworden. Da er konditionell vor der WM in Chile in guter Verfassung war, wurde er ins Nationalteam zurückgeholt und übernahm von Erhardt den Rang des Mannschaftskapitäns. Diese Ehre wurde dem Fußballer des Jahres 1963 in seinen 39 Länderspielen (15 Tore) von 1952-62 insgesamt 16-mal zuteil.

In Chile machte sich Schäfers Einsatz nicht bezahlt, da die Defensivaufgaben, die der Weltmeister von 1954 beispielsweise im Spiel gegen Chile durch die Bewachung von Rojas zu verrichten hatte, seine Kraft aufzehrten. Trotz guten Willens war er nicht mehr in der Lage, zusätzlich noch nach vorne zu gehen, jedoch fehlten auch ihm die richtigen Anspiele aus dem Mittelfeld heraus.

12 - Hans Nowak

geboren am 9. August 1937
Verteidiger beim FC Schalke 04
4 WM-Einsätze 1962
3 Länderspiele bis zur WM 1962; 1,78 m; Angestellter

Die Entdeckung des Jahres 1961 machte bis 1964 insgesamt 15 Länderspiele. Dabei war Nowak zunächst Stürmer gewesen, bevor er zum Verteidiger umgeschult wurde. Gutes Stellungsspiel und das schnelle Umschalten auf Angriff zeichneten ihn aus. In Chile war er das zuvor gesuchte, passende Glied der Abwehrkette und aufgrund seiner Schnelligkeit und Konstanz einer der Leistungsträger im deutschen Team.

13 - Jürgen Kurbjuhn

geboren am 26. Juli 1940
Verteidiger beim Hamburger SV
Kein WM-Einsatz
1 Länderspiel bis zur WM 1962; 1,86 m; Banklehrling

Der längste deutsche Spieler war konsequent und furchtlos in der Deckung seines Gegners. Er debütierte 1962 beim 3:0 gegen Uruguay. Nach fünf Länderspielen hatte er 1966 seinen letzten Auftritt im Nationaldress.

14 - Jürgen Werner

geboren am 15. August 1935
Läufer beim Hamburger SV
Kein WM-Einsatz
2 Länderspiele bis zur WM 1962; 1,85 m; Student

Der gute Techniker mit der großen Spielübersicht galt als Zögling Herbergers. Nach achtmonatiger Pause wegen einer Hüftverletzung war er vor Chile wieder in konditionell guter Verfassung. Der Schütze raffinierter Freistöße bestritt zwischen 1961 und 1963 vier Länderspiele.

15 - Wilhelm (Willi) Giesemann

geboren am 2. September 1937
Läufer bei Bayern München
2 WM-Einsätze 1962
9 Länderspiele bis zur WM 1962; 1,74 m; Angestellter

Der Allroundspieler in Verteidigung und Läuferreihe wurde in Chile in den Spielen gegen den Gastgeber und Jugoslawien eingesetzt. Die Entdeckung Herbergers galt als spurtschneller Deckungsspieler mit viel Einsatzbereitschaft und Mannschaftsgeist. Von 1960-65 stand er in 14 Länderspielen auf dem Platz.

Der spätere HSV-Akteur spielte die Rolle eines außendeckenden Verteidigers in Chile recht ordentlich, schaltete sich allerdings zu selten in den Angriff ein.

16 - Hans Sturm

geboren am 3. September 1935
Läufer beim 1.FC Köln
1 WM-Einsatz 1958, 1 WM-Einsatz 1962
2 Länderspiele bis zur WM 1962; 1,79 m; Tankstellenbesitzer

Der kraftvolle Läufer, der auch gelegentlich Halbstürmer spielte, galt als großer Kämpfer und sicherer Elfmeterschütze. Sturm konnte zwischen 1958 und '62 insgesamt nur drei Einsätze in der Nationalelf vorweisen, war aber bei zwei Weltmeisterschaften aktiv! Bei der Partie gegen Italien war er per Aufstellung als Rechtsaußen vorgesehen, tatsächlich hatte er jedoch eine Sonderaufgabe im Mittelfeld zu verrichten. Unverständlich war, dass er nicht weiter berücksichtigt wurde, da er mit seiner ausgezeichneten Kondition und der Fähigkeit, Flanken zu schlagen, eigentlich optimal in Herbergers Konzept passte.

17 - Engelbert (Berti) Kraus

geboren am 30. Juli 1934
Stürmer bei Kickers Offenbach
1 WM-Einsatz 1962
5 Länderspiele bis zur WM 1962; 1,68 m; Verwaltungsangestellter

Technisch stark und sehr schnell, war Kraus auf allen Sturmpositionen einsetzbar, dabei aber aufgrund seiner geringen Größe körperlich teilweise im Nachteil. Das zeigte sich auch bei seinem einzigen WM-Spiel gegen Chile. Er war im Zweikampf häufig unterlegen und konnte nur selten am Gegner vorbeisprinten. Von 1955 bis '64 brachte er es auf neun Einsätze in der Nationalelf.

18 - Heinz Vollmar

geboren am 26. April 1936
Außenstürmer beim 1.FC Saarbrücken
Kein WM-Einsatz

12 Länderspiele bis zur WM 1962; 1,76 m; Angestellter

In den ersten Länderspielen des Jahres 1956 hatte er stark aufgetrumpft, nach schwerer Krankheit aber nie wieder die einstige Form erreicht. Ihm fehlte vor allem das nötige Selbstvertrauen. Der auf allen Sturmpositionen verwendbare, gute Schütze bestritt vier Länderspiele für das Saarland und zwölf (1956-61, 3 Tore) für die DFB-Auswahl. Vollmar starb bereits am 1. Oktober 1987 im Alter von nur 51 Jahren.

19 - Heinz Strehl

geboren am 20. Juli 1938
Stürmer beim 1.FC Nürnberg
Kein WM-Einsatz
Kein Länderspiel bis zur WM 1962; 1,78 m; Metzgermeister

Strehl war der einzige Spieler des deutschen WM-Aufgebotes ohne Länderspielerfahrung. Er war ein technisch versierter Mittelstürmer, der weniger in der Spitze spielte als aus der Tiefe des Feldes zu kommen. Der beidfüßige Torjäger brachte es von 1962 bis '65 noch auf vier Einsätze im Nationaltrikot. Strehl starb am 11. August 1986 gerade einmal 48jährig.

20 - Günther Herrmann

geboren am 1. September 1939
Stürmer beim Karlsruher SC
Kein WM-Einsatz
7 Länderspiele bis zur WM 1962; 1,72 m; Angestellter

Der an einem Tag mit weltgeschichtlicher Bedeutung geborene Halbstürmer galt als hervorragender Techniker mit Schwächen im Abspiel. Freistöße zählten zu den Spezialitäten des oft etwas umständlich agierenden Ersatzspielers von 1962, der 1967 zwei weitere Länderspiele bestritt, nachdem er zu Schalke 04 gewechselt war.

21 - Günther Sawitzki

geboren am 22. November 1932
Torwart beim VfB Stuttgart
Kein WM-Einsatz 1958, kein WM-Einsatz 1962
9 Länderspiele bis zur WM 1962; 1,81 m; Technischer Angestellter

Sawitzkis Stärke lag in seinem besonderen Reaktionsvermögen und er galt als sehr zuverlässig. Wenn er seine Linie verließ, zeigte er gegen energisch vorgehende Angreifer allerdings Schwächen. Von 1956 bis '63 stand Sawitzki zehnmal im Tor der DFB-Auswahl.

22 - Wolfgang Fahrian

geboren am 31. Mai 1941 in Ulm
Torwart bei der TSG Ulm 46
4 WM-Einsätze 1962

1 Länderspiel bis zur WM 1962; 1,80 m; Heizungsmonteur

Der jüngste Spieler im Aufgebot wurde am Tag des ersten deutschen WM-Spiels 21 Jahre alt. Zum Verdruss von Stammtorhüter Tilkowski setzte Herberger Fahrian in dieser Begegnung mit Italien ein und hielt bis zum Ende der WM an ihm fest. Noch zwei Jahre zuvor hatte der Ulmer als Verteidiger gespielt, insofern zählte die Strafraumbeherrschung zu seinen Stärken. Auch hatte er eine fabelhafte Reaktionsfähigkeit.

Seine Kritiken während der WM 1962 waren durchwachsen, weil er einige Flankenbälle des Gegners verpasste oder nur notdürftig wegfausten konnte. Andererseits ließ er nur zwei Treffer zu, was wiederum für ihn sprach. Beim für das Aus im Viertelfinale entscheidenden Tor der Jugoslawen war er machtlos. Der spätere Spielervermittler bestritt nach der WM bis 1964 nur noch fünf Länderspiele, anschließend folgte eine halbjährige Sperre wegen einer an ihn erfolgten, unerlaubten Handgeldzahlung. Fahrian wechselte einige Male die Vereine (Hertha BSC, 1860 München, Fortuna Düsseldorf, Fortuna Köln).

Ferner kamen in der Qualifikation zum Einsatz:

Richard Kreß

geboren am 6. März 1925

Der Stürmer von Eintracht Frankfurt bestritt alle vier Qualifikationsspiele. Gegen Nordirland erzielte er im entscheidenden Rückspiel in Berlin einen Treffer beim 2:1-Erfolg. 1954-61 spielte er insgesamt neunmal für die BRD. Da er 1962 bereits 37 Jahre alt war und sein gerade eröffnetes Geschäft ihm nur noch ein eingeschränktes Trainingspensum erlaubte, fiel er aus dem Kader. Kreß gehörte nie zu einem WM-Aufgebot. Er verstarb am 30. März 1996.

Klaus Stürmer

geboren am 9. August 1935

Was sonst als Stürmer sollte der Spieler vom Hamburger SV bei diesem Namen spielen? Herberger erwog für die WM zeitweise einen reinen HSV-Angriff, um Uwe Seeler optimal einsetzen zu können. Das war wohl auch der Grund für die einzige Nominierung Stürmers beim Heimspiel gegen Nordirland. Der zweifache Internationale hatte bereits 1954 einmal das deutsche Trikot überstreifen dürfen. Er starb bereits am 1. Juni 1971.

Gert Dörfel

geboren am 18. September 1939

Der andere Stürmer des Hamburger SV konnte sich in der Qualifikation durch zwei Treffer in Belfast und einen in Athen empfehlen und harmonierte dabei prächtig mit Seeler. In der Vorbereitungsphase 1962 war er jedoch nur noch zweite Wahl und fiel schließlich ganz aus dem Kader. Dörfel lief zwischen 1960 und '64 in elf Länderspielen auf.

Alfred (Friedel) Lutz

geboren am 21. Januar 1939

Der Abwehrspieler von Eintracht Frankfurt wurde in der Qualifikation in Athen gegen Griechenland eingesetzt. Insgesamt brachte er es zwischen 1960 und '66 auf zwölf Einsätze im Nationaltrikot. 1966 stand er im Aufgebot für die WM in England und wurde auch einmal (gegen die UdSSR) eingesetzt.

Neuer Schwung mit Trainer Soos

Karel Soos im Kreise von DDR-Auswahlspielern (Fritzsche, Pankau, Nachtigall und Liebrecht).

1957 hatte die Deutsche Demokratische Republik erstmals an einer WM-Qualifikation teilgenommen und war letztlich zweimal klar an der CSSR gescheitert, wobei immerhin gegen Wales ein Sieg verbucht werden konnte.

Im Mai 1958 wurde der DFV (Deutscher Fußballverband der DDR) gegründet. „Vorwärts zu neuen Erfolgen und in der sozialistischen Erziehung und Erhöhung der sportlichen Leistungen zum Ruhme unseres Arbeiter- und Bauernstaates" hieß fortan die Losung unter dem Präsidenten Kurt Stoph, dem Bruder des DDR-Ministerpräsidenten.

Fritz Gödicke - zuvor Trainer des SC Wismut Karl-Marx-Stadt, mit dem er 1956 und 1957 DDR-Meister geworden war - konnte in seiner Amtszeit als Nationalcoach (1958-59) keine besonderen Akzente setzen. 1959 scheiterte sein Team in der EM-Qualifikation an Portugal (0:2 in Leipzig und 2:3 in Porto), woraufhin Wirth, Assmy, Kaiser und Meyer „wegen mangelnder Leistungsbereitschaft" aus dem Kader geworfen wurden. Mit Ausnahme eines Spiels gegen die CSSR (die allerdings nur mit einer Olympia- bzw. B-Auswahl angetreten war) konnte im Verlauf des Jahres 1959 keine weitere Begegnung gewonnen werden. Als die DDR schließlich auch noch in der Qualifikation für das olympische Fußballturnier an der BRD scheiterte, war Gödickes Zeit abgelaufen.

Berlin, 17. Juni 1962 - In Santiago de Chile kicken Brasilien und die CSSR um die Fußball-Weltmeisterschaft. Da das DDR-Fernsehen keine Senderechte hat, zapfen die Techniker den SFB an und „klauen" die Übertragung. Als der SFB den „Diebstahl" bemerkt, wird ein Dia eingeblendet: „Mit dieser Übertragung ignoriert die Zone die Mauer. Wir danken für unsere Landsleute."

Heinz Krügel war der nächste Übungsleiter (1959-61) der Nationalelf. Er galt als Mann, dem die Nachwuchsförderung besonders am Herzen lag, was er als Trainer bei Rotation Leipzig und Empor Rostock unter Beweis gestellt hatte. Konsequenterweise strich er die „Altstars" Müller und Schröter (Wirth und Kaiser waren auch noch nicht rehabilitiert worden) aus der Mannschaft und ersetzte sie durch neue Talente, die, wie internationale Juniorenvergleiche gezeigt hatten, durchaus vorhanden waren, beispielsweise den Jenenser Peter Ducke oder Jürgen Nöldner vom ASK Vorwärts Berlin.

Anfängliche Erfolge fanden in knappen Niederlagen gegen die starke UdSSR ihren Ausdruck. Dennoch machte sich der DFV große Sorgen um die WM-Qualifikation für 1962 und holte mit Károly Soos den zweiten Ungarn nach János Gyarmati (der an der WM-Qualifikation für 1958 gescheitert war) ins Boot. Soos (Trainer von 1961-67) hatte 1954 zum Stab der ungarischen Wunderelf gehört. Er wurde, zunächst als Assistent mit Beraterfunktion, neben Trainer Krügel mit der WM-Qualifikation beauftragt. Ein beachtlicher 5:1-Erfolg der jungen Mannschaft gegen Finnland im ersten gemeinsam betreuten Spiel in Rostock hinterließ großen Eindruck. Es folgten Siege gegen Marokko und Tunesien, die zu dieser Zeit nicht zu unterschätzen waren.

Nach der 0:2-Niederlage im ersten WM-Qualifikationsspiel gegen Ungarn, bei der die DDR-Spieler nichts zu bestellen hatten, zog sich Krügel allerdings in die zweite Reihe zurück. Er wollte die von ihm ausgemusterten Routiniers nicht mehr einsetzen und geriet damit in Widerspruch zum Verband. In diese Kerbe schlug auch das Sportecho, als es im Vorfeld des Spiels gegen die Niederlande schrieb: „Wir bedauern, dass mit M. Kaiser und G. Schröter im Aufgebot zwei jener Männer fehlen, die diese Aufgaben (gemeint ist eine konzentrierte, überlegte, schnelle und direkte Spielweise, Anm. d. V.) wohl am besten zu lösen verstehen. Trainer Heinz Krügel hat jüngeren Kräften den Vorzug gegeben. Er teilt unsere Bedenken, die wir des öfteren äußerten, nicht. Wir hoffen, die Praxis gibt ihm recht. Unserer Auswahl, unserem Fußball wäre es zu wünschen."

Die Erwartungshaltung gegenüber der DDR-Auswahl war alles andere als groß. Selbst die Fachpresse war mit der akzeptablen 0:2-Niederlage im ersten WM-Qualifikationsspiel in Ungarn nicht unzufrieden , jedoch war die Aufstellung von gelernten Offensivspielern (Erler und Hirschmann) als Läufer im defensiven Mittelfeld bereits vor der Partie kritisiert worden. Besagte zwei Spieler sahen dann auch beim ersten Gegentreffer nicht gut aus, als Florian Albert die komplette Hintermannschaft der DDR ausgespielt hatte und frei zum Abschluss gekommen war. Dennoch stellte die Abwehr in Budapest den besten Mannschaftsteil, gegen die Niederlande sah man daher nur eine Chan-

Ungarn – DDR **2:0 (1:0)**

16. April 1961, Budapest, Dozsa-Stadion

Ungarn: **Grosics – Matrai, Sipos, Dalnoki – Solymosi, Kotasz** – Sandor, Göröcs, Albert, Tichy, Fenyvesi

DDR: Spickenagel (k) – Skaba, Heine, Krampe – Erler, Hirschmann – Roland Ducke, Meyer, Peter Ducke, Bialas, Wirth

Tore: 1:0 Albert (12.), 2:0 Göröcs (52.) – **SR:** Takow (Bulgarien) – **ZS:** 40.000

Sandor gegen Schröter beim Spiel Ungarn-DDR.

ce, wenn auch die Offensive verstärkt würde. Tatsächlich wurden Schröter und Kaiser wieder aufgestellt, was dem blau-weißen Angriffsspiel auch gleich stärkere Impulse verlieh. Das Manko war nur, dass der talentierte Peter Ducke seine Chancen nicht nutzen konnte (dreimal traf er das Gebälk) oder sich in der Abwehr der Oranjes verdribbelte. Auf der anderen Seite bügelte Torhüter Spickenagel, der bereits in Ungarn stärkster Akteur seiner Mannschaft gewesen war, die meisten Fehler seiner Vorderleute aus, die diesmal nicht überzeugen konnten. Besonders Heine und Krampe machten häufig eine unglückliche Figur. Dass es abermals nicht zu einem Sieg reichte, lag zusätzlich an einem nicht gegebenen Elfmeter nach einem Foul an Roland Ducke.

Theoretisch war zwar noch etwas zu machen, doch rechnete man sich im DFV kaum mehr Chancen aus. Im Heimspiel gegen Ungarn sollte es in erster Linie um Wiedergutmachung für die Niederlage von Budapest gehen. So sahen die nur noch 25.000 Interessierten im Walter-Ulbricht-Stadion - unter ihnen auch der Staatsratsvorsitzende höchstpersönlich - eine überraschend starke DDR-Auswahl, die in der ersten Hälfte eindeutig dominierte. Insgesamt brachte sie es auf ein Eckenverhältnis von 11:3, und das Chancenverhältnis sah ähnlich aus. Alle Mannschaftsteile wussten zu überzeugen, lediglich bei den beiden Außenstürmern Hoge und Klingbiel mussten leichte Abstriche gemacht werden. Der Einsatz der Routiniers hatte sich für die Deutschen ausgezahlt und wurde entsprechend gewürdigt. Dass es letztlich trotzdem ein Sieg der Ungarn wurde, konnte in Anbetracht der indiskutablen Schiedsrichterentscheidungen nur als Schönheitsfehler betrachtet werden, wenngleich damit endgültig feststand, dass die DDR nicht in Chile vertreten sein würde.

Ungarn hatte nun sechs Punkte auf dem Konto, die DDR und die Niederlande jeweils einen. Selbst mit zwei Siegen aus den noch ausstehenden Heimspielen konnten die Oranjes den Magyaren nicht mehr beikommen. Dafür waren sie jetzt in der Lage, auf die Initiative der NATO hin, eine politische Demonstration gegen den Mauerbau am 13. August jenes Jahres zu unternehmen, indem sie den Ostdeutschen die Einreise zu deren letztem Qualifikationsspiel verweigerten. In der internationalen Sportwelt und in den Niederlanden selbst traf das nicht auf ungeteilte Zustimmung.

DDR – Niederlande 1:1 (0:0)
14. Mai 1961, Leipzig, Zentralstadion

DDR: Spickenagel – Skaba, Heine, Krampe – Kaiser, Mühlbächer – Roland Ducke, Schröter (k), Peter Ducke, Erler, Wirth

Niederlande: Graafland – Wiersma, Velhoen – van Wissen, Pronk, Muller – van der Krull, Wilkes, Schuurmann, de Groot, Bergholtz

Tore: 0:1 Groot (63.), 1:1 Erler (79.) – **SR:** Jörgensen (Dänemark) – **ZS:** 70.000

DDR – Ungarn 2:3 (1:1)
10. September 1961, Berlin, Walter-Ulbricht-Stadion

DDR: Spickenagel – Kalinke, Heine, Krampe – Maschke, Kaiser – Hoge, Erler, Peter Ducke, Schröter (k), Klingbiel

Ungarn: Grosics – Matrai, Sipos, Sovari – Solymosi, Kotasz – Sandor, Göröcs, Albert, Tichy, Szimcsak

Tore: 0:1 Solymosi (43.), 1:1 Erler (53.), 1:2 Sandor (76.), 1:3 Tichy (79.), 2:3 Peter Ducke (87.) – **SR/LR:** Lukjanov, Ossipow, Krylow (UdSSR) – **ZS:** 25.000

In der WM-Qualifikation wurden eingesetzt:

Karl-Heinz (Kalle) Spickenagel
geboren am 17. Januar 1932 in Berlin
Torwart beim ASK Vorwärts Berlin
3 Einsätze in der WMQ 1962, 29 Länderspiele (von 1954-62)
1958, '60, '61 / '62 DDR-Meister

Spicke, wie er auch genannt wurde, war der erste Schlussmann, der sich einen Stammplatz in der DDR-Auswahl erkämpfen konnte und behielt ihn bis zu seinem Länderspiel-Abschied 1962. In sieben Spielen, unter anderem im ersten Qualifikationsspiel für Chile, durfte er die Kapitänsbinde tragen.

Mit seinen besonderen Stärken auf der Linie war er der DDR-Auswahl in der Qualifikation ein sicherer Rückhalt, auch wenn sein Klubkollege Unger urteilte: "Ein Trainingsweltmeister war er nie. Geschmissen hat er sich nur selten, vieles hat er mit starkem Stellungsspiel gemacht."

Werner Heine
geboren am 14. August 1935 in Roßleben
Mittelverteidiger beim SC Dynamo Berlin
3 Einsätze in der WMQ 1962, 29 Länderspiele / 2 Tore (von 1958-64)

Der große Stilist übernahm 1963 die Kapitänsbinde von Günter Schröter. Er konnte nie einen Meistertitel erringen, ließ seine Karriere beim 1. FC Union Berlin (1966/67) ausklingen und wurde dort anschließend Trainer.

Peter Kalinke
geboren am 21. Dezember 1936
Verteidiger beim ASK Vorwärts Berlin
1 Einsatz in der WMQ 1962, 7 Länderspiele (von 1960-61)

Hans-Dieter Krampe
geboren am 6. Januar 1937
Verteidiger beim ASK Vorwärts Berlin
3 Einsätze in der WMQ 1962, 28 Länderspiele (von 1959-65)
1958, '60, '62, '65, '66 und '69 DDR-Meister

Obwohl er in der Defensive spielte, war Krampe ein Filigrantechniker, der „seinen Gegenspieler auf einem Bierdeckel austricksen konnte".

Martin Skaba

geboren am 28. Juli 1935
Verteidiger beim SC Dynamo Berlin
2 Einsätze in der WMQ 1962, 8 Länderspiele (von 1958-63)

Günter Hirschmann

geboren am 8. Dezember 1935
Läufer beim SC Aufbau Magdeburg
1 Einsatz in der WMQ 1962, 1 Länderspiel (1961)

Manfred (Manni) Kaiser

geboren am 7. Januar 1929 in Zeitz
rechter Läufer beim SC Wismut Karl-Marx-Stadt
2 Einsätze in der WMQ 1962, 31 Länderspiele / 1 Tor (von 1955-64)
1956, '57, '59 DDR-Meister, DDR-Fußballer des Jahres 1963

Manfred Kaiser.

Erst spät wurde der DFV auf diesen Klasse-Spieler aufmerksam und setzte ihn doch zunächst nur als Joker auf den unterschiedlichsten Positionen ein. Als er sich endlich einen Stammplatz erkämpft hatte, wurde der auf Verjüngung der Mannschaft erpichte Heinz Krügel DFV-Trainer. Kaiser, inzwischen 30 Jahre alt, wurde erst einmal aussortiert, bis Károly Soos 1961 als neuer Trainer kam. Der schätzte Kaisers Erfahrung aus 16 Europapokalspielen im Landesmeisterwettbewerb und die Leistung des Routiniers höher ein als seine zwei Vorgänger. Nicht nur in der WM-, auch noch in der EM-Qualifikation gegen die CSSR und im Freundschaftsspiel gegen England beeindruckte „der blonde Kaiser" durch hervorragende Leistungen in den Jahren 1962-64 noch mit weit über 30 Jahren die internationale Sportpresse.

Herbert Maschke

geboren am 2. September 1930
Läufer beim SC Dynamo Berlin
1 Einsatz in der WMQ 1962, 7 Länderspiele (von 1959-62)

Waldemar (Waldi) Mühlbächer

geboren am 25. September 1937 in Medisch (Rumänien)
Außenläufer beim SC Dynamo Berlin
1 Einsatz in der WMQ 1962, 17 Länderspiele / 1 Tor (von 1958-65)

Dieter Erler

geboren am 28. Mai 1939 in Glauchau
Läufer / Stürmer beim SC Wismut Karl-Marx-Stadt
3 Einsätze in der WMQ 1962 / 2 Tore, 47 Länderspiele / 12 Tore (von 1959-68)
1967 DDR-Meister, DDR-Fußballer des Jahres 1967

„Wie Hidegkuti in seiner besten Zeit" urteilte Trainer Soos über den technisch hervorragenden Erler, der besonders stolz darauf war, mit einem Distanzschuss einmal den legendären Lew Jaschin bezwungen zu haben. Weil er sich mit Soos' Nachfolger Seeger überworfen hatte, trat er frühzeitig aus der Nationalmannschaft zurück. Der engagierte Nachwuchstrainer erlag am 10. April 1998, nachdem er in den Vorruhestand getreten war, plötzlich und unerwartet einem Herzinfarkt.

Arthur Bialas

geboren am 21. November 1930
Stürmer beim SC Empor Rostock
1 Einsatz in der WMQ 1962, 1 Länderspiel (1961)

Roland Ducke

geboren am 19. November 1934 in Decin (Tschechoslowakei)
Außenstürmer beim SC Motor Jena
2 Einsätze in der WMQ 1962, 37 Länderspiele / 5 Tore (von 1958-67)
1962/63, '67/'68, '69/'70 DDR-Meister, DDR-Fußballer des Jahres 1970

Roland Ducke.

„Er zelebrierte Fußball mit einer Fertigkeit links wie rechts, daß es eine Freude war zuzuschauen" sagte Mannschaftskamerad Georg Buschner, der spätere DDR-Coach, einmal über den „Flankengott". „Der Alte" wurde er in Jena genannt, seit sein jüngerer Bruder auf der Bildfläche erschienen war. Der stellte den eher besonnenen Roland auch ab Anfang der 1960er Jahre etwas in den Schatten. Der dreimalige Kapitän der Nationalelf lief bis 1967 noch 17 Mal gemeinsam mit seinem Bruder Peter auf.

Peter Ducke

geboren am 14. Oktober 1941 in Decin (Tschechoslowakei)
Stürmer beim SC Motor Jena
3 Einsätze in der WMQ 1962, / 1 Tor, 68 Länderspiele / 15 Tore (von 1960-75)
DDR-Sportler des Jahres 1965, DDR-Fußballer des Jahres 1971, Bronzemedaillengewinner bei Olympia 1972

Der „schwarze Peter", wie man ihn zur besseren Unterscheidung von seinem Bruder Roland taufte, war ein ganz besonderes

1:1 gegen die Niederlande – de Groot versucht Peter Ducke den Ball weg zu spielen.

Talent, wie sich später herausstellen sollte sogar einer der wenigen Weltklassespieler, die die DDR jemals hervorbrachte. In der WM-Qualifikation erregte er erstmals internationales Aufsehen. Sogar Pelé hielt ihn für einen der besten Angriffsspieler seiner Zeit. 1966 erlitt Ducke bei einem Turnier in Mexiko einen doppelten Beinbruch, musste anschließend über ein Jahr aussetzen und hatte danach ein verkürztes rechtes Bein. Trotzdem schaffte er gegen alle Erwartungen ein Comeback. Dafür machte ihm später sein Knie zu schaffen, und bei der WM 1974 wurde er deswegen nur noch drei Mal als Joker eingewechselt. Wegen seines Temperamentes und seiner Eigensinnigkeit wurde Ducke zum „Enfant terrible des DDR-Fußballs" gestempelt. Der Widerspruchsgeist schützte den Sportlehrer nicht vor Denunziationen. Nachdem er sich erfolgreich gegen Stasi-Vorwürfe zur Wehr gesetzt hatte, wurde er im Sommer 2000 endlich auch Ehrenmitglied von Carl-Zeiss Jena.

Günter Hoge
geboren am 7. Oktober 1940
Stürmer beim ASK Vorwärts Berlin
1 Einsatz in der WMQ 1962, 6 Länderspiele (von 1961-68)

Wilfried Klingbiel
geboren am 21. Juni 1939
Stürmer beim SC Dynamo Berlin
1 Einsatz in der WMQ 1962, 6 Länderspiele / 1 Tor (von 1958-61)

Lothar (Loulu) Meyer
geboren am 1. August 1934 in Berlin
Halblinker beim ASK Vorwärts Berlin
1 Einsatz in der WMQ 1962, 16 Länderspiele / 2 Tore (von 1959-62)

1958, '60, '61/'62 DDR-Meister, allerdings im November '61 aus disziplinarischen Gründen aus der Armee ausgeschlossen und inhaftiert. Wegen „Schädigung der sozialistischen Sportbewegung" vom DFV bis 1962 gesperrt.

Günter (Moppel) Schröter
geboren am 3. Mai 1927
Halbrechter beim SC Dynamo Berlin
2 Einsätze in der WMQ 1962, 39 Länderspiele / 13 Tore (von 1952-62) 25-mal Kapitän

Günther Schröter.

1952/53 DDR-Meister mit Dynamo Dresden, 1963 mit dem Titel „Verdienter DDR-Meister des Sports" ausgezeichnet, 1998 von einer Jury der Zeitschrift „Libero" zum „DDR-Spieler des Jahrzehnts" für den Zeitraum von 1945-60 gewählt

Vor dem legendären Spiel gegen England am 2. Juni 1963 erhielt der 36-jährige damalige Rekordinternationale im Leipziger Zentralstadion vor über 100.000 Zuschauern Blumen zum Abschied aus der DDR-Auswahl. Bei einem Vergleich mit Norwegen, den die DDR 1958 in Oslo mit 5:6 verlor, erzielte Schröter als erster DDR-Kikker drei Treffer in einem Länderspiel. Trotz seiner vielen Tore war der Dynamo-Spieler eher als Verbinder tätig und weniger in der Spitze zu finden. Mit ihm ging es ab 1961 auch in der Nationalmannschaft wieder aufwärts, nachdem er seit 1959 aus Altersgründen eigentlich nicht mehr hatte eingesetzt werden sollen.

Günther (Wibbel) Wirth
geboren am 9. Januar 1933 in Dresden
Linksaußen beim ASK Vorwärts Berlin
2 Einsätze in der WMQ 1962, 28 Länderspiele / 11 Tore (von 1953-62)
1958, '60, '61/'62 DDR-Meister

Wibbel, wie er wegen seiner trickreichen Dribblings genannt wurde, erzielte 1957 gegen Wales das erste Tor der DDR in einer WM-Qualifikation. Nach einer Zwangspause seit 1959 wurde er von Soos zur Qualifikation für Chile reaktiviert.

Károly (Karel) Soos
geboren am 5. April 1909 in Budapest
DDR-Auswahltrainer in 43 Spielen von 1961-67 (19 Siege, 10 Unentschieden, 14 Niederlagen)
1964 in Tokio holte er mit der Olympiamannschaft die Bronzemedaille.

Soos wurde anschließend von 1968-69 Trainer der ungarischen Auswahl. Vor 1961 hatte er in Ungarn bereits zahlreiche Vereinsmannschaften betreut (Dorog, Ferencváros, Honvéd).

Weitere Spieler, die im Zeitraum der WM-Qualifikation (1961) für den DFV zum Einsatz kamen:

Jürgen Nöldner vom ASK Vorwärts (er wurde später Stammspieler), Helmut Müller vom SC Motor Jena (wurde 1962 noch zwei Mal eingesetzt) sowie Hermann Bley vom SC Dynamo Berlin und Lothar Haack vom SC Empor Rostock (wurden zwischendurch beim einzigen weiteren Länderspiel während der WM-Qualifikation, am 21.6. in Erfurt beim 1:1 gegen Marokko, getestet - es blieb jeweils ihr einziger Einsatz für die DDR). Kurt Liebrecht von Lok Stendal (spielte 1960 und dann wieder ab 1962) gehörte dann zu den wenigen der zahlreichen von Soos nach der Qualifikation getesteten Spieler, die sich zum neuen Stamm der Auswahl zählen durften.

Die zwischen der missglückten Qualifikation und dem Beginn der WM-Endrunde ausgetragenen Spiele gegen Polen, Marokko, die UdSSR und Jugoslawien gingen allesamt verloren, erst ein 4:1-Sieg gegen Dänemark am 23. Mai 1962 in Leipzig ließ wieder Hoffnung auf bessere Zeiten aufkommen.

Nach der Qualifikation

So konnte Karel Soos später auch noch einige Erfolge verbuchen, wie den sensationellen Erfolg 1962/63 über den Vizeweltmeister Tschechoslowakei bei der EM-Qualifikation für 1964 (das Aus folgte im Achtelfinale gegen Ungarn) oder die knappe 1:2-Niederlage nach 1:0-Führung gegen England beim legendären Spiel am 2. Mai 1963 vor über 100.000 Zuschauern in Leipzig. Höhepunkt war der Gewinn der Bronzemedaille bei den Olympischen Spielen in Tokio 1964. Um dort hinfahren zu können, hatten die DDR-Kicker zuerst die BRD-Olympiaauswahl ausschalten müssen. Die DDR-Mannschaft in der Ära Soos galt zwar als eines der besten ostdeutschen Nationalteams überhaupt, jedoch glückte dem Ungarn keine Qualifikation für eine EM- oder WM-Endrunde und warf schließlich nach Differenzen mit dem Verband nach einem 1:0-Sieg am 6. Dezember 1967 in Rumänien das Handtuch.

Anekdote um den obersten Fußballfan der DDR:
Als dieser sich in fachlichen Belangen heftig einmischte, wurde er vom ungarischen DFV-Trainer Károly Soos mit den Worten: „Davon haben Sie keine Ahnung" abgebürstet und zog sich mit dem überlieferten Spruch: „Man wird in diesem Land doch seine Meinung sagen dürfen" schmollend zurück:
Es handelte sich um Stasi-Chef Erich Mielke.

Grundstatistik

Vorrunde

Gruppe A

Uruguay - Kolumbien	2:1 (0:1)
UdSSR - Jugoslawien	2:0 (0:0)
Jugoslawien - Uruguay	3:1 (2:1)
UdSSR - Kolumbien	4:4 (3:1)
UdSSR - Uruguay	2:1 (1:0)
Jugoslawien - Kolumbien	5:0 (2:0)

Abschlusstabelle

1. UdSSR	3	2	1	0	8:5	5-1
2. Jugoslawien	3	2	0	1	8:3	4-2
3. Uruguay	3	1	0	2	4:6	2-4
4. Kolumbien	3	0	1	2	5:11	1-5

Gruppe B

Chile - Schweiz	3:1 (1:1)
Italien - BR Deutschland	0:0
Chile - Italien	2:0 (0:0)
BR Deutschland - Schweiz	2:1 (1:0)
BR Deutschland - Chile	2:0 (1:0)
Italien - Schweiz	3:0 (1:0)

Abschlußtabelle

1. BR Deutschland	3	2	1	0	4:1	5-1
2. Chile	3	2	0	1	5:3	4-2
3. Italien	3	1	1	1	3:2	3-3
4. Schweiz	3	0	0	3	2:8	0-6

Gruppe C

Brasilien - Mexiko	2:0 (0:0)
CSSR - Spanien	1:0 (0:0)
Brasilien - CSSR	0:0
Spanien - Mexiko	1:0 (0:0)
Brasilien - Spanien	2:1 (0:1)
Mexiko - CSSR	3:1 (2:1)

Abschlußtabelle

1. Brasilien	3	2	1	0	4:1	5-1
2. CSSR	3	1	1	1	2:3	3-3
3. Mexiko	3	1	0	2	3:4	2-4
4. Spanien	3	1	0	2	2:3	2-4

Gruppe D

Argentinien – Bulgarien	1:0 (1:0)
Ungarn – England	2:1 (1:0)
England – Argentinien	3:1 (2:0)
Ungarn – Bulgarien	6:1 (4:0)
Argentinien – Ungarn	0:0
Bulgarien – England	0:0

Abschlußtabelle

1. Ungarn	3	2	1	0	8:2	5-1
2. England	3	1	1	1	4:3	3-3
3. Argentinien	3	1	1	1	2:3	3-3
4. Bulgarien	3	0	1	2	1:7	1-5

Viertelfinale

Chile - UdSSR	**2:1 (2:1)**
Jugoslawien - BR Deutschland	**1:0 (0:0)**
Brasilien - England	**3:1 (1:1)**
CSSR - Ungarn	**1:0 (1:0)**

Spiel um den dritten Platz

Brasilien - Chile	**4:2 (2:1)**
CSSR – Jugoslawien	**3:1 (0:0)**

Halbfinale

Chile – Jugoslawien	**1:0 (0:0)**

Finale

Brasilien – CSSR	**3:1 (1:1)**

- *Das torreichste Spiel war die Begegnung zwischen der UdSSR und Kolumbien (4:4).*
- *Die höchsten Siege errangen die Ungarn (6:1 gegen Bulgarien) und die Jugoslawen (5:0 gegen Kolumbien).*
- *Die häufigsten Ergebnisse waren 3:1 (7 Spiele), 1:0 und 2:1 (je 6), 0:0 und 2:0 (je 4), die anderen Ergebnisse gab es je einmal.*
- *Es gab insgesamt fünf Remis, kein Ausscheidungsspiel ging in die Verlängerung, nur einmal musste das Torverhältnis (in Gruppe D zwischen England und Argentinien) über das Weiterkommen nach der Vorrunde entscheiden.*
- *Ohne jeden Sieg mussten Kolumbien, Bulgarien und die Schweiz (als einziger Teilnehmer ohne jeden Punkt) nach Hause fahren.*

Mannschaftsstatistik

Argentinien

Qualifikation

Ecuador	6:3, 5:0

Endturnier

Gruppenspiele

Bulgarien	1:0
England	1:3
Ungarn	0:0

Brasilien

als Weltmeister direkt qualifiziert

Endturnier

Gruppenspiele

Mexiko	2:0
CSSR	0:0
Spanien	2:1

Viertelfinale

England	3:1

Halbfinale

Chile	4:2

Finale

CSSR	3:1

Bulgarien

Qualifikation

Frankreich	0:3, 1:0, 1:0
Finnland	2:0, 3:1

Endturnier

Gruppenspiele

Argentinien	0:1
Ungarn	1:6
England	0:0

Bundesrepublik Deutschland

Qualifikation

Nordirland	4:3, 2:1
Griechenland	3:0, 2:1

Endturnier

Gruppenspiele

Italien	0:0
Schweiz	2:1
Chile	2:0

Viertelfinale

Jugoslawien	0:1

Chile

als Gastgeber direkt qualifiziert

Endturnier

Gruppenspiele

Schweiz	3:1
Italien	2:0
BR Deutschland	0:2

Viertelfinale

UdSSR	2:1

Halbfinale

Brasilien	2:4

um Platz 3

Jugoslawien	1:0

England

Qualifikation

Luxemburg	9:0, 4:1
Portugal	1:1, 2:0

Endturnier

Gruppenspiele

Ungarn	1:2
Argentinien	3:1
Bulgarien	0:0

Viertelfinale

Brasilien	1:3

Italien

Qualifikation

Israel	4:2, 6:0

Endturnier

Gruppenspiele

BR Deutschland	0:0
Chile	0:2
Schweiz	3:0

Jugoslawien

Qualifikation

Polen	2:1, 1:1
Südkorea	5:1, 3:1

Endturnier

Gruppenspiele

UdSSR	0:2
Uruguay	3:1
Kolumbien	5:0

Viertelfinale

BR Deutschland	1:0

Halbfinale

CSSR	1:3

um Platz 3

Chile	0:1

Kolumbien

Qualifikation

Peru	1:0, 1:1

Endturnier

Gruppenspiele

Uruguay	1:2
UdSSR	4:4
Jugoslawien	0:5

Mexiko

Qualifikation

USA	3:3, 3:0
Costa Rica	0:1, 4:1
Niederl. Antillen	7:0, 0:0
Paraguay	1:0, 0:0

Endturnier

Gruppenspiele

Brasilien	0:2
Spanien	0:1
CSSR	3:1

Schweiz

Qualifikation

Belgien	4:2, 2:1
Schweden	0:4, 3:2, 2:1

Endturnier

Gruppenspiele

Chile	1:3
BR Deutschland	1:2
Italien	0:3

Spanien

Qualifikation

Wales	2:1, 1:1
Marokko	1:0, 3:2

Endturnier

Gruppenspiele

CSSR	0:1
Mexiko	1:0
Brasilien	1:2

CSSR

Qualifikation

Schottland	4:0, 2:3, 4:2 n.V.
Irland	3:1, 7:1

Endturnier

Gruppenspiele

Spanien	1:0
Brasilien	0:0
Mexiko	1:3

Viertelfinale

Ungarn	1:0

Halbfinale

Jugoslawien	3:1

Finale

Brasilien	1:3

Ungarn

Qualifikation

DDR	2:0, 3:2
Niederlande	3:0, 3:3

Endturnier

Gruppenspiele

England	2:1
Bulgarien	6:1
Argentinien	0:0

Viertelfinale

CSSR	0:1

UdSSR

Qualifikation

Türkei	1:0, 2:1
Norwegen	5:2, 3:0

Endturnier

Gruppenspiele

Jugoslawien	2:0
Kolumbien	4:4
Uruguay	2:1

Viertelfinale

Chile	1:2

Uruguay

Qualifikation

Bolivien	1:1, 2:1

Endturnier

Gruppenspiele

Kolumbien	2:1
Jugoslawien	1:3
UdSSR	1:2

Tor-Statistik

Erzielte Tore:

89 Tore insgesamt; 2,78 pro Spiel

Eigentore:

keine

3 Tore in einem Spiel:

Florian Albert (Ungarn gegen Bulgarien)

Schnellste Tore:

1. Minute: Vaclav Masek (CSSR gegen Mexiko) ! Masek trifft bereits nach 16 Sekunden, bis heute das schnellste Tor bei einem WM-Endrundenspiel

1. Minute: Florian Albert (Ungarn gegen Bulgarien)

4. Minute: Hector Osvaldo Facundo (Argentinien gegen Bulgarien)

ⓘ *Das erste Tor der WM*

Torschützen:

4 Tore Iwanow (UdSSR), Leonel Sánchez (Chile), Garrincha, Vava (beide Brasilien), Albert (Ungarn), Jerkovic (Jugoslawien)

ⓘ *Garrincha wurde per Losentscheid zum Torschützenkönig der WM bestimmt*

3 Tore Amarildo (Brasilien), Scherer (CSSR),Tichy (Ungarn), Galic (Jugoslawien)

2 Tore Sacia (Uruguay), Ponedjelnik, Tschislenko (beide UdSSR), Ramírez, Toro, Rojas (alle Chile), Seeler (BR Deutschland), Bulgarelli (Italien), Flowers (England)

1 Tor Cubilla, Cabrera (beide Uruguay), Zuluaga, Aceros, Coll, Rada, Klinger (alle Kolumbien), Mamykin (UdSSR), Skoblar, Melic, Radakovivc (alle Jugoslawien), Wüthrich, Schneiter (beide Schweiz), Brülls, Szymaniak (beide BR Deutschland), Mora (Italien), Zagalo, Pelé, Zito (alle Brasilien), Stibranyi, Masek, Kadraba, Masopust (alle CSSR), Peiró, Adelardo Sánchez (beide Spanien), Diaz, Del Aguila, H. Hernández (alle Mexiko), Facundo, Sanfillipo (beide Argentinien), Charlton, Greaves, Hitchens (alle England), Asparuchov (Bulgarien), Solymosi (Ungarn)

Die meisten Tore (Mannschaft/Spiele)

14	Brasilien	6
10	Jugoslawien	6
10	Chile	6
9	UdSSR	4
8	Ungarn	4
7	CSSR	6
5	Kolumbien	3
5	England	4
4	Uruguay	3
4	BR Deutschland	4
3	Italien	3
3	Mexiko	3
2	Argentinien	3
2	Schweiz	3
2	Spanien	3
1	Bulgarien	3

Die meisten Gegentore (Mannschaft/Spiele)

11	Kolumbien	3
10	Chile	6
8	Schweiz	3
7	Bulgarien	3
7	CSSR	6
6	UdSSR	4
6	England	4
6	Uruguay	3
5	Brasilien	6
5	Jugoslawien	6
4	Mexiko	3
3	Argentinien	3
3	Spanien	3
3	Ungarn	4
2	BR Deutschland	4
2	Italien	3

ⓘ *Vava (Brasilien) war der erste Fußballer, der in zwei WM-Endspielen Tore schießen konnte (1958 und 1962).*

ⓘ *54 Spieler erzielten mindestens ein Tor, sechs von ihnen (Seeler, Tichy, Vavá, Pelé, Zagalo, V. Iwanow) hatten bereits bei der letzten WM 1958 getroffen.*

Elfmeter

Zuluaga	Kolumbien	gegen Uruguay zum 1:0	Endstand 1:2
Skoblar	Jugoslawien	gegen Uruguay zum 1:1	Endstand 3:1
Szymaniak	BR Deutschland	gegen Chile zum 1:0	Endstand 2:0
H. Hernández	Mexiko	gegen CSSR zum 3:1	Endstand 3:1
Flowers	England	gegen Ungarn zum 1:1	Endstand 1:2
Flowers	England	gegen Argentinien zum 1:0	Endstand 3:1
L. Sánchez	Chile	gegen Brasilien zum 2:3	Endstand 2:4
Scherer	CSSR	gegen Jugoslawien zum 3:1	Endstand 3:1

ⓘ *sämtliche beim Turnier verhängten Elfmeter wurden verwandelt*

ⓘ *mit Ausnahme von Skoblar und Szymaniak trafen die Schützen in den anderen sechs Fällen durch Handelfmeter*

Spieler- Trainer- Schiedsrichterstatistik

ABC der Akteure

Name, Vorname	Land
Aceros, Germán (Cuca)	Kolumbien
Adamec, Jozef	CSSR
Adelárdo: Rodriguez, Adelárdo	Spanien
Albert, Florian	Ungarn
Albertosi, Enrico	Italien
Albrecht, José Rafael	Argentinien
Allemann, Anton (Toni)	Schweiz
Altafini, José (Mazzola)	Italien
Altair: de Figueiredo	Brasilien
Álvarez, Antonio Jasso	Mexiko
Alvarez, Eliseo	Uruguay
Alvarez, Emilio (Cococho)	Uruguay
Alzate, Anibal	Kolumbien
Amarildo: Tavares	Brasilien
Anderson, Stan	England
Andrejevic, Mihajlo Prof. Dr.	Jugoslawien (SR)
Ankovic, Andrija	Jugoslawien
Antenen, Charles	Schweiz
Aponte, Carlos	Kolumbien
Araguistáin, José	Spanien
Arias, Jairo (Niño)	Kolumbien
Armfield, James (Jimmy)	England
Asparouchov, Georgi	Bulgarien
Aston, Kenneth	England (SR)
Astorga, Manuel	Chile
Baeza, Alberto	Mexiko
Banks, Gordon	England
Baróti, Lajos	Ungarn (Trainer)
Belén, Raúl Oscar	Argentinien
Bellini, Hideraldo Luiz	Brasilien
Bergara, Mario Ludovico	Uruguay
Blavier, Antoine	Belgien (SR)
Bodor, Laszlo	Ungarn
Bomba, Josef	CSSR
Borovicka, Jaroslav	CSSR
Brülls, Albert	BRD
Bubernik, Titus	CSSR
Buergo Elcuaz, Fernando	Mexiko (SR)
Buffon, Lorenzo	Italien
Bulgarelli, Giacomo	Italien
Bustamente, Sergio	Chile (SR)
Cabrera, Rubén	Uruguay
Calazans, Zózimo Alvès	Brasilien
Calle, Ignacio	Kolumbien
Campos Sánchez, Carlos	Chile
Cap, Vladislao	Argentinien
Carbajal, Antonio	Mexiko
Castilho, Carlos José	Brasilien
Chairez, Arturo (Curita)	Mexiko
Charlton, Robert (Bobby)	England
Chusainow, Galimchjan	UdSSR
Ciric, Milovan (Trainer)	Jugoslawien
Coll, Marcos	Kolumbien
Collar, Enrique	Spanien
Conley, Domingo	Chile (SR)
Connelly, John	England
Contreras, Carlos	Chile
Corazzo, Juan Carlos (Trainer)	Uruguay
Cortes, Julio (Pocho)	Uruguay
Cruz Silvar, Humberto	Chile
Cubilla, Luis	Uruguay
Cubilla, Pedro	Uruguay
da Costa, Jair	Brasilien
da Silveira, Tavares Amarildo	Brasilien
David, Mario	Italien
Davidson, Robert	Schottland (SR)
de Figueiredo, Altair Gomes	Brasilien
de Freitas, Jurandir	Brasilien
de la Vega, Raúl Cárdenas	Mexiko
de Oliveira, Jair Marinho	Brasilien
de Oliveira, Ramos (Mauro),	Brasilien
del Aguila, Alfredo	Mexiko

Name, Vorname	Land
del Muro Lopez, José Jesus	Mexiko
del Sol, Luis	Spanien
Delgado, José Manuel Ramos	Argentinien
Dermendijev, Dinko	Bulgarien
di Stefano, Alfredo	Spanien
Diaz, Isidoro (Chololo)	Mexiko
Didi: Pereira	Brasilien
Abelardo, Ramon	Argentinien
Dienst, Gottfried	Schweiz (SR)
Dijev, Todor	Bulgarien
Dimitrov, Ivan	Bulgarien
Dimitrov, Pantelei	Bulgarien
Dimov, Dimitar	Bulgarien
Djalma Santos, Pereira Dias	Brasilien
do Nascimento, Édson Arantes (Pelé)	Brasilien
Domínguez, Rogelio Antonio	Argentinien
Dorogi, Andor	Ungarn (SR)
dos Santos Neves, Gilmar	Brasilien
dos Santos Reis, Nilton	Brasilien
dos Santos, Manoel Francisco (Garrincha)	Brasilien
Douglas, Bryan	England
Dubinski, Eduard	UdSSR
Durkovic, Vladimir	Jugoslawien
Dürr, Richard	Schweiz
Dusch, Albert	BRD (SR)
Eastham, George E.	England
Echevarria, Luis	Spanien
Echeverri, Hector (Canoccho)	Kolumbien
Elsener, Charles (Karl)	Schweiz
Erhardt, Herbert	BRD
Escalada, Guillermo	Uruguay
Escartin, Pedro	Spanien (SR)
Eschmann, Norbert	Schweiz
Escobar, Eusebio	Kolumbien
Escuti, Miguel	Chile
Etzel Filho, Joao	Brasilien (SR)
Eyzaguirre, Luis Armando	Chile
Facundo, Héctor Osvaldo	Argentinien
Fafrán, Salvador	Mexiko
Fahrian, Wolfgang	BRD
Farkas, János	Ungarn
Fenyvesi, Mátiasz Dr.	Ungarn
Ferrari, Giovanni	Italien (Trainer)
Ferrini, Giorgio	Italien
Figueiro, Mengalvio Pedro	Brasilien
Flowers, Ronald	England
Fouilloux, Alberto	Chile
Franco, José Rerreira (Zequinho)	Brasilien
Frigerio, Roberto	Schweiz
Galba, Karol	CSSR (SR)
Galic, Milan	Jugoslawien
Gamboa, Delio (Maravilla)	Kolumbien
Garay, Jesús	Spanien
Gardeazabal, Juan	Spanien (SR)
Garrincha: dos Santos	Brasilien
Gento, Francisco	Spanien
Giesemann, Willi	BRD
Gilmar: dos Santos Neves	Brasilien
Godoy, Adán	Chile
Goldstein, Leo	USA (SR)
Gomez, Jaime	Mexiko
Gonsalves, Néstor (Tito)	Uruguay
González Garzon, Hector (Zipa)	Kolumbien
Gonzalez, Alberto Mario	Argentinien
Gonzalez, Edgardo	Uruguay
Gonzalez, Jaime (Charol)	Kolumbien
González, Ruben	Uruguay
Göröcs, Janos	Ungarn
Gracia, Sigfrido	Spanien
Greaves, James (Jimmy)	England
Grobéty, André	Schweiz

Name, Vorname	Land
Grosics, Gyula	Ungarn
Gussarow, Gennadi	UdSSR
Haller, Helmut	BRD
Haynes, John Norman (Johnny)	England
Herberger, Josef (Sepp)	BRD (Trainer)
Hernández García, Alfredo	Mexiko
Hernández García, Héktor	Mexiko
Herrera, Helenio	Spanien (Trainer)
Herrmann, Günther	BRD
Hitchens, Reginald (Gerry)	England
Hodgkinson, Alan	England
Honorio, Antonio Wilson (Coutinho)	Brasilien
Horn, Leo	Niederlande (SR)
Howe, Donald (Don)	England
Hunt, Roger	England
Ihasz, Kalman	Ungarn
Iijev, Christo	Bulgarien
Ilku, Istvan	Ungarn
Ivanov, Ivan	Bulgarien
Ivos, Aleksander	Jugoslawien
Iwanow, Valentin	UdSSR
Izídio Edvaldo Neto (Vava)	Brasilien
Jair Marinho: de Oliveira	Brasilien
Jair: da Costa	Brasilien
Jakimov, Dimitar	Bulgarien
Janich, Francesco	Italien
Jaschin, Lew	UdSSR
Jauregui, Ignacio (Gallo)	Mexiko
Jelinek, Jozef	CSSR
Jerkovic, Drazan	Jugoslawien
Jonni, Cesare	Italien (SR)
Jusufi, Fahrudin	Jugoslawien
Kadraba, Josef	CSSR
Kanjewski, Viktor	UdSSR
Katchalin, Gawril	UdSSR (Trainer)
Kehl, Fritz	Schweiz
Kernen, William (Willy)	Schweiz
Kevan, Derek Tennyson	England
Kitov, Stoyan	Bulgarien
Klinger, Marino	Kolumbien
Kolev, Ivan	Bulgarien
Kos, Vladimir	CSSR
Koslowski, Willi	BRD
Kostov, Aleksandar	Bulgarien
Kostov, Dimitar	Bulgarien
Kotrikadse, Sergej	UdSSR
Kouba, Pavol	CSSR
Kovacevic, Vladimir	Jugoslawien
Kovatchev, Nikola	Bulgarien
Kraus, Engelbert (Berti)	BRD
Krivokuca, Srboljub	Jugoslawien
Kuharszki, Bela	Ungarn
Kurbjuhn, Jürgen	BRD
Kvasnák, Andrej	CSSR
Lala, Jan	CSSR
Landa, Honorino	Chile
Langón, Ronald	Uruguay
Latichev, Nikolai	UdSSR (SR)
Lepe, Hugo	Chile
Lindenberg	Schweiz (SR)
Lobo, Mário Jorge (Zagalo)	Brasilien
Lopez, Juan	Uruguay (Trainer)
Lopez, Oscar	Kolumbien
Lorenzo, Juan Carlos	Argentinien (Trainer)
Losi, Giacomo	Italien
Lovric, Ljubomir	Jugoslawien (Trainer)
Maidana, Luis	Uruguay
Maldini, Cesare	Italien

Name, Vorname	Land
Mamykin, Alexeij	UdSSR
Manoschin, Nikolai	UdSSR
Marcia, José (Pepe)	Brasilien
Marino, Esteban	Uruguay (SR)
Mariotti, Alberto	Argentinien
Markovic, Vlatko	Jugoslawien
Martinez, Eulogio	Spanien
Martinez, William	Uruguay
Marzolini, Silvio	Argentinien
Maschio, Humberto	Italien
Masek, Vaclav	CSSR
Maslatschenko, Vladimir	UdSSR
Masljonkin, Anatoli	UdSSR
Masopust, Josef	CSSR
Mata, Romero	Mexiko
Mátrai, Sandor	Ungarn
Mattrel, Carlo	Italien
Matus, Zeljko	Jugoslawien
Mauro: de Oliveira	Brasilien
Mazza, Paolo	Italien (Trainer)
Mazzola: Altafini	Italien
Meier, Eugen	Schweiz
Melic, Vojislav	Jugoslawien
Menczel, Ivan	Ungarn
Méndez, Mario (Chola)	Uruguay
Mengalvio: Figueiro	Brasilien
Menichelli, Giampaolo	Italien
Meschi, Michail	UdSSR
IMészöly, Kalman	Ungarn
Metreweli, Slawa	UdSSR
Mihaslovic, Prvoslav	Jugoslawien
Miranda José Eli (Zito)	Brasilien
Molina, Reginato Adolfo	Chile (SR)
Molnár, Pavel	CSSR
Monostori, Tivadar	Ungarn
Moore, Robert (Bobby)	England
Mora, Bruno	Italien
Morales, Bel Lopez	Kolumbien (SR)
Moreira, Aimoré	Brasilien (Trainer)
Moreno, Mario	Chile
Morf, Fritz	Schweiz
Morgan, Raymond	Kanada (SR)
Mota Moreno, Salvador	Mexiko
Mujic, Muhamed	Jugoslawien
Musso, Braulio	Chile
Nagy, István	Ungarn
Naidenov, Georgi	Bulgarien
Najera, Pedro	Mexiko
Navarro, Rubén Marino	Argentinien
Navarro, Sergio	Chile
Netto, Igor	UdSSR
Nikolic, Zarko	Jugoslawien
Nikolov, Georgi	Bulgarien
Norman, Maurice	England
Novák, Ladislav	CSSR
Nowak, Hans	BRD
Ochandategui, Carmelo Cedrún	Spanien
Oleniak, Juan Carlos	Argentinien
Ortiz, Guillermo	Mexiko
Ortíz, Mario	Chile
Ostrowski, Leonid	UdSSR
Páez, Raúl Alberto	Argentinien
Pagani, Marcelo	Argentinien
Panajotov, Panaiot	Bulgarien
Panchedjiev, Georgi	Bulgarien (Trainer)
Pando, Martin Estéban	Argentinien
Parschanov, Nikola	Bulgarien
Pascutti, Ezio	Italien
Paz, Luis	Kolumbien
Peacock, Alan	England
Pedernera, Adolfo (Maestro)	Kolumbien (Trainer)
Peiró, Joaquin	Spanien
Pelé: do Nascimento	Brasilien

Name, Vorname	Land
Pepe, Marcia	Brasilien
Pereira, Waldir (Didi)	Brasilien
Pérez, Domingo	Uruguay
Perez, Enrique (Pachín)	Spanien
Pérez, Ignacio	Kolumbien
Permunian, Antonio	Schweiz
Pluskal, Svatopluk	CSSR
Ponedjelnik, Viktor	UdSSR
Popluhár, Jan	CSSR
Popovic, Vladimir	Jugoslawien
Pospichal, Tomas	CSSR
Pottier, Philippe	Schweiz
Puskás, Ferenc	Spanien
Rada, Antonio	Kolumbien
Radakovivc, Petar	Jugoslawien
Radice, Luigi	Italien
Rakarov, Kiril	Bulgarien
Rákosi, Gyula	Ungarn
Ramírez, Jaime	Chile
Rappan, Karl	Schweiz (Trainer)
Rattin, Antonio Ubaldo	Argentinien
Reija, Severino	Spanien
Rey, Gilbert	Schweiz
Reyes Monteon, Salvador	Mexiko
Riera, Fernando	Chile (Trainer)
Rivera, Gianni	Italien
Rivilla, Feliciano	Spanien
Robles, Carlos	Chile (SR)
Robotti, Enzo	Italien
Robson, Robert William (Bobby)	England
Rocha, Pedro	Uruguay
Rodri: Rodriguez, Francisco	Spanien
Rodríguez, Adelárdo (Adélardo)	Spanien
Rodriguez, Francisco (Rodri)	Spanien
Rodríguez, Manuel	Chile
Roesch, Peter	Schweiz
Rojas, Eladio	Chile
Roma, Antonio	Argentinien
Rossi, Néstor Raúl	Argentinien
Rumenchev, Dimitar	Bulgarien
Ruvalcaba, Jose	Mexiko
Sabo, Josef	UdSSR
Sacchi, Frederico	Argentinien
Sadurni, Salvador Urpi	Spanien
Sainz, Carlos Alberto	Argentinien
Salvadore, Alessandro	Italien
Sanchez, Efrain	Kolumbien
Sánchez, Leonel	Chile
Sánchez, Raul	Chile
Sándor, Karoly	Ungarn
Sanfilippo, José Francisco	Argentinien
Santamaria, José	Spanien
Santos, Djalma: Pereira Dias Santos	Brasilien
Santos, Nilton: dos Santos Reis	Brasilien
Sárosi, Laszlo	Ungarn
Sasia, José (Pepe)	Uruguay
Sawitzki, Günther	BRD
Schäfer, Hans	BRD
Scherer, Adolf	CSSR
Schesternjew, Albert	UdSSR
Schetschev, Dobromir	Bulgarien
Schmucker, Frantisek	CSSR
Schneiter, Heinz	Schweiz
Schnellinger, Karl-Heinz	BRD
Schrojf, Viliam	CSSR
Schulz, Willibald (Willy)	BRD
Schwinte, Pierre	Frankreich (SR)
Scopelli, Alejandro	Mexiko (Trainer)
Seeler, Uwe	BRD
Segarra, Juan	Spanien
Sekularac, Dragoslav	Jugoslawien
Sepúlveda, Guillermo	Mexiko
Serebrjannikow, Viktor	UdSSR
Serrano, Rolando	Kolumbien

Name, Vorname	LandSijakovic,
Vasili	Jugoslawien
Silva, Hector	Uruguay
Silva, Jaime	Kolumbien
Silva, José Antonio	Chile (SR)
Sipos, Ferenc	Ungarn
Sivori, Enrique Omar	Italien
Skoblar, Josip	Jugoslawien
Sokolov, Geori	Bulgarien
Solymosi, Erno	Ungarn
Soria, Ruben	Uruguay
Sormani, Angelo Benedicto	Italien
Sosa, Roberto	Uruguay
Sosa, Rubén Héctor	Argentinien
Soskic, Milutin	Jugoslawien
Sóvári, Kalman	Ungarn
Springett, Ronald	England
Steiner, Karl-Erich	Österreich (SR)
Stettler, Kurt	Schweiz
Stibranyi, Josef	CSSR
Stipic, Nikola	Jugoslawien
Stojanovic, Mirko	Jugoslawien
Strehl, Heinz	BRD
Sturm, Hans	BRD
Suárez, Luis	Spanien
Sundhelm, José Antonio	Kolumbien (SR)
Svinjarevic, Slavko	Jugoslawien
Swan, Peter	England
Szentmihályi, Antal	Ungarn
Szymaniak, Horst	BRD
Tacchella, Ely	Schweiz
Tesanic, Branko	Jugoslawien (SR)
Tichy, Jiri	CSSR
Tichy, Lajos	Ungarn
Tilkowski, Hans	BRD
Toro, Jorge	Chile
Tovar, Hernando	Kolumbien
Trapattoni, Giovanni	Italien
Trellez Campos, Ignacio	Mexiko (Trainer)
Troche, Horacio	Uruguay
Tschakarov, Krastj	Bulgarien (Trainer)
Tschislenko, Igor	UdSSR
Tschocheli, Giwi	UdSSR
Tumburus, Paride	Italien
Valdes, Sergio	Chile
van Rosberg, Walter José	Ndl. Antillen (SR)
Vargas, Armando Tobar	Chile
Vava: Izídio	Brasilien
Vélasquez, Mario Velarde	Mexiko
Velitchkov, Petar	Bulgarien
Ventre, Luis Antonio	Argentinien (SR)
Vérges, Martin	Spanien
Vicuña, Claudio	Chile (SR)
Villegas, José (Jamaicon)	Mexiko
Vivas, Achito	Kolumbien
Vollmar, Heinz	BRD
Vonlanden, Marcel	Schweiz
Vonlanthen, Roger	Schweiz
Vytlacil, Rudolf	CSSR (Trainer)
Weber, Hans	Schweiz
Werner, Jürgen	BRD
Wilden, Leo	BRD
Wilson, Ramon (Ray)	England
Winterbottom, Walter	England (Trainer)
Woronin, Valerij	UdSSR
Wüthrich, Rolf	Schweiz
Yamasaki, Arturo Maldonado	Peru (SR)
Zagalo: Lobo	Brasilien
Zequinho: Franco	Brasilien
Zito: de Miranda	Brasilien
Zózimo: Calazans	Brasilien
Zuluaga, Francisco (Cobo)	Kolumbien

Die meisten Einsätze: (je 6)

Jugoslawien	Soskic, Durkovic, Markovic, Popovic, Jerkovic, Galic, Sekularac
Chile	Eyzaguirre, R. Sánchez, Rojas, Ramirez, L. Sánchez
Brasilien	Gilmar, Djalma Santos, Mauro, Zózimo, Nilton Santos, Zito, Garrincha, Didi, Vava, Zagalo
CSSR	Schrojf, Novák, Pluskal, Popluhár, Masopust, Scherer, Kvasnák

Jüngster und Ältester

Spieler:	Rivera, Italien, 18	Nilton Santos, Brasilien, 37
Torhüter:	Fahrian, BRD, 21	Grocsis, Ungarn, 36
Torschütze:	Asparuchov, Bulgarien, 19	Zuluaga, Kolumbien, 33
Weltmeister:	Pelé, Brasilien, 21	Nilton Santos, Brasilien, 37
Finalist:	Jelinek, CSSR, 21	Nilton Santos, Brasilien, 37
Kapitän:	Toro, Chile, 23	Grocsis, Ungarn, 36
Trainer:	Tschakarov, Bulgarien, 34	Herberger, BRD, 65
Schiedsrichter:	Yamasaki, Peru, 33	Dusch, BRD, 49

Anzahl eingesetzter Spieler (Mannschaft/Spiele)

12	Brasilien	6
12	England	4
13	Uruguay	3
13	Mexiko	3
14	Ungarn	4
14	BR Deutschland	4
14	Schweiz	3
15	CSSR	6
15	UdSSR	4
15	Kolumbien	3
16	Bulgarien	3
17	Jugoslawien	6
17	Chile	6
18	Argentinien	3
20	Italien	3
20	Spanien	3

Trainer
(Assistenten, Mitverantwortliche in Klammern)

Argentinien	Juan Carlos Lorenzo - (José Della Torre)
Brasilien	Aimore Moréira - (Paulo Lima Amaral, Vicente Feola[1])
Bulgarien	Georgi Panchedjiev - Krastju Tschakarov
BR Deutschland	Josef (Sepp) Herberger - (Helmut Schön)
Chile	Fernando Riera - (Luis Alamos Luque, G. Graeff)
England	Walter Winterbottom - (J. Adamson, Harold Shepherdson, J. Mearsem)
Italien	Paolo Mazza - Giovanni Ferrari
Jugoslawien	Ljubomir Lovric - Milovan Ciric - Prvoslav Mihajlovic (Hugo Rusevljanin)
Kolumbien	Adolfo Pederna - (J.C. Constanzo)
Mexiko	Alejandro Scopelli - Ignacio Trellez Campos (Héctor Ortiz Benitez, Don Rosa)
Schweiz	Karl Rappan - (Roger Quinche)
Spanien	Helenio Herrera - (P. Hernández Coronado, Alfredo di Stefano[2])
CSSR	Rudolf Vytlacil
Ungarn	Lajos Baróti - (J. Csaknadi, B. Volennik)
UdSSR	Gawril Katchalin - (N. A. Guljajev)
Uruguay	Juan López - Juan Carlos Corazzo (Hugo Bagnulo, Roberto Scarone)

[1] fuhr wegen Erkrankung nicht nach Chile, war aber beratend tätig.

[2] nahm Trainerfunktionen wahr, weil er als Spieler nicht einsatzfähig war.

Platzverweise

Ferrini	Italien	gegen Chile (0:2)
David	Italien	gegen Chile (0:2)
Popovic	Jugoslawien	gegen Uruguay (3:1)
Cabrera	Uruguay	gegen Jugoslawien (1:3)
Garrincha	Brasilien	gegen Chile (4:2)
Landa	Chile	gegen Brasilien (2:4)

Platzverweise gab es nur in drei Spielen, in denen aber jeweils zweifach.

Schiedsrichter

(Name, Vorname, Land, Einsätze als Schieds-/ Linienrichter, geleitete Begegnungen)

Gruppe Arica			
Escartin, Pedro	Spanien	Leitung Gruppe A	
Dorogi, Andor	Ungarn	1/3	Uruguay-Kolumbien
Dusch, Albert	BRD	1/3	UdSSR-Jugoslawien
Etzel Filho, Joao	Brasilien	1/3	Kolumbien-UdSSR
Galba, Karol	CSSR	1/3	Uruguay-Jugoslawien
Jonni, Cesare	Italien	1/3	Uruguay-UdSSR
Robles, Carlos	Chile	1/2	Kolumbien-Jugoslawien
Gruppe Santiago und Rancagua			
Dr. Andrejevic, Mihajlo	Jugoslawien	Leitung Gruppe B und D	
Aston, Kenneth	England	2/1	Chile-Schweiz, Chile-Italien
Blavier, Antoine	Belgien	1/2	Bulgarien-England
Buergo Elcuaz, Fernando	Mexiko	0/3	
Davidson, Robert	Schottland	2/3	BRD-Italien, Chile-BR Deutschland
Gardeazabal, Juan	Spanien	3/1	Argentinien-Bulgarien, Bulgarien-Ungarn, Chile-Jugoslawien (Platz 3)
Goldstein, Leo	USA	0/2	
Horn, Leo	Holland	3/2	Schweiz-BRD, Ungarn-England, UdSSR-Chile (VF in Arica)
Latichev, Nikolai	UdSSR	4/1	Schweiz-Italien, Argentinien-England, Ungarn-CSSR (VF), Brasilien-CSSR (F)
Morales, Bel Lopez	Kolumbien	0/2	
Morgan, Raymond	Kanada	0/3	
Rumenchev, Dimitar	Bulgarien	0/2	
Molina, Reginato Adolfo	Chile	0/2	
Silva, José Antonio	Chile	0/2	
Ventre, Luis Antonio	Argentinien	0/4	
Yamasaki, Arturo	Peru	3/1	Argentinien-Ungarn, BR Deutschland-Jugoslawien (VF), Chile-Brasilien (HF)
Gruppe Viña del Mar			
Lindenberg	Schweiz	Leitung Gruppe C	
Bustamente, Sergio	Chile	1/1	Brasilien-Spanien
Conley, Domingo	Chile	0/1	
Vicuña, Claudio	Chile	0/1	
Marino, Esteban	Uruguay	0/3	
Dienst, Gottfried	Schweiz	3/2	Brasilien-Mexiko, Mexiko-CSSR, CSSR-Jugoslawien (HF)
Schwinte, Pierre	Frankreich	2/1	Brasilien-CSSR, Brasilien-England (VF)
Steiner, Karl-Erich	Österreich	1/2	Spanien-CSSR
Sundhelm, José Antonio	Kolumbien	0/2	
Tesanic, Branko	Jugoslawien	1/1	Mexiko-Spanien
Van Rosberg, Walter José	Ndl. Antillen	0/2	

Insgesamt wurden 34 Schiedsrichter eingesetzt, 18 durften ein oder mehrere Spiele leiten, 13 kamen ausschließlich als Linienrichter zum Einsatz, weitere 3 fungierten als Gruppenleiter.

Zuschauerstatistik (nach offiziellen Angaben)

ⓘ *Die Veranstalter nutzten die Maximalkapazität nicht aus, da Sitzplätze nicht immer in Stehplätze umgewandelt wurden, wenn diese Möglichkeit bestand. Einmalig war das Estadio Carlos Dittborn in Arica beim Viertelfinalspiel Chiles mit 17.268 Plätzen ausverkauft. Die Auslastung der Stadien ist hier trotzdem ausgehend von den vor Turnierbeginn angegebenen Zuschauerkapazitäten berechnet.*

Gruppe 1

Arica, Estadio Carlos Dittborn
maximale Kapazität: 24.000
51.509 insgesamt,
8585 durchschnittlich (36%)

Uruguay-Kolumbien	2:1	7.908	(33%)
UdSSR-Jugoslawien	2:0	9.622	(40%)
Jugoslawien-Uruguay	3:1	8.829	(37%)
UdSSR-Kolumbien	4:4	8.010	(33%)
UdSSR-Uruguay	2:1	9.973	(42%)
Jugoslawien-Kolumbien	5:0	7.167	(30%)

Gruppe 2

Santiago, Estadio Nacional maximale Kapazität: 77.000 **388.477** insgesamt,
64.746 durchschnittlich (84%)

Chile-Schweiz	3:1	65.006	(84%)
BR Deutschland-Italien	0:0	65.440	(85%)
Chile-Italien	2:0	66.057	(86%)
BR Deutschland-Schweiz	2:1	64.922	(84%)
BR Deutschland-Chile	2:0	67.224	(87%)
Italien-Schweiz	3:0	59.828	(78%)

Gruppe 3

Viña del Mar, Estadio Sausalito
maximale Kapazität: 35.000
79.325 insgesamt,
13.221 durchschnittlich (38%)

Brasilien-Mexiko	2:0	10.484	(30%)
CSSR-Spanien	1:0	12.700	(36%)
Brasilien-CSSR	0:0	14.903	(42%)
Spanien-Mexiko	1:0	11.875	(34%)
Brasilien-Spanien	2:1	18.715	(53%)
Mexiko-CSSR	3:1	10.648	(30%)

Gruppe 4

Rancagua, Estadio Braden
maximale Kapazität: 25.000
45.953 insgesamt,
7659 durchschnittlich (31%)

Argentinien-Bulgarien	1:0	7.134	(29%)
Ungarn-England	2:1	7.938	(32%)
England-Argentinien	3:1	9.794	(39%)
Ungarn-Bulgarien	6:1	7.442	(30%)
Ungarn-Argentinien	0:0	7.945	(32%)
England-Bulgarien	0:0	5.700	(23%)

Viertelfinale

Arica, Estadio Carlos Dittborn

Chile-UdSSR	2:1	17.268	(72%)

Santiago, Estadio Nacional

Jugoslawien-BR Deutschland	1:0	63.324	(82%)

Viña del Mar, Estadio Sausalito

Brasilien-England	3:1	17.736	(51%)

Rancagua, Estadio Braden

CSSR-Ungarn	1:0	11.690	(47%)

110.018 (68%, ausgehend von der Gesamtplatzkapazität)

Halbfinale

Santiago, Estadio Nacional

Brasilien-Chile	4:2	76.594	(99%)

Viña del Mar, Estadio Sausalito

CSSR-Jugoslawien	3:1	5.890	(17%)

82.484 (74%, ausgehend von der Gesamtplatzkapazität)

um Platz 3

Santiago, Estadio Nacional

Chile-Jugoslawien	1:0	66.697	(87%)

Finale

Santiago, Estadio Nacional

Brasilien-CSSR	3:1	68.679	(89%)

Auslastung nach Orten

Arica	**68.777** ZS in 7 Spielen	Schnitt: 13.755	Auslastung: 57%
Santiago	**663.771** ZS in 10 Spielen	Schnitt: 66.377	Auslastung: 86%
Viña del Mar	**102.951** ZS in 8 Spielen	Schnitt: 12.869	Auslastung: 37%
Rancagua	**57.643** ZS in 7 Spielen	Schnitt: 8.235	Auslastung: 33%

893.142 Zuschauer insgesamt
durchschnittlich **27.911 pro Spiel**, durchschnittliche Auslastung: 64%*

**ausgehend von der Gesamtplatzkapazität; 53%, ausgehend von den jeweiligen Einzelauslastungen der Stadien)*

ⓘ *Die Spielorte der Halbfinalbegegnungen wurden getauscht, nachdem Chile in diese Runde eingezogen war.*

Einnahmen:

Gruppe A	0,15 Mio. $
Gruppe B	1,50 Mio. $
Gruppe C	0,32 Mio. $
Gruppe D	0,12 Mio. $
Viertelfinale	0,39 Mio. $
Halbfinale	0,48 Mio. $
Endspiele	0,63 Mio. $
Summe:	ca. 3,6 Mio. $

ⓘ *Die Gesamteinnahmen (incl. Fernseh-, Film- und Rundfunkrechte etc.) betrugen ca. 4 Millionen $, nach Abzug der Kosten teilten sich die FIFA (10%), Gastgeber Chile (25%) und die restlichen Teilnehmer etwa 1,8 Millionen $.*